臺灣的六都 與中央權力互動

——府際治理觀點

姚祥瑞　著

蘭臺出版社

自 序

祥瑞自 2001 年起踏入學術領域，當時除服務公職，亦於台北市立大學（前身台北師院）及空中大學等二校兼課教學，至今已做了十餘年的半學術人，教學課程主要為政治學、各國政府與政治、地方政府與自治、公共治理、公共政策及政府危機管理等學科，直至 2013 年自公職申請退休後，雖仍為兼課教學，卻可獨享學術研究與教學工作。

所謂六都是指台北、新北、桃園、台中、台南及高雄等六個直轄市，六都的政治影響力從規劃開始，即讓人提及，即至 2014 年底陸續成立後更驗證了六都政治上的效應，筆者思索其影響力，總認為與其擔憂所謂「葉爾欽效應」，不如更積極看待六都在國際舞台上的延展性，於是全心投入於六都與中央權力互動的研究。

本研究諸多個案中，祥瑞直接參與第六章的「水權個案」，時任機關發言人，尤記當時中央與台北市在政黨分立下已成對立局勢，部分反對黨國會議員又兩次親訪質疑水庫操作，政治問題儼然成形。經由實務與理論的探討，見證了理論與實務的契合，連同其他個案，從個案治理的微觀面到府際治理走向的宏觀面，讓中央與首都及其他直轄市的互動、衝突、檢討等過程，經由研究分析後可供未來府際間權力互動之參考，亦能系統性的思考六都在全球競爭下的角色定位。

研究過程中，「深度訪談」部分須感謝中央及直轄市配合研究的十位政府官員，從深度訪談中感受到政府官員的誠懇，無論是中央還是直轄市政府，接受訪談者都希望釐清疑點，故而言談中雖謹慎卻也感受到還原真相的企圖心，令人佩服。至於兩位學者學養淵博，在官僚系統之

外以另種角度觀之，讓筆者寫作視野更為廣泛。

　　祥瑞恩師紀俊臣教授於研究中不吝給予指導，對本研究順利完成助益甚大。記得祥瑞申請退休時亦層猶豫、迷茫，如今兩年多的教學與研究，竟讓祥瑞真正體會視野寬廣的意義，感激我的家人尤其內人的包容，本著作從資料蒐集到完稿付梓，前後長達十六個月的時間，兼顧教學下，讓我仍能心無旁鶩地的順利完成。

姚祥瑞

謹致於台北市立大學公共事務系

2015.11

目　次

第九章　結論

圖表目次

一、表目次

二、圖目次

第一章　緒論

　　我國直轄市與中央自 1999 年起，即因治理權限陸續有爭議產生，至 2010 年中華民國縣市改制成「五都」[1]，與中央的爭議就更為明顯，主要在於權限與財政上，包括地方自治事項，也包括公共事務事項，即使發生個案經由大法官會議解釋，暫平息爭端，或經由修法改變，但最終仍無法解決爭議，埋下日後府際不睦及影響府際治理成效之因素，也成為公共治理學者極思研究解決之議題。本章將就六都與中央互動議題緣起、六都規劃之緣由、權限爭議案件及個案篩選、研究方法與範圍、研究架構、流程及章節安排等做一說明。

第一節　六都與中央治理議題緣起

　　本節試著從研究動機與目的及由「治理」重返「政府治理」等說明六都與中央治理議題的緣起：

壹、研究動機與目的

　　不論公共治理、公共行政或公共政策，其在議題形成及運作過

---

[1]　「五都」為一般俗稱，地方制度法第三條第一項稱為「直轄市」。

程中，由於動員政治支持的力量為其政策倡導和辯護，故而無法脫離政治的牽絆關係，里格羅父子（Felix A.Nigro & Lloyd G.Nigro）在對公共行政做界定時，就認為在公共政策形成過程中具有重要角色，並為政治過程的一部分。魯素（E.W Russell）與蕭福里茲（J.M Shafritz）也認為公共行政無法脫離政治，公共行政涵蓋了政府各部門所從事的各式活動與功能。

一、研究動機

2010 年新北市、台中市及台南市等三都成立，2014 年底桃園縣亦升格為第六個直轄市，連同原有的台北市及合併高雄縣的高雄市等二都，使掌控國內人口、地域近三分之二領域的六都與中央的互動，成為媒體關注之政壇焦點，也成為國內學術界相關領域的研究焦點。而國內中央與直轄市互動關係受到注目，時間可追朔到 1999 年地制法開始實施後，期間歷經 2000 年第一次政黨輪替、2010 年的五都時代，2014 年九合一選舉後，中央更面臨六都裡有五都與中央皆屬政黨分立情形，而規範中央與地方權限的地制法本身雖歷經多次修正，仍時時出現無法預期的府際權限爭議。

從第一次政黨輪替後，中央與首都市的台北市，即形成府際分立現象，長期在野的民進黨於中央首次執政，使初次淪為在野的國民黨，只餘台北市這一重要舞台，至 2014 年底首都的台北市再面臨政黨更迭情形，首都市之所以重要，在於政治光環上凌駕於其他直轄市之上，故在現有優勢資源下，擁有向中央爭取更多資源的條件。從 2000 年至今，隨著各種爭議議題的出現，不同意見逐一浮上檯面，包括法律見解爭議、財政權益爭議、水源調度與水權爭議、就

業及勞動檢查主導權下放等，若中央與直轄市屬同一政黨執政，則有黨內機制解決途徑，同黨直轄市長在政治生命權衡下往往有所顧慮；反之，不同政黨執政下，在單一制國家中央政府執政慣有的父權主義（paternalism）[2]心態下，直轄市若有意見，政黨對立態勢就隱然產生。以目前中央與六都的執政多屬府際分立情形觀之，中央與地方未來運作，仍會有爭議浮上檯面，所謂經驗就是失敗的累積，前面發生之互動爭議，我們應該謹記，「前事不忘，後事之師」。

二、研究目的

自地制法施行後，中央與直轄市即呈現劍拔弩張的互動關係，從行政機關運用規則報備與報准之爭，到屬憲政層次的權限爭議，屢屢讓民眾瞠目結舌，所屬公務人員亦無所適從，甚而各為其主，相互對立。從民眾立場來看，六都相繼成立後應有其未來性，不論是中央層級還是直轄市層級，政府只有一個，持續相互對立下，政府施政無力，民眾不但看不到升格後的願景，權益更是受到戕害[3]，本研究嘗試提出解決模式，供政府有關部門參考。

貳、由「治理」重返「政府統治」

「治理」（Governance）概念為近年興起之公共治理研究顯學，治理概念受到重視，源自於全球於 1990 年代先進國家面臨的財政危機、全球化及國家失靈、新公共管理興起、市場化意識形態及社會

---

[2]　參見 Redding(1990)著作，與之相同概念有父權心態、家長式領導等。
[3]　政黨對立下影響資源挹注，包含施政補助，急難救災等，甚而僅以易顯政績為首考量，致施政規畫均僅著眼於短期施政成效，未能解決民眾所需。

環境變遷等因素（Pierre & Peters,2000：52-66）。

一、公共事務的治理觀點

治理觀點下的各參與者包括國家、私營部門和公民社會等，在政府推動政策過程中，除中央政府與地方政府互動關係，亦涵蓋第三方的民間參與，治理中不再以政府為主，即政府在公共治理失去治理的主導功能，在當代可說是新穎的公共事務運作的關係形式。[4]

二、政府治理觀點

針對治理觀點的抬頭，亦有一股再次反省的聲音，即是從以往的「從政府轉向治理」觀點的公共治理潮流，重新回到「政府治理」的觀點，根據 Pierre 研究，西歐國家已開始尋求政府治理的秩序，恢復政府失去的管控能力，其認為政府一直是治理的核心，其所提出的四個理由包括（Pierre,2007：63-66）

（一）新治理模式並未達到預期成果。

（二）治理過程參與者也會做成本利益考量，使參與夥伴可隨意進出而政府卻須全程參與。

（三）許多國家雖已實施治理策略，但人民仍期待政府提供服務甚而為陳情對象。

---

[4]　有關治理的觀點包括 J. N. Rosenau, R. Rhodes, J. Kooiman, M. Van Vliet 等均有界定。其中 Rosenau 又為治理理論創始者，各學者主要論點在於「治理意味著不限於政府的社會公共機構和行為者、治理在尋求解決方案的過程中，存在界線和責任的模糊性、各個社會公共機構之間的集體行為存在著權力依賴、參與者最終將形成一個自主的網路。公共事務有關發號施令運用權威等推動能力並不僅限於政府的權力」。

參考 Gerry Stoker 'Governance as theory :Five Propositions' International Social Science Journal,Vol.50,Issue155(March 1998）,pp17-28.

（四）政府在治理上退居二線的角色，反而產生負面的效果。

　　由於治理觀點經由實施後的檢驗，呈現諸多不完善現象，加以人民對政府角色的期待，並未因新的治理觀點而改變，甚而呈現對政府更為渴望的期待，使政府間尤其是府際治理再次受到重視，本研究即重回政府治理，並以府際間的治理觀點作為研究。

參、六都規劃之緣由

　　中央推動六都的過程中面臨國內、外環境考驗，國內有地方要求升格的壓力，國外則有與世界如何接軌的期許。以下從行政院規劃背景、規劃原始構想到六都形成，最後再以「黃金十年　國家願景」六都關鍵角色析述之：

一、行政轄區重新規劃背景

　　「全球化」（globalization）的問題已是作為現代都市所應面對的，網路、電子化等的發達進化，帶動全球都市互聯性與網絡性的密集交錯，使得全球化風潮快速的影響全球，也使得全球各個都市都面臨著競爭與挑戰。在前述背景下，行政院行政轄區重新規劃以面對全球化的構想隱然成形。

　　我國地方制度法第四條規定：「人口聚居達一百二十五萬人以上，且在政治、經濟、文化及都會區域發展上，有特殊需要之地區得設直轄市」，可以觀之設置直轄市首要條件為人口數須達一百二十五萬以上，然而五都的形成卻非以人口為唯一考量，其需求主要訴諸於國家競爭力的整體提升、國土空間的適性發展、區域空間整合，

以及城鄉差距的平衡等訴求。[5]

二、規劃構想源於「生活圈」

六都陸續成立於 2014 年底，六都前亦曾以五都為構想，最早源於 2000 年連戰首度參選中華民國總統時所推出之「三都十五縣」的競選政見。[6]

（一）三大生活圈概念

2008 年馬英九就任中華民國總統後將「三都十五縣」列為重大施政方針，當初的三都提出，是以北、中、南三大生活圈為論點，包括臺北直轄都會區（原臺北縣市、基隆市合併）臺中直轄都會區（原臺中縣市合併）及高雄直轄都會區（原高雄縣市合併）三大生活圈之行政與財政上獨立，發揮區域「火車頭」作用，帶動區域發展，以提高國際競爭力。

（二）三都會區形成

2009 年 3 月 25 日舉行的「國土空間發展策略規劃會議」中，產官學界代表進一步確認了我國國土的長期發展藍圖。「三都」所指者乃是以臺北都會區、臺中都會區、高雄都會區為核心所形成的三大生活圈，而「十五縣」所強調者乃是各具特色的地方治理。為落

5　參見行政院經建會（2010）。國土空間發展策略計畫，行政院經建會編印。

6　2000 年總統大選提出時曾引起疑慮，包括人口趨向三都 M 型更惡化、資源過度集中三都、地方政治資源分配等。而「三都十五縣」構想於 2002 年 9 月 25 日亦再次公開提出，時任臺北市長的馬英九在一場由國立政治大學法學院、公企中心、聯合報、新臺灣人文教基金會等聯合舉辦的「行政區劃、財政劃分與地方自治改革」的學術研討會中，公開提出三都十五縣的行政區劃調整構想。參見蘇永欽，地方自治：落實人民主權的第一步。臺北市：新臺灣人基金會（2002：107-118）。

實「三都十五縣」政策，須鼓勵地方發展特色及進行跨縣市區域治理，以推動北、中、南三大生活圈的整體發展。如下表

表 1-1　原推動之三都十五縣

三都		十五縣
都會區	合併縣市	
臺北直轄都會區	原臺北縣市、基隆市合併	桃園縣　　新竹縣（原新竹縣市合併） 苗栗縣　　南投縣　　彰化縣 雲林縣　　嘉義縣（原嘉義縣市合併） 臺南縣（原臺南縣市合併） 屏東縣　　宜蘭縣　　花蓮縣 臺東縣　　澎湖縣　　金門縣 連江縣
臺中直轄都會區	原臺中縣市合併	
高雄直轄都會區	原高雄縣市合併	

資料來源：本研究整理

（三）三都會區政策改變為五都

　　在三大都會區提出後，考量社會輿論、政經等多方因素下，行政院於 2009 年 6 月 29 日公布之最終方案已做更動，三都十五縣政策變為「五都十七縣」[7]。五都最終版為臺北縣升格改制新北市、臺中縣市合併改制臺中市、臺南縣市合併改制臺南市、高雄縣市合併改制高雄市。

---

[7]　行政院於 2009 年 6 月 29 日由院長邀集各部會首長召開會議，核定通過臺南縣市，以及臺北縣、臺中縣市、高雄縣市之改制計畫。連同現有的臺北市，將會有 5 個直轄市存在。參見行政院 2009 年 6 月 29 日新聞稿「臺南縣市行政院核定改制」。

（四）「三大生活圈、七大區域」的概念

　　改制的另一精隨即「三大生活圈、七大區域」的概念，三大生活圈是將台灣的國土規劃，建構出「北臺灣」、「中臺灣」、「南臺灣」之三大生活圈，所以「生活圈」並不等同於傳統的「直轄市」，而是多面向的「生活圈」概念，包含人口聚落、歷史文化、生態環境、經濟產業、地理區位、交通網絡等面向的考量。每個生活圈內並非僅一個直轄市，可能包含二到三個直轄市，生活圈內直轄市構成綿密的生活網。與此三大生活圈平行的概念，則是由各相鄰縣市政府合作而形成的七大發展區域，而七大區域則涵蓋「北北基宜」、「桃竹苗」、「中彰投」、「雲嘉南」、「高屏」、「花東」、「澎金馬」等，彼此跨域治理、均衡發展[8]。如此，在國際競爭上，臺灣是以一個內涵豐富的整體進行競逐；而在國內發展上，則充分維持多元特色並兼顧公平正義原則。

---

[8]　參見98年7月2日行政院第3150次院會決議…「除了北臺、中臺、南臺這3大都會區外，其他地區則可以規劃成「北北基宜」、「桃竹苗」、「中彰投」、「雲嘉南」、「高屏」、「花東」、「澎金馬」等7個區域來推動，每個區域都要協調整合提出區域發展計畫，中央將對先提出來的計畫優先支持，如果有些區域無法整合而各自為政，中央將不排除直接主導其區域發展，所以本案的基本精神，是把地方自治需要的資源多釋放一些下去，讓地方有更多自我規劃的空間，促進區域發展，增加區域競爭力。」

表 1-2　五都與三大生活圈七大區域

三大生活圈	七大區域	五都	十七縣
北臺灣	「北北基宜」「桃竹苗」	台北市 新北市（原台北縣）	基隆市、宜蘭縣、桃園縣、新竹縣、苗栗縣、新竹市
中臺灣	「中彰投」	台中市（台中縣市合併）	彰化縣、南投縣
南臺灣	「雲嘉南」「高屏」「花東」「澎金馬」	台南市（台南縣市合併） 高雄市（高雄縣市合併）	雲林縣、嘉義縣、嘉義市、屏東縣、花蓮縣、臺東縣、澎湖縣、金門縣、連江縣

資料來源：本研究整理

三、六都形成

基於前述規劃精隨，先成立的五都乃肩負火車頭之重擔，而桃園市亦肩負帶動區域發展使命，六都最終均應以全球競爭觀點作為目標。

（一）火車頭效應

「新北市」與與臺北市形成雙核心都會區，並朝向「北北基宜」區域發展努力。臺中縣與臺中市合併為「臺中市」，作為未來帶動「中彰投」區域發展的關鍵城市。高雄縣與高雄市整合為「高雄市」，並肩負起帶動屏東縣發展的任務。臺南縣與臺南市亦合併為「臺南市」，以文化特色承繼過往歷史文化發展重鎮的角色，同時帶動「雲

嘉南」地區的整體發展。至於桃園縣因人口、文化傳統及推動重大建設等，當初規劃為準用直轄市之相關規定[9]。

　　桃園縣已於 2014 年 12 月 25 日改制為直轄市-桃園市，亦將扮演區域領頭羊的角色，整合桃竹苗地區科技產業優勢及客家文化傳統，並推動桃園航空城計畫等重大建設，帶動區域整體發展，促進城鄉共榮[10]。即使 2014 四年九合一選後，桃園市換黨執政，新任桃園市長仍將航空城計畫列為持續執行之重要建設。

　　（二）以全球為觀點的競爭力

　　全球都市競爭力要求下，強調經濟成本效益大於「政治面」，才能集中資源對外競爭，然而我國地方事務傾向「政治化」的考量，似較其他國家來的明顯。雖如此，政府針對未來直轄市之規劃，除不再只是以人口為考量，取而代之的以宏觀面考量直轄市產生之生活圈，並且以全球觀點考量國際競爭力，台灣在六都形成後，需各自利用國際資源，發揮各直轄市既有特色，才能站在有利的競爭點上競爭。

　　四、「黃金十年　國家願景」六都關鍵角色

　　行政院為國家未來發展，制定之施政藍圖「黃金十年　國家願景」計畫[11]，業於 2012 年 6 月 7 日經該院核定，計畫內包括八大願

9　參見內政部，直轄市改制資訊網，「前言」2013,12,25。

10　同上。

11　「黃金十年　國家願景」計畫是行政推動關係國家發展的長期規劃，該計畫由當時經建會會同相關部會納入「102-105 年國家發展中期計畫」滾動修正，除釐訂為 4 年具體目標及政策措施外，並研擬年度國家發展計畫分年落實，以逐步實踐「黃金十年」8 大願景與 31 項施政主軸。參見行政院網站：重大政策「黃金十年 國家願景」計畫，資料時間 2012-7-17。

景、31 項施政主軸，行政院並於 2013 年 1 月 7 日先核定各部會提報之優先具體政策，以配合此項計畫之推動，地方政府亦成為推動一環，尤其直轄市之配合。其中桃園，擁有國家航空大門之優勢，已於 2014 年 12 月升格為第六都，此一黃金十年計劃，六都在執行策略部分可謂扮演關鍵性協助推動角色。

　　「黃金十年　國家願景」計畫內容涵蓋：「活力經濟」「公義社會」「廉能政府」「優質文教」「永續環境」「全民建設」「和平兩岸」「友善國際」等八大願景，願景下列有不同施政主軸，每個施政主軸又列有 4-6 個不等之目標，根據目標再列出執行的策略，最後依據策略列出具體做法，各項執行策略與步驟需地方政府配合者如下表

表 1-3　　「黃金十年 國家願景」執行策略及具體做法

願景	執行策略	具體做法
活力經濟	建構創業育成友善環境	聯合中央與地方政府力量，協同推動「科技研發創新與價值創造之運作機制」，並協助產學研取得資源。
公義社會	健全保母托育管理制度 提升城鄉居住環境品質	輔導地方政府推動普及化、多元化、非營利型態之托育服務。 均衡城鄉文化發展，活化演藝場館，協助縣(市)政府充實文化設施，以提升藝文活動參與總人次達 30%以上；推動文化資產歷史環境整合示範點 20 處及美學計畫，以提升生活空間、環境之美感新意象。

	成立行政院性別平等處	統合跨部會性別平等政策，督導各部會及地方政府推動性別主流化實施計畫。 推動地方政府運用性別主流化工具，建立性別影響評估制度。
	推動「消除對婦女一切形式歧視公約施行法」	落實推動婦女人權公約與性別主流化政策，各級政府於三年內完成法規、措施檢視及改進、撰寫國家報告、培力民間團體撰寫替代(影子)報告。
	營造女性幸福生活學習環境	活化閒置空間，提升中央與地方場館利用率，提供女性休閒、成長、知性與感性學習的空間。
廉能政府	檢討鬆綁法規，簡化行政流程，全面建立服務評價機制	強化中央與地方政府間協同作業，落實共識型的夥伴關係，減少中央與地方不同調情形。
優質文教	實施十二年國民基本教育	落實國中教學正常化、學生適性輔導。
	提升大學教育水準、促進教育國際化	推動邁向頂尖大學計畫，提升教研水準及國際影響力，以協助我國績優大學邁向世界一流。
永續環境	推動低碳樂活家園，提倡節能省水綠生活	推動智慧節能低碳示範社區，打造低碳示範城市及全國成為低碳生活圈。 獎勵採用高效率能源產品。 公部門率先推動省油、省水、省電、省紙，引導民間採行。 推廣商品環保標章、碳標示、綠色採購及活動碳中和。
	貫徹災前疏散撤離及預置兵力	責成各級政府平時演練疏散撤離，並確實執行災前疏散撤離。督導22縣市政府每年至少辦理一場大型綜合防災演練，並每年擇重點鄉鎮市至少辦理5場防災演練。

全面建設	提升國際門戶之國際競爭力	以桃園機場為核心，持續推動航空城計畫，完成桃園國際機場第三航廈建設，帶動松山、高雄及其他國際與開放兩岸直航機場之發展；擴展桃園國際機場腹地，取得第三跑道及自由貿易港區之用地。
	建構未來十年臺灣產業空間分布圖	持續積極推動「產業有家，家有產業」計畫，藉由中央與地方產官學研之客觀分析與主觀意願之配對，作為定位各區域具國際競爭力之優勢產業。
	發展各區域具國際競爭力之優勢產業	打造區域品牌，藉由中央與地方「全球招商，投資臺灣」計畫，共同行銷國際，引導資金及國際技術投入區域產業。
	發展各區域具國際競爭力之優勢產業	打造區域品牌，藉由中央與地方「全球招商，投資臺灣」計畫，共同行銷國際，引導資金及國際技術投入區域產業。
和平兩岸	推廣臺灣核心價值與軟實力	發揮臺灣軟實力與自由、民主、人權、法治的核心價值，深化兩岸環保、人權、婦女、勞工、新聞等領域民間團體的交流，成為兩岸公民社會相互提升的動力。
友善國際	推動國際文化交流	善用志工文化、藝文展演、多元宗教、美食、設計等文化軟實力，運用傳統及新興媒體通路，提升我國國際形象，爭取國際社會對我國好感與支持。

資料來源：本研究整理

第二節　治理權限爭議及個案篩選

本研究治理權限爭議及個案篩選上，時間點以地方制度法施行後，其類型則為直轄市與中央的權限爭議案件。本節將列出地方制度法實施至今的主要爭議案件及個案篩選緣由說明。

壹、地方制度法實施後權限爭議案件

我國地方制度法自 1999 年 1 月 29 日公布實施至今，中央與地方權限屢生爭議，多半在於直轄市位階，權利義務增加後，相對權力卻未同時提升有關，期間大小爭議未停，以下將就爭議案件概述及權限爭議案件時間關係分述如下。

一、地制法實施至今爭議案件概述

主要爭議案件計有下列十案，概述如下：

（一）彩卷發行收回中央

1999 年新任高雄市長謝長廷上任之後，有意搶先於下半年獨立發行彩券，並在未獲得財政部核准的情況下，於 6 月 14 日搶先推出二十四萬張試辦版公益彩券，形成中央與地方之衝突，中央即於 1999 年 6 月 16 日加速修法以收回發行權，立法院更為此修法演出激烈衝突，此時彩券發行權的歸屬問題不但引起全國各界高度的關注，更成了國際媒體爭相報導的新聞。中央於 1999 年 6 月 28 日公佈「公益彩券發行條例」新修正版，並於同年 6 月 30 日正式生效，結束中央和地方彩券發行之爭。

（二）警察首長人事權爭議

自 2000 年 1 月至 2006 年 6 月止地方首長拒絕內政部警政署長發布之警察局長人事案，包括嘉義縣警察局長王文忠、澎湖縣警察局長則調至警政署秘書室主任、台北縣警察局長林國棟等人事案。

（三）2001 網咖管理立法權歸屬爭議

台北市 2001 年 6 月通過「台北市資訊休閒服務業管理自治條例」後，報行政院核定，時因行政院正草擬「資訊休閒業管理條例草案」，由於兩者版本內容差距甚大，遭行政院退回。

（四）健保補助費案

2001 年台北市政府鑒於民進黨執政下的中央，為縮短南北差距比例，持續調降台北市分配稅款比例，引發不滿，採取欠繳健保補助費方式來彌補台北市財源不足，同時向立法院提出可解決其他地方政府財政問題的劃分法修正案，提高地方政府統籌分配稅款的分配比率，經逕付二讀後，並於 2002 年 1 月 17 日完成三讀程序，由於該修正案，對中央財政而言自是負擔，行政院遂於 2 月 6 日舉行的行政院會中，決議提請總統核可，向立法院提出新版財政收支劃分法覆議案，2 月 7 日朝野協商決定於 19 日開議當天舉行全院委員會，邀請行政院長列席說明，在各黨團輪流交叉發言及游院長回答之後，隨即改開院會對覆議案進行記名投票表決通過覆議。於是一場原由中央與地方財稅劃分爭議，演變成朝野政黨對決的政治大戲。

（五）里長延選案

2002 年 4 月台北市政府以里界調整為特殊事故，公告延期辦理里長選舉，行政院於 5 月 3 日函復台北市政府，撤銷台北市政府延後辦理下屆里長選舉案之決定。由於憲法於第十章雖詳列中央與地方之權限，除已列舉事項外，於未列舉事項部分，則於憲法第一百十一條明定，其事務有全國一致之性質者屬於中央，有一縣性質者則屬於縣。惟在憲法權限劃分之相關規定裡，並未對自治監督之根本原則有所釐清。而實施不久的地方制度法，對於自治監督規定規範未周全，不足以因應中央地方互動時所產生之爭議。台北市政府遂將里長延選案提升為憲法層次，於 5 月 8 日聲請司法院大法官解釋，聲請釋憲釐清中央撤銷北市里長延選公告，是否侵犯北市地方自治權。

（六）台北市水權爭議案

2002 年北部亢旱期間，引發中央與台北市水權等爭議，當年修法重點在於跨二縣市之水權管理及抗旱期間之用水調度改回中央，然而當年底台北市長選舉、中央與台北市垂直府際分立現象等政治因素，使這場水權爭議充滿政治性，加以抗旱引發之中央與台北市權限爭議，雖藉由修法暫時彌平，卻仍無法迴避身為首都的台北市水權權限被割裂，產生與中央之權限問題。

（七）地方制定之行動基地台自治條例無效案

2005 至 2006 年交通部陸續針對基隆市、南投縣、台北縣、台中市、台中縣等議會通過之縣〈市〉「行動基地台自治條例」，以牴觸電信法及中央電信政策為由，宣告該等自治條例無效。

（八）中正紀念堂更名案

2007 年 12 月 6 日，中央由民進黨執政後拆除中正紀念堂牌匾；7 日拆除大中至正牌匾；8 日安裝台灣民主紀念館、自由廣場牌匾。2008 年 3 月底，國民黨重新執政後台灣民主紀念館改名討論再起。8 月 21 日，教育部廢止「台灣民主紀念館組織規程」。2009 年 2 月，總統府定調依法行政，「中正紀念堂」牌匾 7 月底前掛回原處[12]。

（九）一綱一本 vs 一綱多本案

台北市長郝龍斌等藍營八位縣市長主張中小學教科書應採一綱一本制，反對教育部一綱多本政策，2007 年 5 月 3 日以教育部侵害地方自治權、違反國民教育法、違反法律保留原則為由，集體向司法院大法官會議聲請釋憲，大法官會議 2009 年 7 月 31 日作出決議，駁回釋憲聲請案。2011 年一綱一本政策採取獨立自辦的北北基聯測，由於常模與全國基測不同，量尺分數被錯估，造成大量考生高分低取。教育部於同年 8 月 24 日宣布北北基聯測停辦，此測驗遂成為臺灣最短命的升學考試。2012 年台北市順應十二年國教政策取消一綱一本政策。

（十）影響六都權限之「就業服務」及「勞動檢查」主導權

2012 年五都選後，原五直轄市政府積極爭取的就服法權限下放，極可能面臨收回命運，就服法內容有關「就業服務」與「勞動

---

[12] 本案自 2007 年 5 月 19 日由當時總統為「國立台灣民主紀念館」揭牌（台北市國立台灣民主紀念館）起至 2009 年 7 月 20 日中正紀念堂區額重新掛回止，約二個月時間。參見總統府「總統活動紀要」6746 期，2007-05.30。

檢查」二項主導權，新的三都希望比照北、高二都由中央下放，但是中央擔心五都步調不一，或增加未來中央與各地協調業務的困難度，不但不同意其他三都比照北、高二市，還有意修法，將原本下放北、高兩市的主導權全部收回，造成五都嚴重反彈，也影響準直轄市桃園未來升格為直轄市後之權益。

二、權限爭議案件時間關係

從各案時間點可看出，第一次政黨輪替前，發生之中央與直轄市權限較大爭議，僅為 1999 年的高雄市發行彩券被中央收回一案。至於非直轄市部分則為地制法實施後跨政黨輪替期間，此期間有二案，如表 1-4。

表 1-4 地制法施行後政黨輪替前暨地制法施行後非直轄市與中央權限爭議案件

地制法實施後、第一次政黨輪替前權限爭議案件	地方政府名稱	案件名稱	時間
	高雄市	彩券發行收回中央爭議	1999
地制法實施後非直轄市與中央權限爭議案件	台北縣、嘉義縣、澎湖縣	警察首長人事權爭議	2000-2006
	基隆市、台北縣、南投縣、台中市、台中縣	地方制定之行動基地台自治條例無效案	2005-2006

資料來源：本研究整理

其他時間點的爭議案件數如下：

（一）第一次政黨輪替案件最多

第一次政黨輪替時間自 2000 至 2008 年，期間發生之主要爭議案件卻高達六件，其中「一綱一本 vs 一綱多本案」發生期間雖自 2007 年挑戰中央起至 2012 年止停辦北北基聯測止，橫跨不同政黨及同政黨執政階段，但因提出時間為 2007 年，提出後至 2012 年結束這一期間僅為執行階段，爭議時間點仍以 2007 年為準。我們可粗略觀之，發生之主因為第一次政黨輪替所產生的政黨競爭，再加上台北市首都因素影響所產生之媒體效應，故而造成全國矚目的權限爭議案件，以台北市為最多。如表 1-5。

表 1-5　首次政黨輪替期間發生之直轄市與中央權限爭議案件

案件時間	案件名稱	直轄市
2001	網咖管理立法權歸屬爭議	台北市
2001	里長延選案	台北市
2001	健保補助費案	台北市、高雄市
2002	台北市水權爭議案	台北市
2007	中正紀念堂更名案	台北市
2007-2012	一綱一本 vs 一綱多本案	台北市

資料來源：本研究整理

（二）五都加準直轄市期間案件一件

自 2011 年 1 月 1 日起桃園適用準直轄市，為五個直轄市加上桃園準直轄市期間，此期間直轄市與中央權限爭議件數為一件，針對「就業服務」及「勞動檢查」主導權爭議，其影響範圍涵蓋所有直轄市，如表 1-6。

表 1-6　與六都直轄市有關之與中央權限爭議案件

案件時間	案件名稱	有關直轄市
2011-今	影響六都權限之「就業服務」及「勞動檢查」主導權	台北市、新北市、桃園（準直轄市）、台中市、台南市、高雄市

資料來源：本研究整理

貳、研究個案篩選

自地方制度法實施後之地方與中央權限爭議案件，除了非直轄市發生兩件，不在直轄市研究範圍內，屬直轄市與中央至今權限爭議主要案件計八案，其時間點為政黨輪替前一案，政黨輪替期間六案，五都選後之五直轄市一準直轄市期間一案，本文篩選個案兼顧時間及樣本數下，以四個研究個案為主，包括政黨輪替期間「里長延選案」、「台北市水權劃分案」，及關係北、高財政的「健保費補助案」，以及影響六都的「『就業服務』及『勞動檢查』主導權爭議案」。如下表

表 1-7 研究個案篩選

案件時間	案件名稱	直轄市	影響範圍
2001	健保補助費案	台北市、高雄市	影響台北市與高雄市財政調度
2002	里長延選案	台北市	影響台北市及其他五都對地制法83條「特殊事故」之自主認定
2002	台北市水權爭議案	台北市	影響台北市水權調度及其他五都未來自來水經營之水權調度
2011-今	影響六都權限之「就業服務」及「勞動檢查」主導權	台北市、新北市、桃園（準直轄市）、台中市、台南市、高雄市	影響六都的「就服」與「勞檢」權益

資料來源：本研究整理

第三節　研究方法與範圍

研究方法關係到研究結果的正確性，研究範圍則包括研究的時間點及研究的面向等，本文研究方法與範圍說明於下：

壹、研究方法

本文研究從微視觀點的四個個案到鉅視觀點的府際治理走向，有單一事件探討也有府際治理體制的研究，藉由文獻分析、個案研究、法制研究、比較研究及深度訪談等研究方法以達成本研究目標。

一、文獻分析法

文獻分析法（literature review）也是資料收集的「技術」（techniques），本研究針對以往類似議題探討的期刊、論文、專書、研究報告、新聞資料、政府新聞稿、大法官會議解釋等，蒐集分析，作為本研究之佐證。

二、個案研究法

個案研究法(case study)，本研究的四個個案性質皆為「事件」，以事件作為個案探討，在研究法的數量上，本文個案數量有四個，屬於多個個案，稱為 multiple-case study[13]。

三、法制研究法

中央與地方政府間的權力規範，多以法規條文呈現，法制研究法探討法規範圍，包括權限劃分原則屬憲政層次的憲法、規範中央與地方的「地方制度法」、及引發中央權力下放爭議的「就業服務法」

---

[13]　參見 Yin, R. K. (2009). *Case Study Research: Design and Methods.*

等，從法制分析裡了解，現有法律因應環境變遷是否已有無法適應之處，並找出解決的方式。

四、比較研究法

比較研究法(comparative method)，也有人將之視為一種途徑（approach），而稱之為比較研究途徑。比較研究途徑較傾向累積多個個案，本文研究四個個案，從差異與相同的對照或比較中建立共通原則，企圖使該項原則具有解釋及預測能力。

五、深度訪談法

深度訪談主要分為三種類型，依其訪談內容拘束性程度依序分為標準化開放式訪談（the standardize open-ended interview）、訪談指引法（the interview guide approach）與非正式對話式訪談（the informal conversational interview）。本文採取「訪談指引法」，訪談前先設計訪談題綱，並對事件主管之政府主管機關首長或熟悉該領域的學者進行深度訪談（In-depth Interview）。訪談進行中，視訪談情境增加訪談面向，或就原設計問題，更深入探討，本文研究採取此法原因，在於彌補原設計提綱時之疏漏，也可避免「標準化開放式訪談」的過於制式化，無法窺知議題探討的全貌，自然亦無「非正式對話式訪談」的鬆散結構及缺乏系統化。

貳、研究範圍

研究時間點自 1999 年地方制度法開始實施起至今，由於時間橫跨十五年，故而個案部分切入幾個研究面向，涵蓋地方自治事項及

公共事務事項，個案內容包括里長延選的地方治理權限爭議、影響
直轄市施政成效甚鉅的財政權益爭議、中央與台北市水源調度及水
權爭議、與六都權限有關的就業及勞動檢查主導權等，這四個面向
堪為直轄市與中央府際互動的典型。另因部分個案發生於府際分立
期間，府際分立之理論與實務亦為本文研究之範圍。

　　府際互動理論涉及聯邦制國家與單一制國家類別，在聯邦制國
家以美國聯邦制為代表，作為研究比較，在全球化下，美國為採行
聯邦制原則的主要國家，其有關聯邦原則的規範、運作及其變遷，
都將提供全球其他國家甚而區域憲法的參考（Tushnet ，2000:
16-17），故而作為本研究比較依據。而單一制國家主要仍以英國為
主，因英國為單一制國家典型代表，由於法國為單一制民主國家中
普遍歸為高強度的中央集權國家，文內將輔以法國中央與地方的權
力互動，將其如何因應全球化浪潮下作了有利於法國的最佳選擇。

第四節　研究架構、流程與章節安排

本研究架構、流程與章節安排輔以圖說明如下

壹、研究架構

直轄市與中央自地制法實施後治理權限爭議案件未見減少，彼此氛圍未見紓緩，故而以直轄市為研究範圍考量下，即須了解現行直轄市與中央的府際關係、運作限制及其政治關係。本研究架構分為學理探討、國際經驗的探討、實務個案研究探討、深度訪談調查分析、現行關係及未來途徑等，作為研究之分析途徑。

一、學理探討

中央與地方府際治理互動、運作之研究，在學理上以府際治理模式、政治權力設計、互動之法律關係等層面解釋發生之問題，進而提出解決之方式：

（一）府際治理模式

本研究以府際互動權力運作動態觀點為主的府際關係模型及政策網絡治理分析兩種理論的探討，比較其特點後嘗試建構出府際合作的治理模式。

（二）政治權力設計

政治權力互動設計分就單一制國家及聯邦制國家等兩種不同體制下的政治權力設計作探討，以釐清不同體制的學理論點。

（三）互動法律關係

最後以不同體制的法律關係差別探究出本研究所需之垂直型府

際互動的法律關係。

二、國際經驗之探討

本研究國際經驗部分以英、美、法等三國為主，考量點主要為我國體制與前述三國之相關性[14]。內容探討部分則涵蓋府際運作規劃、權限運作經驗、政治操作經驗及財政分配經驗等，以與我國推動過程及情形作一對照。

三、實務個案探討

本研究以四個引起輿論關注之個案切入，由中央與直轄市間的權限爭議的四個個案研究探討，由內至外的探索，嘗試從個案的權限爭議的微視面擴及政府未來權力分配走向之鉅視面。

四、深度訪談的調查分析

深度訪談的公部門對象，涵蓋研究所需的中央及直轄市等共十個機關，藉由公部門官僚系統具專業的素養及實務運作的經驗，觀察中央與直轄市間的治理問題，範圍涵蓋府際機制、府際互動、府際分工、府際合作及府際財政等多個面向。除了官僚系統外，另輔以學者豐富的學理素養，客觀的探討府際間的治理問題。

五、現行關係及未來途徑

以現行府際關係、運作限制及政治關係等多個角度的觀察，輔

---

[14] 憲法設計上我國偏向內閣制，但在憲法增修條文卻同時顯示內閣、總統及雙首長制等特色，與英、美、法等分別代表的內閣制、總統制及雙首長制等類似。參考中華民國憲法及中華民國憲法增修條文第 2(總統決定國家安全大政方針、解散立法院權)、3(立院質詢及行政院報告)、4(立法院得聽取總統國情報告)等。

以理論的檢視、跨及地方自治事項及公共事務性質的四個不同議題
的個案研究，深度訪談的分析等過程，最後以「形塑六都治理能力」
「重塑六都夥伴關係」及「調和六都權限爭議」等三個層面提出本
研究之結論。本研究架構圖如下

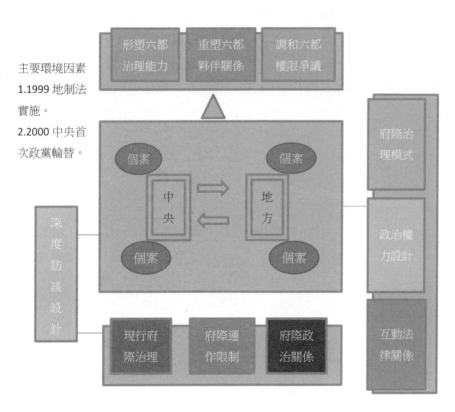

圖 1-1 分析架構
資料來源：本研究繪製

貳、研究流程

　　本研究時程自 1999 年地方制度法實施起至 2015 年止，資料浩大繁瑣，故就本研究先蒐集和瞭解既有的研究成果、分析使用的研究方法與程序等先做確認。其次建立研究、分析的架構，包括研究架構圖的確立。再深度訪談的設計，涵蓋提綱的構面設計、受訪談人篩選及訪談題目擬定、訪談時間安排等，並於調查訪談後完成分析工作；同時進行原始及次級等資料的蒐集，面向包括府際機制、府際互動、府際分工、府際合作及府際財政等。最後根據前述的資料蒐集、比較、分析後得出本研究結論。本研究流程如圖 1-2 如下

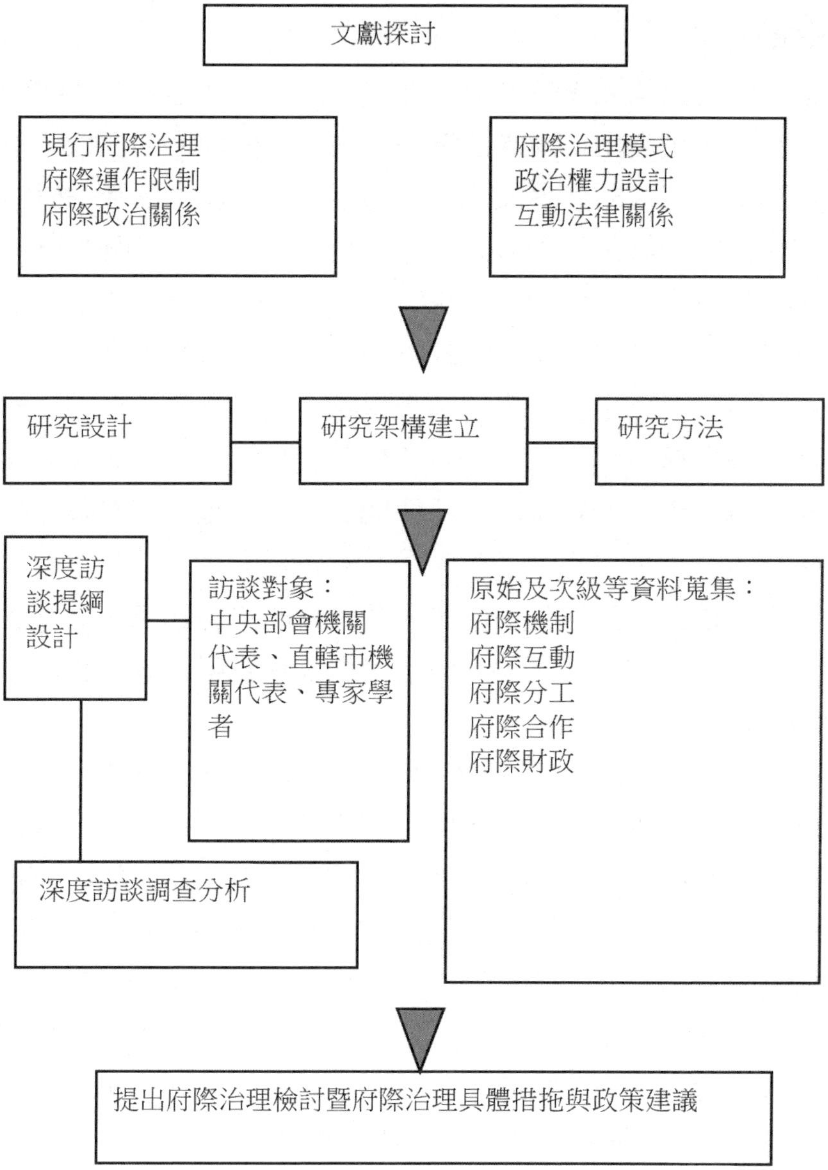

文獻探討

| 現行府際治理
府際運作限制
府際政治關係 | 府際治理模式
政治權力設計
互動法律關係 |

研究設計 ── 研究架構建立 ── 研究方法

深度訪談提綱設計

訪談對象：
中央部會機關代表、直轄市機關代表、專家學者

原始及次級等資料蒐集：
府際機制
府際互動
府際分工
府際合作
府際財政

深度訪談調查分析

提出府際治理檢討暨府際治理具體措拖與政策建議

圖1-2本研究流程
資料來源：本研究繪製

參、章節安排

第一章為緒論先就為何以六都與中央治理議題做為研究題材做說明，其次，羅列出自地制法實施後的中央與地方治理權限爭議案件，並篩選要研究的個案及說明篩選原因。再就本研究的研究方法與範圍作提點，最後就研究架構、流程與章節安排等做介紹。

第二章為府際治理的理論建構，先以萊特（Deil S. Wright）的府際互動權力運作及 Rhodes 的政策網絡治理分析及兩者理論的相互比較探討府際治理之合作模式。復就單一制國家政治權力及聯邦制國家政治權力探討垂直型府際政治權力互動的設計。最後則就單一制國家法律關係、聯邦制國家法律關係來探討垂直型府際互動法律關係。

第三章以美英法等具不同代表性體制的先進國家，從其各別府際運作規劃、權限運作經驗、政治操作經驗及財政分配經驗等府際治理設計做一研究比較。

第四章探討現有六都與中央權力合作的生態，從憲政設計下之垂直府際關係、地方制度法下的垂直府際關係、政府改造緣由及影響等以了解六都與中央的府際運作規劃。再以單一國制政府權力運作共通性、我國六都與中央權力運作內涵與策略、我國六都與中央權力運作的限制以了解六都與中央的權力運作。接續以垂直分立政府現象下的權力操作、政治意識形態、政治潛規則等層面探索六都與中央權力互動的政治操作。最後則以現行稅收與中央關係、財政收支劃分的府際關係、統籌分稅款與中央補助金補助直轄市標準及實際補助情形等探討六都與中央權力互動的財政關係。

　　第五章則就財政權益及里長延選等二個個案分析以探討六都與中央地方自治事項治理權限爭議，本章個案均分別提出研究結論，以作為個案之檢視。

　　第六章另以水權個案分析及就業、勞檢主導權個案分析藉以探討六都與中央公共事務治理權限爭議，本章個案亦均各提出結論以作為個案之檢視。

　　第七章則為深度訪談及分析。本章先提出治理構面，包括「府際機制」、「府際互動」、「府際分工」、「府際合作」、「府際財政」等五個面向。再就深度訪談途徑之運用分析，包括訪談抽樣途徑、訪談人員篩選以及就提綱與訪談問題的設計等，最後以十二位深度訪談人員針對府際機制、府際互動、府際分工、府際合作及府際財政等不同構面的觀點與看法，提出六都與中央府際治理可能因素分析，作為深度訪談的研究結論。

　　第八章為六都能力提升與中央關係建構的再定位，經由前述各章探討分析後先以全球城市概念的啟發、城市競爭已成世界趨勢、行政院與世界接軌的規劃與執行及六都應強化優勢競爭環境等建構全球思維以形塑六都治理能力。再以心理層面、互動層面、執行層面等三個面向探討強化責任分擔以重塑合作的夥伴關係。最後則以中央與地方重建關係之建構、專業優先於政治的認知、正視政黨競爭下的直轄市長地位、建立垂直權限爭議協商機制等重建政治關係以再望六都權限分際。

　　第九章經由前述各章節的研究探討，得出鉅視及微視觀點的研究發現及研究建議兩大部分。鉅視觀點部分經由研究發現後提出涵蓋六都與中央治理的制度面、心理面、運作面等之具體建議。微視

角度則以財政權益個案、里長延選案、水權個案及就業及勞檢主導權等經本研究發現後提出之具體建議。兩大部分研究發現與建議雖非完滿無暇，仍可作為府際治理互動時之參考。

第二章 六都與中央府際治理的理論建構

　　府際治理理論經由多年發展後已有一定的成果，如同理論的特性般，可以經由經驗世界驗證，讓經驗科學與理論系統密切結合，也讓其有解釋治理現象，甚而預測的功能，反之若失去了理論系統的憑藉，科學研究便難產生累積效果，以及找到解釋的途徑，本章即嘗試以府際治理理論的發展、探討，並探究解釋府際治理的可能途徑。

第一節　府際合作治理模式的理論建構

　　解決公共事務已不再專屬中央政府，此一觀念轉變使得解決公共事務的傳統政府統治（government）模式受到影響，在環境變遷下中央政府已無法單獨承擔治理，於是進展到國家與地方政府共同治理的公共治理（governance）模式，此一共同治理發展亦形成國家與地方政府共同承擔責任，將中央與地方導向府際合作治理（governance of intergovernmental cooperation）模式，此一趨勢亦為國際重要組織「經濟合作暨發展組織」（Organization for Economic Co-operation and Development,簡稱ＯＥＣＤ）所倡言之「垂直合作」

(vertical co-operation)（OECD,1999：12），影響所致，亦成為國際間多數國家公共治理的趨勢。府際治理研究除了制度面，本文亦著重於府際運作的動態觀點，而動態觀點研究府際關係的重要論述，則首推美國學者萊特（Deil S.Wright）。1980 年代後以政策網絡分析中央與地方的治理模式亦成為主流，英國學者羅斯（Rhodes, R. A. W.）的政策網絡分析則為該領域翹楚。本節即以萊特（Deil S.Wright）的府際互動權力運作、Rhodes 的政策網絡治理分析及兩者理論的相互比較來探討府際治理之合作模式。

壹、萊特的府際互動權力運作

美國學者萊特（Deil S.Wright）研究美國聯邦與地方間關係時，從權力的運作角度觀察出府際間運作模式，聯邦制的府際運作模式並非固定，亦即並非顯現出聯邦制地方分權的刻板印象，聯邦與州雖為運作主體，但若更具體劃分，美國聯邦制度實分為聯邦、州及地方政府等三級，美國學者萊特即以其獨到見解，分析出府際互動涵蓋範圍及其模式，以下分從府際關係意義及聯邦、州及地方政府互動的三個模式等說明如下。

一、府際關係意義

府際關係主要仍著重於動態觀點的互動關係，本部分即從府際關係一詞來源陳述，再就其動態觀點述之，探究如下：

（一）府際關係一詞來源

府際關係（intergovernmemtal relations,IGR）一詞主要源自於美

國羅斯福總統的「新政」（New Deal）運動[1]，由於處理經濟問題而使聯邦與州及地方政府間產生了互動關係，也由於當時的府際互動牽涉新政政策成效，使府際關係研究受到重視。

（二）府際關係的動態觀點

若從動態觀點探討府際關係的當代學者，最為貢獻的首推美國學者萊特（Deil S.Wright），在其《瞭解府際關係》（Understanding Intergovernmental Relations）的著作中，從動態的觀點切入「府際關係」，認為府際關係不僅指聯邦與州、州與州間、聯邦與地方、州與地方間的所有政府單位（all government units），同時涵蓋決策過程中不同層級的所有公職人員（all public officials）間之互動關係（regular interactions among officials）不但互動為規律性（Regular Interrractions among Offiicials），且涉及互動者的態度與行動（officials' Actions and Attitudes），前述府際關係各項論述探究的焦點，在於政府間決策過程及價值認知的協調互動（Wright,1988：15-24；李長晏，1999：26-29）而這些態度、作為或不作為形成的結果與影響即構成了府際關係中的政策面向。

二、聯邦、州及地方政府互動的三個模式

一般而言，府際關係最普遍採用的定義，是依美國學者萊特所界定，其在研究美國府際間的權力互動後，將府際互動模式歸納為

1　新政為美國總統羅斯福於 1933 年執政後，為擺脫經濟危機和蕭條所採取的一系列社會經濟
　　政策的總稱。至於「新政」（New Deal）一詞來源於 1932 年羅斯福接受民主黨總統候選人提
　　名時的演說，當時他聲稱「要為美國人民實行新政」參見 Samuel I. Rosenman ed., The Public
　　Papers and Addresses of Franklin D.Roosevelt. Vol. 1. *New York*. 1938：P.659.

協調型權威模式（coordinate-authority model）、涵蓋型權威模式（ inclusive-authority model ） 以 及 重 疊 型 權 威 模 式（overlapping-authority model）等三種，其從權力運作的角度觀察美國中央與地方間的互動關係，其模式茲扼要敘述如下：（Wright,1988：39-49）

（一）協調型權威模式

協調型權威模式（coordinate-authority model）的府際關係包括聯邦政府與州政府，兩者為運作獨立對等的實體，彼此互不侵犯，依憲法或其他相關法規清楚界定各自的職權範圍，體制設計為「對等協調」（coordinate），沒有上下級關係，其互動是「獨立」不受干預，而其權威運作模式則是「自主」，模式的府際關係雖有三級，但聯邦政府、州政府為各自分立，互不侵犯的對等實體，至於州政府所屬之地方政府，其設置或存廢則屬州政府權限，中央無權置喙。

（二）涵蓋型權威模式

涵蓋型權威模式（inclusive-authority model）的最高權限設計由中央獨享，聯邦、州與地方政府間自然形成「依賴」，州與地方須聽從於聯邦政府，受聯邦政府節制，屬於「層層包含」（inclusive）的府際關係，中央影響力達各州及地方政府，上下層級區分明顯，儼然為州與地方之上級機關，由於聯邦政府扮演最高的角色且控制其他的政府層級，為典型的「科層組織」權威運作模式。

（三）重疊型權威模式

Wright 認為前述的「對等協調」（coordinate）及「層層包含」（inclusive）所形成的兩種模式為美國府際關係的兩個極端，無法正確顯示府際關係，故提出介於二模式間的「重疊型權威模式」

（overlapping-authority model），此一模式認為任何層級政府的權力與影響力都非必然，須經由既競爭又合作的方式始能取得，政府之治理應著重不同層級政府間權力分享與責任共擔。在體制設計上是具有交集的「互相重疊」（overlapping），關係是「互賴」，其權威運作模式是「談判」。隨著社會發展的多元化、複雜化，單一政府已無法應付環境變遷，公共事務的行使更不再是單一層級政府的事，往往需要府際間的共同協力治理。Wright 的府際關係模式如圖 2-1

	協調型權威模式	重疊型權威模式	涵蓋型權威模式
特性	極端 模式 設定基本原理是「對等協調」互動式「獨立」權威運作模作是「自主」	介於二模式間 具交集的「互相重疊」關係是「互賴」權威運作模作是「談判」	極端 模式 各層級政府間自然形成「依賴」關係，而權威運作模式為典型的「科層組織」
府際關係	聯邦政府、州政府為各自分立、互不侵犯的對等實體	強調不同層級政府間權力分享與責任共擔	僅聯邦政府享有自主權限

圖2-1 Wright的府際關模式
資料來源：本研究繪製

貳、治理網絡的萌起

　　英國在 1979-1990 為提升政府效率所做的改革，是以中央政府
對地方政府採取控制（control）及單邊主義（unilateralism）[2]做法，
大幅削弱地方政府組織及權限，並由於中央權威授予或分享從「一
對一」改為「一對多」方式，使中央與地方政府形成專業政策社群
並與公共利益團體、私人企業部門、準政府機構之間形成合夥的關
係，進而在某一特定政策領域中形成複雜的府際關係治理網絡（趙
永茂，2004：50-51）。深入而論，治理更應是包含各種公共及私人
機構，諸多管理共同事務方式的總稱，是使相互衝突的不同利益得
以調和，並採取聯合行動的持續性過程（江大樹，2006：5），故而，
治理的合夥關係可說是建立在衝突利益的調和之上。

　　一、Rhodes 運用政策網絡治理分析成為顯學

　　英國於 1980 年代後治理模式變遷，傳統分析英國的中央政府與
地方政府的關係方式產生變化，以治理取代政府概念，此時英國學
者 Rhodes 運用政策網絡分析的觀念成為顯學[3]。所謂政策網絡
（Policy network）就是一群相互依賴行動者之間穩定關係的聚合。
針對 Rhodes 的政策網絡，學者認為府際間的關係也是一種動態複
雜的網絡關係，每個行動者在府際的網絡中都有自身的利益偏好的

---

[2]　此處指柴契爾以中央政府意志強勢推動地方政府改革，較少顧及地方政府意見。

[3]　英國的政策網路的研究分為兩派觀點。一派以 Jordan 為代表，強調美國政治(政策)科學的發
　　展及其理論觀念對英國的影響。另一派則以 Rhodes 為代表，認為政策網路的研究起源於英
　　國，且政策網路這個術語發展於英國而不是美國)。以 Rhodes 為代表的後一派學者人數顯然
　　佔了優勢，影響也最大，對政策網路理論的發展貢獻卓著。參考 A. G. Jordan,1990, R. A. W.
　　Rhodes, 1990,1997.

目標追求，並依本身所擁有資源的關鍵程度，隨時與其他行動者進行策略性的互動（史美強，2005）。

（一）何謂網絡「行動者」

至於哪些是行動者，Rhodes 所注重的是組織之間常態性互動所呈現的結構關係，其以權力依賴為架構下提出行動者的五種說明。（Rhodes，1999：36-37）

1.任何一個組織獲得資源必須依賴其他組織。

2.目標的達成，必須依賴組織之間交換資源。

3.即使組織的決策受制於其他組織的制約，網絡中的主導聯盟卻享有部份的行動自由，並且可以決定哪些關係會被視為是問題，以及需要追求的資源

4.主導聯盟從現存遊戲規則當中，採取某些策略以規範資源交換的過程

5.自由行動程度的差異，取決於組織目標以及互動組織之間相對權力大小，而相對權力是由組織資源、遊戲規則、以及交換過程來決定。

（二）政策網絡運用於分析中央與地方間關係

政策網絡（policy networks）為英國學者 Rhodes（1986）所提出，其重點在於從政策網絡與治理觀點分析中央與地方政府間的關係（central-local government relation）。它是一種相互依賴的網絡關係，也是對抗與合作兼具的政策網絡。析述如下：

1.相互依賴的網絡關係

政策網絡已成為學者研究分析英國新的地方治理型態所普遍採

用的觀點[4]。所謂的網絡成員間是「一群組織基於資源依賴原則相互連結，並藉此資源依賴關係與其他群組織相互區隔。」亦即由不同組織對資源的需要與依賴相互連結而形成網絡關係。

2.對抗與合作兼具的政策網絡

Rhodes 提出的政策網絡，由於中央和地方政府的參與者為謀求優勢，會依既有資源展開合縱連橫策略，所以府際關係被視為雙方的一種賽局（game）[5]。此種府際關係在 Rhodes 看來並未形成多元競爭與議價的態勢，為求增加與中央政府談判籌碼，地方政府反藉由整合後力量，集中資源以重要代言人模式，與中央政府進行談判與互動。Rhodes 的府際關係，可謂中央與地方政府各自擁有資源、優勢及執政理念因素，形成兩者間對抗或合作的態勢。（Rhodes，1999：132）。此一模式即為「政策社群」（policy community），呈現出類似統合主義，一種有限競爭（limited competition）、具有中介利益（interest intermediation）的機制（Rhodes & Marsh, 1992: 11）。

二、政策網絡治理模式的五種分析型態

政策網絡（policy network）的提出，使中央與地方政府的運作，某種程度上強化了中央集權的傾向[6]，原屬於地方政府的組織，被中央政府透過此一系絡，直接控制或指揮甚而取代其職能，由於網絡

---

[4]　同註 3。

[5]　政策網絡的府際內部運作過程是一種資源交換的過程，如同交易賽局(game)，由於網絡成員之間資源交換協議與達成共同目標的共識，使內部成員持續互動與合作。參見 Rhodes，1996：660。

[6]　政策網絡的提出使府際關係強化中央集權傾向，其顯示在政策網絡的特徵使國家機關治理的範圍更為廣泛以及國家機關某種程度可加以主導政策網絡成員等面向上。參見同註 6。

運作增加了政府間溝通協商的管道，其功能展現在減少了中央政府
政策執行的阻力。政策網絡實際運作方面，Rhodes 根據網路穩定性
及資源分配等因素，提出五種型態政策網絡，從高度整合的政策社
群（policy community）到鬆散整合的議題網絡（issue networks）共
五種類型，每一種網絡對政府言都代表著許多利益及意見，政府必
須要適度回應。這些網絡依其成員及成員間資源分配作如下區分
（Rhodes & Marsh, 1992a:12-15）：

（一）政策社群

政策社群（policy communities）指中央與地方政府機關所執行
的政策領域中，具有高度穩定性與限制性成員的網絡，垂直性的互
賴關係，這是具有高度整合性的政策網絡，這些社群通常是以政府
或關於政府主要功能的利益為關注焦點。

（二）專業網絡

專業網絡（Professional networks）具有高度穩定性與限制性的
成員，形成垂直的互賴關係，主要是滿足專業的利益；但這種網絡
的整合程度不如政策社群那樣具有高度凝聚力，專業網絡涵蓋公部
門及私部門。

（三）府際網路

府際網絡（Intergovernment networks）是指地方政府之間，其代
表性的組織所構成的網絡關係，成員具有相當的限制性，希望擴張
水平式的影響力，因此特別強調水平的意見表達。

（四）生產者網絡

生產者網絡（Producer networks）是基於經濟利益所構成的網絡
關係，網絡成員具有相當的流動性、限制性的垂直互賴關係，主要

是在滿足生產者的經濟利益，生產者網絡除了公部門，亦涵蓋私部門。

（五）議題網絡

議題網絡（Issue networks）是相當不穩定、低度整合性的網絡，成員雖然很多，但來來去去，無法呈現成熟而穩定的網絡組織；此外，垂直的互賴關係受到限制，水平的意見表達雖然並未受限，但意見並未整合，因而未形成堅強的網絡系統，議題網絡主要涵蓋私部門人員，亦包括表達意見的公部門人員。Rhodes 政策網絡類型與特徵如表 2-1 所示。

表 2-1　Rhodes 政策網絡類型與特徵

網絡類型	網絡特徵
政策社群	區域社群穩定、高度限制成員、垂直相互依賴、有限水平連結
專業網絡	穩定、高度限制成員、垂直相互依賴、有限水平連結、服務專業利益
府際網絡	有限成員、有限垂直相互依賴、廣泛水平連結
生產者網絡	流動性成員、有限垂直相互依賴、服務生產利益
議題網絡	不穩定、眾多成員、有限垂直相互依賴

資料來源：Rhodes & Marsh, 1992a:14

參、Wright「府際關係模型」與 Rhodes 府際「政策網絡」比較

　　英國雖為單一制中央集權國家，但整體而言，英國中央與地方府際關係受中央議會內閣制憲政精神所影響，依然維持中央與地方密切互動的雙元（Dual）政府體制。至於美國府際關係則涵蓋聯邦與州、州與州間、聯邦與地方、州與地方間的所有政府單位，更凸顯聯邦與地方間權力分配的特性。

　　一、兩模式研究府際權力的相似性

　　Rhodes 的府際「政策網絡」主要以英國為研究對象，而 Wright 則以「府際關係模型」研究美國。英國傾向於中央集權的運作模式，但因維持雙元政府體制，使得改革過程因中央與地方政府各自擁有資源、優勢及執政理念因素，形成兩者之間的府際關係或為對抗、或為合作的態勢（田榕祿，2009：80）。可知英國雖然是單一國，然而地方政府則傾向分散式權力（Decentralization），三級地方自治團體互不相屬，沒有上下級自治團體指揮控制之關係，各級地方政府擁有充分自主權。從權力分配角度觀之，其地方政府享有部分自治權力不受中央指揮[7]，英國中央與地方的雙元體制關係，存有美國聯邦體制府際關係的影子，本研究即嘗試提出二種模式的比較點說明。

---

[7]　英國每一項地方政府之權力，都源自國會法律規定，雖然地方政府的施政看似被約束的受到法律嚴格規範，但同時亦有不受中央政府干涉的保護作用。這種同時規範中央政府與地方的法制，使得中央若逾越法定權限，也可經由法院宣布無效，無形中保障了地方政府在法律規範內行使權力，而不受中央政府的任意干涉。

二、兩種模式的政策影響力比較

　　既然府際間的關係也是一種動態複雜的網絡關係[8]，若從建構 Wright「府際關係模型」與 Rhodes 府際政策網絡兩者特性分析來看。前著以美國聯邦與地方關係為研究主體，後著以英國中央與地方關係為研究標的，均以權力分配為主，具體顯示在於二者的「政策影響力」大小[9]。Wright 的涵蓋型權威模式僅中央政府享有政策影響力權限，各層級政府間自然形成「依賴」關係，而權威運作模式為典型的「科層組織」，故而就政策的影響力而言，Rhodes 的五種政策網絡類型裡，以「政策社群」類型較為類似。而協調型權威模式與重疊型權威模式，由於其設定的基本原理分別是「對等協調」、具有交集的「互相重疊」、互動「獨立」、關係「互賴」，權威運作模式則為「談判」、「自主」，故而就政策的影響力而言，「政策社群」及「府際網絡」等兩種類型較諸其他三種網絡類型更為明顯。Wright 府際互動模式與 Rhodes 網絡類型政策影響力比較如表 2-2 所示。

---

[8] Rhodes 以政策網絡概念分析中央與地方政府之間的府際關係，認為兩者之間的互動關係呈現出多元競爭與複雜的賽局形式。參見 Marrsh & Rhodes，1992：101.

[9] 以政策網絡言，網絡類型的政策影響力包括國家參與者之利益形成政策與政策網絡的發展；國家制定與執行政策的自主性受到政策網絡類型的影響；政策網絡的類型影響政策結果；政策網絡的類型提供利益團體在政策制中角色的環境，網絡是政策、意識形態與過程的建構；政策網絡的類型將影響政策變遷的方式。參見 Smith, 1993：7.

表 2-2　府際互動模式與網絡類型政策影響力比較

互動模式與策網絡	模式種類及網絡類型	運作機關	政策影響力
Wright 府際互動模式	協調型權威模式	聯邦與地方	聯邦政府與地方均有政策影響力。
	涵蓋型權威模式	聯邦	聯邦政府享有自主權限，政策影響力大。
	重疊型權威模式	聯邦與地方	聯邦政府與地方均有政策影響力。
Rhodes 網絡類型	政策社群	中央	中央政府多為決策者，政策影響力大。
	府際網絡	中央與地方	府際網絡涵蓋中央及地方主管機關，雙方均有政策影響力。

資料來源：本研究整理

第二節　垂直型府際政治權力互動的設計

單一國（unitary systems）與聯邦制（federal systems）為比較政
治中有關國體（forms of state）的分類，其分類方式則以府際聯繫方
法作區別，主要存於各國中央與其他層級的地方政府間，依聯繫方
法區分為單一制與聯邦制。聯邦制的美國憲法設計，將聯邦政府權
限明確列舉，未列舉的都屬於各州政府或人民行使之，極大程度的
保障了各州的權限。然而憲法終究無法作鉅細靡遺的規範，運作上
必然發生的聯邦與州之間的權力爭議，則交由三權之一的法院的司
法審查（judicial review）[10]處理。此種不讓聯邦擁有過多權限的設計，
源自美國歷史上對中央政府集權的疑慮。

聯邦制與單一制國家的實務運作至今，已與理論認知有所落
差，實施單一制國家亦有可能會賦予其地方單位更多權力，例如中
國對香港實施的「一國兩制」所容許的地方自治權限已超過美國各
州，而印度則為聯邦制國家，與地方權力互動卻如同中央集權制，
故而單一制也可能以分權為特徵，聯邦制國家也可能以集權為其特
徵（Bennett,1990：30）。此亦說明，單一制和聯邦制有時難以區別，
主因就在中央政府和地方單位都有某種聯繫存在（彭懷恩，2009）。
至於我國憲政設計雖依聯邦制度之上下垂直性權限方式劃分，但在
設計上卻將中央與地方之府際關係，以單一制度規範中央與地方實

---

[10] 美國的司法審查制度又可分為各州法院審查（State Judicial Review）該州法律有無牴觸州憲
法、聯邦法院及各州法院審查（Federal Judicial Review）州憲法或州法律有無牴觸聯邦憲法
聯邦法律及條約、聯邦法院及各州法院審查（National Judicial Review）聯邦法律有無牴觸屬
聯邦憲法、聯邦法律及條約等三種。參見 E. S.Corwin, "Judicial Review", *Encyclopaedia of the
Social science, 1982,7:457.*

質法律關係，此亦為世界少見之憲政設計（紀俊臣,2003：17）。本
節將就單一制國家政治權力及聯邦制國家政治權力作分析，藉以探
討垂直型府際政治權力互動的設計，析述如下：

壹、單一制國家政治權力

　　本部分將從二個面向探討，包括探討單一國類型中，較著名的
比較政治學者 Hague，其曾在單一國類型中提出更細分的種類，可
以適度解釋一般國家自治權力的現況，以及單一制國家地方政府自
中央取得的權力，所依據的委託說等探究如下。

　　一、Hague 的單一制國家分類

　　單一制國家強調中央集權概念，地方政府並無原始權力，一切
權力都來自中央授權，地方政府僅屬派出機關性質，治理權限集中
於中央，由中央決定公眾事務的處理，權力來源既為中央，故中央
對地方之授權即成為單一制國家重要之權力設計。政治學者 Hague
對於比較政治學中「單一國」的類型原有分類，認為已無法說明現
有單一國現況，為便於歸類，再行將單一制國家詳細區分為「雙元
制」（dual system）與「混合制」（fused system）兩種。

　　雙元制的中央政府權力較小，除了還保有監督功能外，無法全
部掌控地方政府，兩個層級的運作區分明確，反類似聯邦制國家，
可以英國為代表。混合制的中央政府，實施中央集權，地方政府不
但接受中央監控，連同地方議會亦無法自主，所有決議都需上級核
准，尤有甚者，中央並擁有對地方首長停職或免職的權力，此部分
可以法國為代表國家。我國在政務運作上屬於中央集權型態，在自

治權力上，享有部分自治權力，以 Hague 的單一制國家分類，我國應介於二者之間。Hague 的單一制國家分類及我國區分如表 2-3 所示。

表 2-3 Hague 的單一制國家分類及我國區分

分類	雙元制		混合制
國家	英國	我國	法國
政務運作	地方政府運作與中央政府行政系統明確區分	中央集權	貫徹中央集權
自治權力	享有部分自治權力不受中央指揮不排除中央監督	享有部分自治權力	自治事項均需上級機關核准無最後權力、並對地方首長有停職或免職之權力

資料來源：本研究整理

二、單一制國家委託説

地方政府自中央取得的權力分配依據，單一制國家認為並非源自地方人民，而是由國家所賦予，學理上有稱為「委託說」或稱「承認說」。

（一）委託說權力分配論點

委託說認為權力即便自中央取得，亦屬來自憲法或法律委託（delegation），此種論點，認為地方自治權力是由國家自動讓出，才使得地方自治團體擁有部分的權力，故而地方自治團體享有權限

的來源有二，一為中央依據法律委託執行，二為中央依法授權。對於此種中央與地方權力分配關係的論點，學者紀俊臣（2004a）以圖 2-2 表示

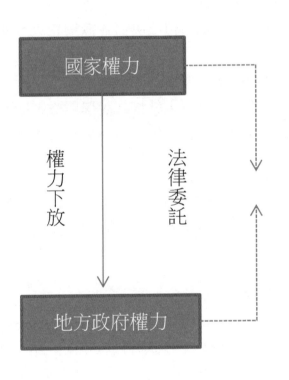

圖 2-2　單一體制地方權力之形成

資料來源：紀俊臣（2004a：114）。

（二）委託說的地方自治團體無自主性

單一制國家權力應如何分配，攸關中央與地方權限，憲法多有原則性規範，其性質屬於國權行使之權力，如立法與司法等權，普遍認為不應屬地方自治團體，而應歸屬國家權力，屬於地區性的財經權力則歸地方。委託說仍承認地方自治需要仍應維持地方自治團體部分立法權限，依此，中央權力即使下放，無論是依法委託執行或依法授權均須遵循規範，即地方自治團體並無獨立決定權，其團體屬性為國家之派出機關，國家對地方政府之授權僅採概括規範。其次，地方自治團體既對轄區內事務無獨立自主權，其所擁有之轉承功能僅具事務性與功能性。是以，就委託說學理論之地方自治團體存在目的；亦僅為貫徹中央意志，執行中央交辦或委辦事項。

貳、聯邦制國家政治權力

地方分權受到保障及地方自治固有權力等為聯邦制權力設計的基礎，以下將以聯邦制的特徵-地方分權作為探討，藉以述明聯邦制國家的權力設計情形。

一、地方分權受到保障

「地方分權」（decentralized）可謂聯邦制度（fedaral government）特徵[11]，為一般主流論點，即便有學者試圖挑戰不同觀點，諸如研究聯邦主義的著名學者 Elazar 即不認同聯邦制就是「分權」，但也同意

---

[11]　在制度設計上，集權(centralization)與分權(decentralization)常是界定中央與地方政府關係的主要原則。參見 P .John, *Local Governance in Western Europe* .London: Sage Publications,Ltd. 2001: 25- 39.

受限於憲法條款的規範，中央無法收回權力，地方政府權力受到保障（Elazar,1995）。聯邦制的中央與地方關係不離地方分權制，此論點仍屬主流看法，主要認為地方分權的設計受到憲法絕對保障，中央應予尊重，無論中央或地方權限，均來自憲法或法律之權力分配，各自擁有權力，互不逾越（紀俊臣，1999：1-2）。

二、固有的地方自治權力

聯邦制的地方自治權發展，有其歷史傳統，經由歷史演變至今而得到國家承認的權力，由於地方權力源自地方固有，學理上被稱為「固有說」或「獨立說」。

（一）固有說的權力分配論點

固有說認為人民的地方自治權早於國家，無須國家的同意或授權。聯邦制下的地方自治體在實務運作下雖經法定程序由國家取得權力，但此種權力分配受到「固有說」的影響，認為聯邦權力最終仍來自各州或各邦之賦予，權力既源自各州或各邦，屬各州或各邦的權力更為顯明，基於前述論點，學者紀俊臣就聯邦體制地方權力之分配，以圖表示如下

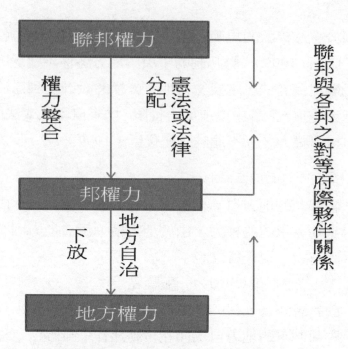

圖 2-3　　聯邦體制地方權力之分配
資料來源：紀俊臣（2004a：114）

（二）固有說的三種權力下放

固有說學理的中央權力下放方式，涉及地方政府權力來源，下述區分方式，除見於聯邦制國家，即連單一制國家亦適用，中央權力下放分為下列三種：（侍建宇，2001：358）

1.派出制

派出制（deconcentration）僅將中央政府單位外派地方，讓中央政府公務員遠離首都，其優點在於將中央政府組織網廣布全國，可直接接觸地方人民，收吸收反映民意之效。

2.地方分權

地方分權（decentralization）與前述方式不同在於中央政府將部分職權下放，由地方政府負責制定及執行中央政府原有管轄事務，地方政府擁有部分中央下放的自治權力。

3.地方自治

地方自治（devolution）式的權力下放最為徹底，中央政府將某些決策自治權完全下放地方政府，地方同時擁有某種程度的立法權，相較於地方分權方式，地方政府擁有更為完整的地方自治。前述三種權力下放方式，為便於比較，另以表 2-4 表示。

表 2-4　　中央權力下放方式

權力下放			
分權方式	派出制	地方分權	地方自治
權力下放程度	低	中	高
定義	地方官員為中央政府任命派出及執行權力。	中央政府部分職權下放。	中央政府將某些決策自治權完全下放地方政府。
實例	美國聯邦文官約有90%遠離華盛頓，派駐各州執行公務。	北歐的全國福利政策由地方政府計劃與執行。	法國、義大利、西班牙的地方政府。

資料來源：俟建宇（2001：358）。

第三節　垂直型府際互動法制面的建構

各國分配中央政府和地方政府權力的制度，連同我國雖區分中央集權制、地方分權制和均權制，就近代政治發展而言，主要權力類型的法律互動關係，仍以單一制國家的中央集權及聯邦制國家的地方分權關係為兩大潮流，其中聯邦制國家的地方分權又有所謂的輔助原則（the principle of subsidiarity）的適用。

壹、一制國家法律關係

單一制國家的中央與地方法律關係並非對等，此與地方政府權力來源關係甚大，地方政府不但無法自訂法律，其治理機關的法律地位亦無憲法保障，惟此種現象在長期的中央集權下，產生沉重的財政負荷壓力[12]，而全球化環境趨勢的變化，亦牽引著政府治理的思維架構，使得中央不得不思考治理權力分享的可能性，本部分即分從法制面的「不對等的法律關係」、「法治制度特點」、「中央集權的修正」及「我國地方權力與中央法律產生之效果」等面向探討。

一、不對等的法律關係

在單一制國家，地方政府的事務多由中央政府另以法律授權為之，不論方式是列舉或概括，地方政府在處理任何的事務都必須要與中央的法律保持密切關係（趙永茂，1998：48）。

---

[12] 舉凡公共安全、經濟發展、教育、社會保障、環保政策等公共事務和公共服務領域等，在中央長期介入地方事務下，財政面負荷沉重，此時期亦受限英國經濟發展遲緩影響。參見 Tansey,2000:97-98.

（一）地方權力來自中央法律授權

地方政府縱使具法定地位，且受到憲法、法律等法制面的保障，但其權力來源則非固有，而是由中央政府依法所授予，此種授予的權力也無法與中央對等（Rosenbloom，1998：100）。更深入言之，地方自治權力在單一制國家並不存在憲法保障問題，其權力來源為中央政府的法律授權，同時中央政府的立法權限亦不受限於憲法，既然憲法並不規範中央立法權限，則中央自可在其所需範圍及任何領域內立法，在此關係下，地方自治權力可以經由中央的立法獲得，也可經由中央的撤銷立法而收回立法授權。

（二）地方逾越權限之禁止

單一制國家中央與地方層級對法律制定的遊戲規範，十足表現出集權的概念，主要在於地方政府取得立法與執行權，是要在國會的法律「授權範圍內」（intra vires），若逾越權限（ultra vires），即成「越權法則」（doctrine of ultra vires）（Wilson & Game，2006：26-27）。換言之，地方未經中央政府許可不得自訂法律，地方即使在自治事項範圍內，仍可由中央藉由修法甚而修憲予以改變甚至剝奪，在適用法律上與中央產生爭議時，中央尚可指揮地方遵循中央解釋[13]。

二、法治制度特點

由於地方政府在中央集權體制下並不享有立法、司法等具主權性質的權限，其權力來源亦均源於法律或中央之授權，故在法治制度下亦呈現以下特點：（趙永茂，1998：53-56。博慶久，2001：98）

---

[13] 中央可依法律之授權，訂定某種實施法之命令，限制地方自治立法的空間，甚而否決地方已經通過的自治法規。

（一）地方執行中央法令

中央行政機關的指揮命令較法律為多，地方政府基於準國家官署（quasi-state agency）或國家官署的地位，在全國的通盤籌畫下執行中央法令，處理國家事務。

（二）地方不能自訂法律

憲法無分權規定，地方職權形式、權力大小與機關設置，全由中央政府決定，地方政府未得上級機關許可，不能自訂法律，且於執行職務過程中，須受上級政府指揮監督。

（三）行政命令和法規監督

一般地方自治理論中，中央對地方的監督有行政、立法、司法等方式，但中央集權制國家卻採純粹行政監督制的方式。中央經由行政命令和法規指揮、控制、監督地方政府，以便利中央政府對地方政府的控制與指揮。

（四）屬區域性機關無憲法或法律保障

因地方政府為中央政府的派出機關，無自治或自主的法律地位，其自治權為中央政府依據職能分散論的概念，分擔並代執行中央政策，故只是代中央政府執行政策的區域性機關，無自治地位與來自憲法或法律的保障。

三、中央集權的修正

單一制國隨著政府的財政負擔，亦漸影響著中央與地方的法律關係，國家治理所需之財政壓力，已成為單一制國家政府所面臨之現象，更由於全球化環境趨勢的變化，在「全球性思考、在地化行動」思維架構下，國家機關就其結構與角色進行轉型（葉俊榮，2004：

18-19），國家必須重視「地方分權」進而強化中央與地方的府際關係，基於此，單一國制國家運作亦隨之產生微妙修正，公共事務完全由中央主導的治理工作，因應地方治理而慢慢朝地方政府修正。我國直轄市有學者謂已具有美國各州之自治性憲政地位，從實務上觀之，亦確有慢慢傾斜的趨向，然不諱言中央集權仍然明顯，故在學理分類仍較傾向於單一制國家。

四、我國地方權力與中央法律產生之效果

根據大法官釋字第四六七號解釋：中央與地方權限劃分係基於憲法或憲法特別授權之法律加以規範，而地方自治團體係為公法人之社團，享有自主組織權及從事自治事項制定規章等自治權限之權利能力主體，具公法人地位。我國地方自治團體權力行使與中央在法律上應產生如下效果：

（一）具獨立法人格

由於地方自治團體具有獨立的法人格，與國家分享統治權，並擁有其立法與行政機關，具備權力分立的制衡機制與民主正當性，由此衍生出可行使立法權與行政權，並擁有完整的預算制度。

（二）法律範圍內行使權力

在法律允許的範圍內，地方自治團體得以課稅、徵收規費等方式獲取收入並保有之。基於統治主體的地位，得對居民行使一般、概括的統治權，亦具備提供公共服務的事業主體地位。（蔡茂寅，2006：37-38）。

前述地方自治團體與中央在權力行使的法律效果，實務上受到

主、客觀影響並未完全顯現[14]，其法律效果僅為「應然」，地方自治
團體形式上雖有立法與行政機關，但要達成與國家分享統治權的理
想，仍有段崎嶇路要走。

貳、邦制國家法律關係

聯邦制精神主要在保障地方分權的行使，遇有爭議時解決機制
即能展現效果，可達到減少中央行政干預的效果，以下即從聯邦制
國家的「法律關係及特點」、美國「最高法院判決改變聯邦與州法律
關係模式」及「地方分權的輔助原則」等三部分析述之。

一、法律關係及特點

聯邦制的司法審查機制及法治制度呈現的憲法保障等特點，正
是地方分權實施成功關鍵，亦足以說明聯邦制度地方分權的保障基
礎，分析如下：

（一）法律關係受保障

地方政府受到憲法保障為為聯邦制國家地方分權精神所在，憲
法對中央與地方權限劃分有明確規範，美國聯邦憲法明確列舉聯邦
和各州的權力，受到保障下的各州在政務運作上處於與聯邦分權的
平等地位，此種設計呈現出美國憲法有限政府與分權的精神。

1.司法審查機制

聯邦與州針對治理所產生的權限爭議，則由最高法院解釋，此
種司法審查機制的影響力從 Smith 將其定義「一個普通或特別法
庭，有權對憲法做出權威性解釋，這種解釋可用以限制相關的各方

---

[14]　參見本研究第五、六章自治事項及公共事務個案。

人等」（Smith,1989）即可看出。最高法院權責的解釋，負有仲裁聯邦與州層級政府權限爭議的責任，沒有哪個層級政府可以片面改變法律關係，每個層級的自主性都受到憲法制度性的保障。但是司法審查權力並非毫無限制，大法官並非憲法的主人，而是一紙憲法文書的保護者，要保護憲法所代表的價值（Rousseau,1994：261）憲法呈現的價值成為最高法院法官依循的主要依據。

2.各州擁有表達修憲意見

聯邦雖可經由修憲增加權限，但在執行上無法如單一國制般由中央政府一方決定，聯邦制的精神在於雙方須獲一致意見，讓各州同時表達看法，賦予各州表達修憲的參政權，地方政府即藉由憲法修憲的參與設計，保住了地方政府權力自主的權限。

（二）法治制度特點

聯邦制度不只在美國發展，即連英國及歐洲地區的地方分權推動，同為世人所矚目，該制度使地方政府權限不受中央影響，自無所謂被中央剝奪權限問題，彼此於權限範圍內互不逾越侵犯，其在法治制度上亦呈現以下特點：（趙永茂，1998：69-72。薄慶久，2001：101）

1.屬地方分權狀態

地方政府權力多源自憲法或法律，在特定範圍內可獨立自主處理其自治區域事務，此自主權力須經修憲或修改法律，中央始可更改權限現狀，否則中央不得任意變更或撤銷之。故與中央形成一種地方分權（decentralization）狀態。美國、加拿大等聯邦分權制國家與英國等單一分權制國家屬於此種類型。

2.立法監督減少中央行政機關干涉

中央對地方採立法監督為主，立法監督是經立法機關以立法方式拘束自治團體，目的在使地方自治權在法律範圍內享有較大執行權，避免中央行政機關的過度干涉，以獲得較大的保障。

3.地方自治權是由憲法或法律保障

聯邦分權制國家或單一國制的分權制國家，其地方自治有一定自主地位，由憲法或法律加以保障。前者如美國、瑞士、德國等國家，各邦原是獨立的有其自主權，在組成聯邦之時，各邦主動列出聯邦權力，規範何種權利讓渡於聯邦，其餘權力仍歸屬各邦。德國學者稱此歸屬各邦之權為「固有統治權」，受憲法明文保障；後者如英國於 1835 年制定「市自治團體法」（Municipal Corporations Act），使自治市擁有自治權，中央政府不得任意加以撤銷或變更。而關於地方首長或主要公職人員的任用，地方擁有自主權，非由中央政府任命，不適用中央人事法規規定。

前述英國法治制度的特點，在於英國為中央集權國家，前述「市自治團體法」制定後，以民主選舉產生自治市議會，使自治市強化了自治權功能，中央政府亦無法任意撤銷或變更，對於當時英國地方自治生態造成一定衝擊。

二、影響聯邦與州的法律關係判決

美國憲政有關聯邦與各州間之議題，多以聯邦與各州的權限分配關係為主，1997 年 6 月底，美國在聯邦與州的法律關係上，出現向各州傾斜的劇烈變化，加速了聯邦權力在與各州法律關係上的受限。

（一）衝擊聯邦與州的法律關係

美國最高法院作成 Printz v. United States 判決，認定「聯邦政府無權要求（require, commandeer）州政府配合執行聯邦法律」。此項判決對聯邦與州的法律關係產生衝擊，影響範圍涵蓋了經濟管制、社會安全、福利措施及環境保護等領域中，有賴各州協助執行的聯邦法律，改變了以往聯邦與州互動的法律關係模式，許多法律學者以雖未流血革命、但仍造成革命性的影響，故直接以「天鵝絨革命」（velvet revolution）詞語，來形容 Printz 判決對於聯邦與各州法律關係所造成的衝擊與影響（Whittington ,2001: 497）。

（二）比較其他相同體制國家經驗

此項判決亦提及美國聯邦原則相關問題及與地方法律關係時，應比較先進國家瑞士、德國或歐洲聯盟 (European Union) 等有關聯邦與地方權限劃分的經驗（Printz, 521 U.S.：939-962），而引起美國法律界極大迴響[15]。

三、地方分權的輔助原則（the principle of subsidiarity）

輔助性原則（priciple of subsidiarity）是歐盟法中的一項重要規範的基本原則。其基本含義是，只有在成員國採取行動是不充分的情況下，歐盟才能夠介入，隱含著尊重個體之自主與責任，用以保障個人自由的精神。輔助原則始於「歐洲高峰會」，已成為僅次於憲

---

[15] 美國最高法院大法官相互間對 Printz 判決提出的對於憲法解釋是否可以參考比較法或援引外國法，引起激烈論辯。有法官認為美國並非是世界上唯一採行聯邦制度的國家，因此最高法院在解釋美國憲法聯邦原則的相關問題時，應可參考其他憲法先進國家如瑞士、德國或歐洲聯盟 (European Union) 等有關聯邦與地方權限劃分的比較經驗。也有不同意見認為比較憲法的分析，不適合於解釋憲法，只有在草擬、制定憲法的時候可行。參見 Printz,521 U.S. :976-978.

法的適用規範，以下就其「輔助原則視為憲政原則」及「輔助性原則的適用及內容」敘述之。

（一）輔助原則視為憲政原則

1991 年 12 月 10 日，馬斯垂克(Maastricht)「歐洲高峰會」通過《歐洲聯盟條約》（Treaty on European Union）。此條約於 1992 年 2 月 7 日由十二個會員國於荷蘭馬斯垂克 (Maastricht) 簽署，又稱《馬斯垂克條約》，1993 年生效，也是歐盟據以成立的條約；其中該條約所提及的「輔助原則」（the principle of subsidiarity）被視為一般的憲政原則 （general constitutional rule），而輔助原則的設計是為了解決歐洲共同體與其成員國分權的微妙問題（該條約第三條）。

輔助原則是一個規範社會組織的基本原則，簡而言之，即社會裏直接影響人民生活之決定，原則上應先由最接近人民的最基層單位來做，高層單位處於協助立場，最基層單位無法處理或處理不周全時，高層單位始加以協助處理。其最高原則即確保最基層單位推動政策，這是一個理性的管理原則，最符合人民的意願。

（二）輔助性原則的適用及內容

輔助原則多半做為聯邦體制內，尤其歐洲國家內地方自治團體與上級政府間權限分配依據，德國基本法更將輔助性原則之適用作進一步擴張，使地方自治團體原則上享有地方事務之「全面管轄權」（Allzuständigkeit），聯邦僅享有輔助性權限。另一方面，更將輔助性原則明文擴及至德國與歐盟間之歐洲整合議題上。據此，輔助性原則在法學上之適用，已超越其規範個人與國家間任務界限之原始目的，更垂直地向上擴及至國家與超國家組織間權限分配之國際法關係（詹鎮榮，2003：36-37）。

　　輔助性原則現已成為聯邦體制國家分權的基本原則，不但中央權力下放，也避免了權力過度集中之弊。此種權力分配準則，與民主制度中之分權 （separation of power）制衡機能相同。輔助原則可說是一種垂直的分權，賦予地方權力，可隨時自主、彈性、妥當地反映情況的變遷，增強民主政府的機能。（王玉葉，2000：1-30。藍玉春，2001：15-44）至於輔助原則詳細內容如下：

　　1.共同體應依本條約所賦予之權限及所指定之目標範圍內行使職權。

　　2.在非專屬於共同體權限之範圍，共同體應依輔助原則採取行動，亦即在會員國所採取之行動不足以達成所擬目標，而基於該行動之規模或效果，由共同體來做較易達成的情況下，方由共同體為之。

　　3. 共同體之行動不得逾越達成本條約所定目標之必要程度。（王玉葉，2000：14-15）

第三章　府際治理的國際經驗探討

　　中央與地方互動探討，較為學界矚目者當推美國聯邦與各州關係，美國學界稱為「府際關係」（intergovernmental）[1]，府際關係在學理上可再分為垂直關係（vertical relations）與水平關係（horizontal relations），前者指中央與地方政府間關係建構，後者則指地方政府間關係建構。府際關係受到關注，源自美國聯邦制度的成功，由於聯邦制賦予地方擁有權力資源，使各州權力行使與聯邦維持某種程度平衡，尤其對內事務甚而超越聯邦。1997 年 6 月，美國最高法院作成 Printz v. United States 判決，認定根據美國憲法，聯邦政府不能要求州政府協助執行聯邦法律，此一判決確定了州政府作為地方

---

[1]　「府際關係」指不同轄區政府部門，或是中央與地方政府間的互動，或是共同處理公共事務的方式，參見 Starling, G. (2008). Managing the Public Sector (8th Ed.), M.A.: Thomson Higher Education,2008:109-143. 府際關係最早提出的時代背景為 1930 年代經濟大恐慌時期，當時聯邦政府為解決經濟蕭條環境，採取和地方政府合作方式來推動各項新政措施。1953 年後，聯邦政府在美國國會授權下先後成立「府際關係委員會」（Commission on Intergovernmental Relations）及「府際關係諮詢委員會」（Advisory Committee on Intergovernmental Relations, ACIR），使府際關係廣泛應用於政府以及學術研究單位。在學術界，「府際關係」概念的界定始於美國學者 William Anderson，他認為府際關係指稱的是：「美國聯邦制度中所有類型和所有層次的政府單位之間所出現的大量重要活動或相互作用。」參見陳金貴 '美國府際關係與府際管理之探討' 行政學報，1990,29：14-16。江大樹 府際關係導論。載於趙永茂、孫同文、江大樹（編），府際關係 2001：3。

政府所擁有的自主性，至於府際間爭議，則賦予法院爭議處理權限，透過法院將權力分配（allocation of power）與利益權衡（balance of interests）依據聯邦憲法或州憲法之相關規定，決定權力歸屬。除聯邦制外，與我國體制相同的單一制國家（unitary state），可以英國為代表，英國的中央政府屬於行政立法兩權相結合的政府，其垂直型關係採取中央集權制（centralization），中央對地方有管轄權，且地方權限劃分多由中央決定，遇有爭議則依法律精神、慣例等解決，英國柴契爾夫人

　　（Margaret Thatcher）於 1979 年 5 月入主白廳（Whitehall）成為英國首相後，即進行了一連串的地方政府改革，過程中阻力頗大，至今於英國仍屬毀譽參半評價，但其中央與地方合作治理以及整體政府的管理觀念以及施政推動等對我國有很大影響，同時形成全球性政府改革運動。同樣於 1980 年代進行了中央與地方較大變化改革的法國，經一番改革後使中央集權的管理體制有了新的內容，並達到減輕中央行政負擔的目的，法國雖為雙首長制代表，但也只有在「左右共治」（cohabitation）形成時期較為明顯。本章則分從英美法的府際運作規劃、權限運作經驗、英國權力政治操作經驗及英、美、法三國財政分配經驗探究之。

第一節　英、美、法的府際運作規劃

　　英國及美國可謂是單一制及聯邦制國家的典範代表，而法國又為雙首長制的另一典範，我國與英國均屬單一制國家，英國也是推行「地方自治」理念最具悠久歷史的國家，由於英國為不成文憲法

國家，中央與地方府際運作並無明文規範於單一法典內，地方政府權力並未受到實質保障，亦即不享有完全的自治權，與一般單一制國家採取中央集權制國相同，唯英國有獨特的治理方式，賦予其地方政府更多的權力，英國自 1997 年起反提倡地方分權（devolution）。其府際運作非一朝一夕，實歷經多次改革始形成今日局面，以下即以英美法三國的府際規劃探討如下。

壹、英國的府際運作規劃

英國的政府體系規劃，從二戰後即陸續進行，其中保守黨執政後的十八年改革，對英國的中央與地方政府間運作有深遠影響，依地方制度發展過程論述如下。

一、制定地方政府法

英國最早於 1945 年即第二次大戰結束後制定有「地方政府法」（Local Government Act 1945），主因在於人口與社會的變遷，使各地方政府面臨治理不均衡情形，該法主要內容為調整地方行政區域及重新界定地方政府體系為三級制。地方政府雖分為三級，卻均採行「議會」（council）制度（Chapman,1990：1-2），地方政府仍以議會為核心，議會同時作為地方政府推動政策的決策與執行機關。

二、加重地方政府角色與功能

1970 年代由於二次世界大戰結束，戰後重建與發展，執政的工黨以社會福利制度為施政主軸，因而加重地方政府角色與功能，由於商業興盛使地方民眾匯聚，也促成了大都會形成，原有政府體制不符需求，於是英國中央政府於 1972 年修訂地方政府法，改變都會

地區政府層級架構，也同時帶動其後一連串英國地方政府改革，以及中央與地方關係的調整工作（Wilson & Game, 2006: 61- 78）。

三、中央強勢主導提升地方政府能力

1980 年代英國保守黨取代工黨執政，基於「新右派」[2]（new right）推動政府改革措施，加上世界石油危機的國際環境因素，使得原有三級層級節制的政府體制，受限財源因素反成為政府推動施政的負擔，中央政府乃於 1981 年先立法推動公共服務外部化減少政府涉入的相關法規，藉由促使地方政府退出減少財源挹注且達成民間社會自給自足目的，但對於中央這樣的強勢主導，許多地方政府以種種方式反對，造成府際關係中的不穩定（Martin, 2002: 302）。因而英國中央政府於 1985 年再次修訂地方政府法，修正功能在於提升地方政府能力，具體作法就是將部分原有三級的地方政府體制改為二級。

四、重新界定地方政府地位

柴契爾夫人長時期的政府改革已影響地方政府既有權益，在工黨重新執政後，兼顧地方政府權益之下，從提升中央的地方事務管轄層級，並統合轄區內具跨區事務的治理作為，既能顧及地方自治又能兼及行政效率，適度地改變了雙方緊張的關係，工黨對公共事務採取的不同行政作為如下。

（一）地方事務管轄層級提升

在保守黨長達十八年的執政後，1997 年新工黨執政，改採「第

---

[2]　同第二章註 12。此時期英國經濟發展停滯，新右派基本理念反對國家干預，柴契爾主政時在解除國家管制方面不遺餘力，有柴契爾主義（Thatcherism）之稱，與新右派理念相互輝映。

三條路」（The Third Way）的治理思維，檢討三級地方政府體制與組織架構的改革，並強調重新調整中央與地方政府關係，1999 年及 2000 年連兩年修訂地方政府法，其中修改篇幅較大則為 2000 年，分六大部分共計 109 條，主要內容為重新界定地方政府在整個英國的地位、目標、政府組織結構、功能等，並要求以策略性夥伴、策略性管理來監督地方策略的發展，且在 2000 年後因地方政府法之修法而成為共通做法（Dereli, 2003; Pearce and Mawson, 2003: 55）。

　　最能彰顯地方政府地位者則在於將原有地方政府的中央主管機關由「運輸、地方政府與行區部」（Department of Transport,Local Government and the Region）改為「副首相辦公室」（Office of the Deputy Prime Minister,簡稱 ODPM），由「副首相辦公室」接管地方政府業務，並更重視統合中央與地方間關係，有助於地方問題進入政府決策核心。

　　（二）區域事務統合功能

　　新工黨政府為了整合各部與地方有關事務，2002 年成立的「副首相辦公室」賦予更重要工作即是成為區域事務的統合機關，將跨區的公共事務由該辦公室負責整合，其具體方式是在辦公室下設「區域協調單位」（Regional Co-ordination Unit,簡稱 RCU），對相鄰的地理位置劃入同一個區域，同一區域內公共事務若具跨區性質，則由 RCU 負責整合，使原有地方政府獨自處裡地方事務，無法兼及效率與品質的問題得以解決。

　　英國的政府改革計畫有褒有貶，英國自二次大戰後的歷次改革都發揮一定效果，尤其在柴契爾夫人所屬保守黨推動的政府改革措

施，獲得選民一定程度認同[3]，讓保守黨執政長達十八年，亦影響著世界民主國家政府改革走向，然而也有論者認為英國中央在與地方政府互動過程太過強勢，影響地方政府的自主性。既要改革就難免有贊成與質疑兩種聲音出現，中央集權有人批判，即使如下放權力給地方，也有學界質疑地方政府人才與人力資源問題，這些學者認為無論學歷視野，地方政府與中央層級公務員仍有差距，由於改革前提是要地方公務員都已具備與第一線民眾的互動諮商、利害關係人管理、夥伴經營的政治技巧等，在未經過磨合訓練、學習等措施指導下，是否能達成前述目的不無疑問。（Pearce and Mawson, 2003; Dereli, 2003）。持平而論，以單一國制國家中央集權程度而論，英國的單一制由於多年來中央與地方權力的不斷修正，在中央與地方權力消長下反有聯邦制影子。

貳、美國府際運作規劃

美國為聯邦制國家，與單一制國家的英國不同點，在於聯邦政府與州政府權力關係都有憲法依循，聯邦憲法確定了聯邦政府結構和權力，同時對州政府亦有基本規範。憲法未列舉的權力，除非憲法明文禁止各州行使，否則概為州政府保留。州的權力主要是處理州範圍事務，如地方警衛力量、地方徵稅，州範圍內工商業和勞工等。

---

[3]　柴契爾夫人一生的評價在英國可謂兩極化，有人認為她的改革施政拯救了英國經濟，為英國經濟踏入現代化的必經階段，但也有人認為她要為國內傳統產業的衰弱和迅速惡化的貧富差距負責。不過在歷經時間洗鍊後，柴契爾的堅毅改革精神仍留存英國選民心中。參見（柴契爾夫人 The Iron Lady：Margaret Thatcher）《WE PEOPLE 東西名人》雜誌，2013 年 6 月號。

　　至於聯邦中央和地方的具體權限，美國學者皮契特（Pritchette）曾對美國聯邦與地方兩層次政府，使用權力上做了適當性規範，讓政府運作符合聯邦主義精神（Pritchett,1959：26）。

一、聯邦獨佔權力

　　聯邦政府獨佔權力（exclusively national powers）包括對外宣戰、締約及軍隊等彰顯一國主權事宜及管理州際和對外貿易、造幣、移民歸化等規範權力。由於國家須統一對外發言、宣戰及解約，故對外關係權限分配給中央政府。至於國家的統一貨幣制度是重要的，為控制貨幣製造，需由中央擁有貨幣鑄造權限。

二、州之專屬權力

　　由於聯邦政府為被授權者，其它未授予部分，顯而易見權力仍由州所有，為州之專屬權力（exclusively state powers）。為免此事流於推論，將其制度化做了規範，聯邦憲法修正第十條：「聯邦憲法未授予亦未禁止合眾國行使之權力，由各州分別保有之，或由人民保有之。」人們對此修正條文雖有不同解讀，甚而誤解及認為是州權力的主要保證。實際上，該修正條文意旨只是宣布了中央政府與州政府間的關係，並未帶給聯邦憲法任何新的見解。

三、競合的權力

　　繳稅及管制通商等重要權力，雖由聯邦憲法雖規範授予中央政府，卻並未同時禁止州於其境內亦行使該權限。此種聯邦政府和州政府聯合行使的權力即為競合的權力（concurrent powers），主要為租稅及罪犯懲處，租稅主要為所得稅及營業稅等徵稅權以及公債的

籌募，惟各種捐稅、關稅和其它賦稅，在合眾國內為劃一徵收。

四、聯邦政府被禁止之權力

依中央政府被授權原則（該原則雖在聯邦憲法修正第十條被採用之前未有明文，但已為制憲者所接受），聯邦憲法未授予之權力，中央政府無權行使，即為聯邦政府被禁止之權力（powers prohibited to the national government）。

五、州政府被禁止之權力

所謂州政府被禁止之權力（powers prohibited to the states）意指聯邦憲法雖於第一條第十節對州行使權力作了些許禁止規定，但其目的主要著重於實現中央對於外界關係，例如對外談判、外交、貨幣制度等權及對外通商之專屬管制的本質，除此三範疇外，若有損害契約上義務之任何法律，則有更進一步的禁止規定。

六、同對中央及地方州政府禁止之權力

聯邦憲法對州的禁止規定，同時亦對中央政府禁止（powers prohibited to both the nation and the states）。此種同時禁止中央與地方行使的權力，分別規範於聯邦憲法第一條第九節及第十節[4]，包括禁

---

[4] 例如第一條第九節：公權剝奪令或溯及既往之法律不得通過之（No bill of attainder or ex post facto Law shall be passed.）對於自各州輸出之貨物，不得課稅。（No tax or duty shall be laid on articles exported from any state.）。第十節：任何州不得加入任何條約、盟約或邦聯；頒發捕獲敵船許可狀；鑄造貨幣；發行信用票據;使用金銀幣以外之物，以作償還債務之法定貨幣；通過公權剝奪令，溯及既往之法律，或損害契約義務之法律，或授予貴族爵位。（No state shall enter into any treaty, alliance, or confederation; grant letters of marque and reprisal; coin money; emit bills of credit; make anything but gold and silver coin a tender in payment of debts; pass any

止通過褫奪公權議案（Bills of Attainder）、事後法（Ex Post Facto Laws）及允予貴族封號（Granting Titles of Nobility）。

　　依前述的規範原則，各州範圍內事務雖由各該州政府處理，但聯邦政府亦要求州政府運作必須符合共和形式（第四條第四款），且在法律位階遵循上州法律絕對不允許違反聯邦憲法或國家條約。美國規劃之聯邦與州的權限，從多年來的運作可窺知確有權限不清與重疊的地方。由於美國力行聯邦制度，遇此情況聯邦政府並未強迫州政府須服從聯邦，而是透過聯邦與州的協調合作來解決。至於美國聯邦憲法制定之法律及聯邦政府對外締結條約行使的效力，在憲法第六條也有規範：「本憲法與依據本憲法所制定之合眾國法律，及以合眾國之權力所締結或將締結之條約，均為全國之最高法律，縱與任何州之憲法或法律內容有所牴觸，各州法院之法官，都應遵守而受其約束。」

　　綜前所述，州憲法或法律內容必須與聯邦政府制定的法律或條例相同，而聯邦政府亦不得干預憲法授權給各州政府的權力，牴觸的州憲法或法律必須修改，至於有無牴觸或逾越權限的裁決則交由美國最高法院處理（彭懷恩，2013：174）。

參、法國府際運作規劃

　　法國二百多年的運作體制呈現為中央集權國家，自法國大革命以來，地方政府始終依附在中央集權的體制下，無論政策推動、法

---

bill of attainder, ex post facto law, or law impairing the obligation of contracts, or grant any title of nobility.）

律執行等均屬中央權限而由中央主導，在此體制下地方事務推動的監督工作自是中央執行，以下分就中央集權的改革考驗、中央權限下放與鞏固、確立單一制的「分權國家」等部分說明之。

一、中央集權的改革考驗

法國中央集權制度的實施於 1980 年代面臨重大考驗，法國自 1980 年代起的改革，也是地方分權的開始，改革重點在 1982 年 3 月 2 日頒布的「市鎮、省和大區權力與自由法」、1983 年 1 月 7 日的「市鎮、省、大區與國家權限劃分法」及日後制定的相關法規，這些彰顯地方權力的法律規章陸續制定，限縮了法國中央集權的程度，經由法律的加持，大區議會議長和省議會議長權力增加，更多的權力改變，使權力下放和地方分權取得了積極的成果，特別是省督的行政權力轉移至地方民選首長；法國的地方制度改革，使其達到 1789 年以來前所未有且更為分權的國家結構（Heywood, 2002: 166）。然而體制的改變過程中亦因某些因素使雙方出現適應的問題，如彼此矛盾的關係及新的地方主義的產生和發展等。

二、中央的權限下放與鞏固

前述的改革，雖然地方擁有了部分中央下放的權限，但法國中央一面使權限下放順遂，去除雙方潛存的不信任，在權限下放的基礎上，以進一步調整中央與地方關係，完善地方管理機制作為雙方強化的手段，一面仍強化鞏固中央應有的權限，不容地方逾越，其具體作法如下：

（一）劃清權限

強調國家和中央的權威，進一步明確和劃清中央與大區、省、市鎮的權限及嚴禁地方越權和侵權，提高中央派駐省和其他地方機構的地位，發揮這些機構中國家公務員對地方公務員的影響和指導作用。

（二）強化監督調控

加強中央調控，規範地方經濟的內容和範圍，加強與地方的對話和對地方的監督。

（三）協調交叉原則

實行地方之間的「協調和交叉」原則，建立地方之間的新型關係（任進，2005：25）。

前述中央派駐省和其他地方機構的公務員制度（prefectoral system），在事務推動上受中央指揮，與中央政府關係是行政的、上下隸屬層級的關係；同時亦受大區議會議長與省議會議長的指揮。此種派駐性質即是法國中央政府根據地方分權政策要求，作為地方分權改革的一環，也因此，派駐人員不必然為中央代理人，也經常要為地方利益發言（Knapp & Wright,2006：364）地方政府與中央政府之間僅存法律上責任，而不負政治上責任。

三、確立單一制的「分權國家」

1980 年代可謂是法國地方分權改革的伊始，根本改變了長久以來中央集權的權威屬性，然而徹底改變法國成為單一制「地方分權」國家的則為 2003 年 3 月 28 日國會通過的「關於共和國地方分權化

組織」的憲法法律，2004 年又通過「有關地方自由及責任法」，這
兩個影響地方政府定位的重要法源，重新界定了法國中央與地方的
關係，也將中央權限大幅轉移到了地方。其中「關於共和國地方分
權化組織」的憲法法律，雖僅十二條，但卻於第一條即明言規定「共
和國的組織是分權化的」，由此確認了法國為「分權化」的單一制國
家[5]。

　　法國以往「先中央後地方」的憲政思維，在歷經多次演變後業
已改變，處理中央與地方關係的基本準則，已將地方置於中央之先，
用來維護較低層級政府權力，以成為往後權力關係的一種根本性原
則。其目的是嚴格限制公共政策和國家在社會生活中的地位和作
用，保障公民最大限度地行使自己的權利，保障決策在最接近人民
群眾的下層政治機構作出，防止過度集權和濫用權力（劉文仕，
2007：110）。

第二節　英、美、法權限運作經驗

　　英、美、法等國家在歷經前述過程的府際規劃後，其權限的實
務運作並非一路順暢，或多或少仍會受國內及國外環境影響，運作
過程中甚而引發衝突而無法有較佳之互動，但最後均賴雙方主事者
的智慧安然度過。

---

[5]　「關於共和國地方分權化組織」的憲法法律確認了法國政體為「單一制國家」，而「有關地方
　　自由及責任法」又稱「權限移轉法」，其作用為將權力重新分配，與前述相輔相成，成為法
　　國進一步加強推動地方分權改革的兩大依據。參見：Rousseau Mark O. and Zariski, Raphael.
　　1987. *Regionalism and regional devolution in comparative perspective*. New York: Praeger,
　　270-271.

壹、英國運作特質及權力演變

以英國而言，由於英國為單一制中央集權國家，原有思維也是地方為中央之一環，中央對地方有絕對的指揮權，將地方政策納入中央決策體制，干預地方財政、甚而以削減預算為籌碼使地方服從，然而根據 Kavanagh 的研究，單一國制下的英國運作不全然為中央集權式，其研究英國中央與地方政府運作得出之基本特質如下：（Kavanagh,1997：337）

一、地方政府為地區民眾代表，具「地區性」（territorial）特質，同時又是地方特定事務的主管機關，同時具有「功能性」（functional）特質。

二、中央政府若推動全國性政策或提供直接服務，須由中央派駐在地方的機構負責執行。

三、中央與地方政府權力來源均為國會（Parliament）授權，任何權力變更都須經由國會同意。

四、中央權力範圍僅限於決策層次，地方政府則負責實際執行。

根據前述研究的特質，英國中央與地方關係已非指揮命令式，而是有了分權傾向，基於此特質，使英國中央與地方政府自 1990 年開始形成共治，並連同公私團體形成治理網絡（Rhode,1997：114-117）。在英國中央與地方權力互動演變過程中，亦不時有衝突發生，要改變既有制度確實需要有足夠時間檢驗實施的成效，也需靠中央及地方政府治理者的智慧。英國中央與地方權限消長有兩個關鍵時期，首先在 1980 年代至 1990 年代，中央因為財政緊縮，資源有限，地方須自謀財源，使中央權力無法如前施展（侍建宇譯，

2001：358-359），結果地方政府以拒絕方式或針對不合法或既定政策，採取不配合不執行等形同拒絕中央政府的政策。其次是在 2000 年新工黨政府通過的「地方制度法」，加強了地方執行機關的責任，不但提高政府決策效率與透明度，也加強了彼此間的監督和審查[6]。前述的兩個關鍵期，前者反映了中央與地方政府的不睦，而後者則改善了彼此關係。

貳、美國運作特質及權力演變

美國在聯邦制下，各級政府運作向來受到憲法保障，尤其經由歷史經驗形成對中央集權的恐懼，府際運作顯示的特質及其演變即與其他體制國家有所區別，論述如下：

一、運作特質

聯邦制的代表-美國，由於歷史因素，除了各州宣布脫離英國獨立再因需要組成聯邦政府外，擔心中央集權的再現，亦使權力運作上與單一制國家的英國顯現出不同特質，根據 Vincent Ostrom, Robert Bish, Elinor Ostrom 等人研究美國地方政府後，發現聯邦制的美國府際運作上具有下列特質（Ostrom,et al.,1988：13-17）：

（一）民眾自治（self-government）源於「地方自治憲章」

---

[6] 英國 2000 年地方政府法修正課予地方政府相關的法定義務，且由內閣的審計委員會加以監督，為提高政府效率，進而改變彼此的控制權方式，政治領導不再是由上而下命令與控制，政治人物與資深官員必須提出政策與預算架構並執行之，且經由與地方與社區各種層次的人互動、聯繫與協調，共構社區發展的策略。參見 Hartley, J. and M. Allison" The Role of Leadership in Modernization andImprovement of Public Services" ,*Public Money and Management*, Vol. 20, No. 2 (April- June) 2000:pp.35-40.

（Home-rule Charters）的授權。民眾有權進行自治，可依共同意願
增設或取消地方政府，並受州憲法之保障。

（二）民眾參與政府運作的權利受到憲法保障。並可經由「創
制」與「複決」的行使，影響地方政府立法，將地方層次與民眾息
息相關的政策，藉由前述權利達到參與政府運作目的。

（三）政府機關基於分權制衡原則設立，權利是由不同機關共
同擁有，不得由單一機關獨享。

（四）在聯邦分權制衡制度的設計及民眾權益具體保障的理念
下，地方制度內涵也隨著「主導」（dominance）與「自治」（autonomy）
兩種力量交互影響，故其制度內涵常處於變動。

二、權力演變

以下從靜態的府際權力運作設計、動態的府際衝撞及影響府際
權力的因素等三個面向析述之：

（一）靜態的府際權力運作設計

前述特質可觀察出聯邦制的美國，府際運作講求「分權」與「自
治」，制度內涵則常處於變動之中，所以美國學者 Wright 同樣從權
力運作的角度研究聯邦制度，提出之三種權力運作模式裡，即有權
力運作向聯邦傾斜者。如涵蓋型權威運作模式強調聯邦與地方自然
形成「依賴」關係，權威運作模式為典型的「科層組織」，由此，聯
邦制國家府際權力運作設計似不必然偏向地方，地方分權程度高低
亦非認定聯邦制國家標準。以美國不同時期而言，聯邦與地方權力
並非固定，1969 年至 1974 年尼克森執政期間由於倡導「新聯邦主

義」[7]（New Federalism），將權力下放與州政府而與聯邦共享，期望雙方之間維持權力的平衡。制度的產生可謂演變形成，即如美國憲法對聯邦權限係採取列舉制，禁止各州行使，以地方治裡觀點言之，既未賦予委託聯邦行使亦未禁止各州行使，聯邦政府即不得干預，美國憲法第十條「本憲法所未授予美國政府或未禁止各州行使之權限，皆保留於各州或其人民。」[8]即將憲法未授與聯邦之權限保留給各州，就是地方自主的實現。然而就如前述，美國的聯邦與地方權力也是經過多年運作，隨著環境變遷牽動著雙方權力消長。

（二）動態的府際權力衝撞

美國聯邦制度明確了雙方行動的自主範疇（independent sphere），所謂的聯邦主義（federalism）被視為「一國的公共政策分由中央政府和州政府各自處理某部分的制度。」在中央與州雙方分享主權的原則下，權力為中央政府和地方政府所分享。中央與州在運作過程中不斷面對權力分配的衝撞，使聯邦主義的實踐亦面臨了嚴重的挑戰，此種權力衝突也產生於各州政府間。美國發展早期，

---

[7] 新聯邦主義為美國總統尼克森 1969 年提出並實施的一項重要的社會經濟政策。尼克森認為聯邦政府已然效率低落，缺乏工作效率，引起人們對政府的信任危機，於是主張把部分權力、資金、責任從聯邦政府流向各州。新聯邦主義觀點亦讓其得到政治上信譽。參見 Ambrose, Stephen E. *Nixon: The Triumph of a Politician 1962－1972.* New York: Simon & Schuster. 1989:431-432.

[8] 第十條原文為 The powers not delegated to the United States by the Constitution, nor prohibited by it to the states, are reserved to the states respectively, or to the people.本條亦被稱為權利法案，連同其他共計十條修正案在 1789 年 9 月 25 日被提出，1791 年 12 月 15 日通過，成為美國憲法一部分。本修正再度向人民保證美國政府將不會蠶食鯨吞各州，未授予美國政府或未禁止各州行使之權限，皆保留於各州或其人民。參見美國在臺協會官網「權利法案（美國憲法修正案第一至第十條）」。

因應此種衝撞的環境，運作出所謂的「雙元聯邦主義」（dual federalism），即指「一種在各個領域中，國家和州都有特定權力的制度。」即為現今美國聯邦制度，進一步言之，在聯邦制架構下，美國中央與州多採取地方分權制（decentralization），雙方都有其特定的權力，權限亦均源自憲法或法律之權力分配（distribution of power），也由於地方分權的落實，地方政府權力即受到憲法絕對保障，各自擁有之權力互不侵犯（紀俊臣，1999：1-2；高永光，2004：376-377）。

（三）財政力量影響府際權力

理想與實務畢竟存在落差，聯邦與各州政府經由多年互助合作的運作，始由原互不侵犯的鬆散互動形成相互依存（interdependence）的緊密關係。中央與州權力運作下的權力起伏受經濟環境因素影響極大，當中央財政力量增加，掌握資源分配的實權，即削弱地方政府自主性，此種透過財政補助政策對各州的地方政府進行補助，以增強聯邦政府對於各州的控制權，是一種較為彈性與動態的體制，使州的權力產生鬆動，也使得聯邦與各州嚴格劃分職權的精神產生了無形的變化（趙永茂，1998：60-62）。二戰後教育與社會福利等環境再變遷，使中央擴大對地方政府影響力，至 1980 年代後，美國出現所謂「州的復興」（the renaissance of state），即強化州的角色，削弱中央權力[9]，直至 2001 年 9 月 11 日美國遭遇恐怖攻擊事件，在

---

[9]　1980 年雷根當選總統後對聯邦政府處理問題能力始終抱持懷疑態度，他認為政府並不是解決問題的方法，政府本身才是問題所在 "Government is not the solution to our problem; government

國家安全上，又開始強化中央權力，所以聯邦制國家權力可謂動態過程，隨著國內外環境變動（姚祥瑞，2013：25），美國聯邦制權力隨環境變化的動態過程可由下圖顯示

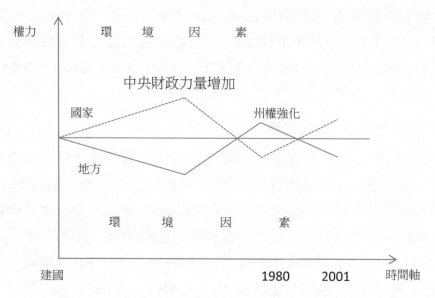

圖 3-1　　美國聯邦與地方權力隨環境變化過程

資料來源：姚祥瑞〈2013〉

　　整體而言，美國的聯邦制度仍賦予地方政府高度自治，擁有大量財政權與自治權，使地方政府施政貼近地方需求，也讓府際互動權力衝突機率減少。至於解決聯邦政府與州政府的權限爭議，就交

---

is the problem." 參見美國第 40 任總統雷根就職典禮演說稿。其採取撤回政府干涉並減少稅率和商業管制等措施以解決經濟問題，並在其任內協助州政府。

由法院，法院秉持聯邦憲法及州憲法的規範及精神，依據權力分配
（allocation of power）及利益權衡（balance of interests）原則決定權
力的歸屬（史慶璞，2001：141-142）。

參、法國運作經驗

　　法國為典型的中央集權的單一制國家，但面對二戰後環境改
變，不得不跨出傳統框架，將中央權限大幅轉移至地域團體，並賦
予大區更穩固的自治定位。

　　二次大戰後環境改變的發展，已使法國朝向聯邦主義邁進
（Elazar, 1995: 474-475）；此一時期為法國社會黨執政，執政期間自
1981 年至 1995 年，雖長達十四年，然而卻歷經兩次左右共治
（cohabitation），使中央推動的地方分權化無法持續在法國議會獲得
共識[10]，使這一段中央推動的地方分權化，無法如前般的順暢，然而
法國中央自 2003 年起的再次推動地方分權化，又開始了另一波推動
的改革過程，卻也成為法國府際朝地方分權化運作的重要過程。

　　一、中央與地方關係的挑戰
　　法國中央政府與地方既有關係，主要來自於下列中央集權的地
方管理制度的挑戰：（彭懷恩，2013：254）

---

[10] 國會於 1988 年 1 月 5 日通過「地方分權法」的修正案，達成對地方政府進行經濟干預。此
期間 1986 年 3 月席哈克被任命為總理，法國進入左右共治時期；席哈克不認同持續的地方
分權改革，認為 1982 年以來相關的法律已過度「地方分權化」，最後以命令停止地方分權
改革，並重新檢討評估原有法律。參見劉文仕立足統一，邁向分權：法國地方分權制度的嬗
變與前瞻。東吳政治學報，2007，25（2）：80。

（一）雙重性政體間之猜疑對立

中央任命和委派的國家官員和派駐行政機構，與選舉產生的地方議會和地方官員，雙重性政體之間相互隔離，彼此猜疑，甚而對立，經常發生誤解乃至發生矛盾和衝突。

（二）地方反對中央集權式的管理制度

地方主義和民族主義的抵制和反抗，少數民族和地區都在不同程度上反對高度中央集權式的管理制度，要求地方自治，要求擁有「選擇權」或「保留祖籍權」，反對抹煞地區差異和民族的特色，反對中央剝削和壓迫地方。

（三）盤根錯節的關係網影響施政推動

中央委派的國家官員和派駐機構長期駐守在地方，與地方官員和地方機構建立起相互依存的關係，形成了一個複雜和盤根錯節的社會關係網，致使法律、法令和政令難以推行。

（四）中央派駐地方機構效率低

由於中央派駐地方機構龐大和重疊，中央派駐國家官員臃腫，致使行政手續繁雜，辦事效率低下，相互推諉。

（五）高度集權抑制地方的積極性

高度的中央集權式對地方進行嚴密的控制，因而束腹了地方的手腳，抑制了地方的主動性和積極性。

二、中央權力下放的重要改革

鑑於對前述管理制度的挑戰，影響法國中央與地方的運作的重

要改革在 1982 年開始，1982 年法國政府頒布了「關於市鎮、省和大區的權利和自主權的法令」[11]，決定分期分批下放權力於地方。中央與地方權力運作有了較大變化，而中央集權的地方管理體制和制度也有了新的內容：

（一）三層級的地方政府

地方政府雖於改革前即有大區的設置，但無明確的「地域團體」法律位階，只有省和市鎮兩個層次，改革後，大區成為地方第一層級政府，擁有全面的自治權，使法國地方政府由兩個層級變為三個層級。

（二）民選民治的效率

針對大區、省和市鎮等層級地方政府，賦予相當多地權力和自由，使民選的地方政府官員能獨立自主的管理地方事務，某種程度言舒緩了中央集權現象，同時減輕了中央的行政負擔。

也由於 1982 年起的改革，使前述內容清楚呈現，將公共機構轉型為完全的地方政府—大區（Heywood, 2002: 167-169），每個大區都有自己的大區長，大區議會並經選舉產生，在前述新的管理體制和制度下，確實達到了提高政府治理事務的效率。

（三）中央權力下放

1992 年法國延續了地方分權理念，通過了「地方當選者權責行

---

[11]　法國地方組織系與運作受此法影響起了重大改變，根本改變法國中央與地方的關係，此法即一般所稱之「地方分權法」。茲後在本法地方分權框架下，先後完成一系列的重要法律。同註 10。

使法」及「地方行政權歸屬法」，確立了「國家集體行政須由地方層級的行政單位確立」及「權力須經由中央下放至地方行使」之重要原則，中央僅保有法令規章制定與政策規劃的權力，其餘國家的大區與省的相關業務皆由地方首長主管；其中「地方行政權歸屬法」的分權改革，加強了大區長與省督在協調各自管轄區域內的國家分支機構的權力，有著中央權力分散化的效果，確立分散化做為國家行政的基礎。

三、第二次左右共治中央再次掌控權力

主要在於長期的集權運作，習慣於中央掌權的根深蒂固觀念，使地方分權無法藉由法制保障，述之如下：

（一）根深蒂固的集權觀念

既有長期運作的習慣，欲藉由短時間的改革來徹底改變，確有其困難度，故經過十一年的改革雖然持續推動權力分散化，但根深蒂固的集權觀念始終無法抹滅，終在 1993 年的新政府發酵，1993年為法國史上第二次左右共治的開始，新的議會新的總理，藉由防止地方在社經活動裡貪污腐化為名制定了新的法律，並於該法中賦予中央研擬「共同體法」的特別規定，使中央又位於遊戲規則的優越位置。

（二）藉制定法律掌控遊戲規則

1993 年 11 月以總理名義設立委員會，由該委員會負責釐清國家所有職能在各級政府間如何分配；隨後為改善地方間不平等與失衡問題，於 1995 年 2 月制定「國土發展與規劃法」來規定中央制定

國土規劃與治理政策（李昌麟，2000：114）至此中央可謂掌控了大半遊戲規則。

四、憲法定義共和國組織為分權化

前述中央集權情勢直至 2003 至 2004 年又起變化，法國國會分別通過「關於共和國地方分權化組織」的憲法法律及「有關地方自由及責任法」，將中央權限大幅轉移，並於憲法第一條開明宗義將共和國組織定位為「分權化」，經由憲法位階確立法國的國家政體是一個「分權單一制」國家，這種單一制國家朝向分權化的趨勢，學者一般稱之為「地方分權的單一制國家」（趙永茂，1998：3）。

第三節　英國權力政治操作經驗

英國從二戰後至今為因應環境因素，中央與地方權力互動出現了三種對地方的干預模式，包括中央以制定政策取得各方共識為目的的「議價與諮商的關係模式」、以限制地方政府支出為目的的「地方政府併入中央預算支出決策過程的合併模式」及中央以控制地方支出為目的的「中央指揮的模式」。英國政府不同時期的環境因素直接影響主政者對國家政治操作的干預方式，Rhodes 即認為英國中央與地方的府際關係的權力操作條件，涵蓋了以下六項環境變化因素：1.不穩定的外環境支持系統；2.經濟的衰退；3.福利國家的成長；4.功能分化和專業化擴展；5.多元化意見和利益分歧的社會結構發展；6.兩黨制、單一體結構和中央菁英意識型態建構持續穩定政治傳統等；這些因素正是英國中央與地方府際關係中政策網絡操作的條件（Rhodes & Marsh,1992: 15）。以下即從府際關係的權力操作、

地方治理的強調等二部分說明之。

壹、英國中央與地方府際關係的權力操作

Rhodes 以英國中央政府面臨之不同時期與環境，將英國自二次戰後至 1996 年柴契爾執政止，中央與地方府際關係的權力操作，劃分為七個演進模式。依序為

一、諮詢或協商的策略

1945 年至 1970 年以諮詢（consultation）或協商（bargain）的策略，作為中央與地方權力操作模式，其內容主要為中央政府應該避免單向制訂政策，政策的產出應透過多次工作會議或委員會由彼此協商結果。

二、合夥策略

1970 年至 1974 年以合夥（partnership）策略作為中央與地方權力操作模式，主要為中央在推行政策上，並非以立法強迫地方服從中央，而係經由雙方形成共識後合作推行政策。

三、合併或併入策略

1974 年至 1979 年以合併或併入策略（strategies of incorporation）作為中央與地方權力操作模式，主要為中央將地方政府吸納進入政府決策體系，却除地方政府不合作環境，達成最後認同中央政府政策的目的。

四、干預策略

1979 年至 1983 年以干預（intervention）策略作為中央與地方權

力操作模式，此時期由保守黨執政，改革首要在於財政問題，主要為限制地方政府財政自主性，然而此期中央政府的策略並非順暢，地方政府（尤其是工黨掌控區）不甘示弱的以反制策略抗拒中央政府的政策。

五、裁撤、削減、重複立法

1983 年至 1987 年保守黨政府運用裁撤（abolition）都會區、削減（cuts）地方支出以限制地方政府財政自主權、及重複立法（repetitive legislation）造成立法品質缺失及制度不穩定等報復性策略來報復地方政府，使中央與地方關係更為不穩定及政治化。

六、干預式的變革策略

1987 年至 1990 的年的變革策略主要為引進「管理者主義 」及「市場化」觀念，因此，中央政府對地方政府的管控隨之調整改變。目的在使地方政府能成為「塑能政府」（enabling authority）的多元角色。其內容主要為強化地方社群自我治理（self governance）、自我組織（self organizing）的能力。採取手段為延續保守黨柴契爾政府強勢的干預式變革策略。

七、控制、組織重整及管理者主義

1990 年至 1995 年時期，保守黨仍採取諸多控制及集權化政策、建立單一層級的地方政府及加強地方政府內部管理能力，強化議會議員（councillors）和地方政府主管（council' s leadership）在地方政府內部管理的角色。

此期間的演變模式，主要為見證了 1979 年前英國中央政府的權

力操作模式，即至 1979 年後保守黨的柴契爾執政，在推動改革的過程，中央的強勢對照出地方的無奈與反彈，社會反應兩極，及至今日仍成為柴契爾政府推動改革難以定論的功績。

貳、工黨強調地方治理

1997 至 2007 年期間，結束了保守黨長達十八年的執政後，工黨布萊爾政府上台，在中央與地方府際關係上開展全新作為，啟動權力下放計畫（devolution programmes）與大量創新進取精神，主要目的為與地方建立夥伴關係，人民共同參與政策、權能兼具，具有平等主義、雙方互惠及自我組織等特質的社會網絡。此一政策理念運用兩項主要途徑：層級制度（hierarchy）及平等主義（egalitarian）。將中央部分決策權限賦予地區議會，讓地區人民自己決定某些問題的作為。（Stoker, 2004：74-75.154-158）。

工黨執政後對建立中央與地方的夥伴府際關係，可謂不遺餘力，透過權力下放與治理為主軸的組織重整等途徑，經過多年的運作，中央撤除過多的干預，與地方的互動及對話亦明顯增多，逐漸消除原存於府際間的不信任感，使中央推動政策在得到地方政府合作下，易於達成政策目標，然而面對經濟危機議題，英國人民未能認同工黨主張[12]，致 2010 年大選結果，工黨結束長達 13 年的執政。

---

[12]　英國 2010 年國會大選，工黨（Labour）與保守黨（Conservatives）面對經濟危機議題，提出不同看法，工黨提出的藥方是凱因斯理論（Keynesian theory）；而保守黨則提出限縮政府的權力，擴張社會的功能（from big government to big society）為解藥。參見 Smith, Martin J. From Big Government to Big Society: Changing the State–Society Balance. *Parliamentary Affairs.* 2010,63(4): 818-833.。

參、保守黨上台後地方分權有顧慮

　　保守黨自 2010 年 5 月大選中取得執政，其在選舉中提出限縮政府權力，擴張社會的功能（frombig government to big society），2010年至 2013 年間與自民黨（Liberal democrats）組成聯合執政，2015年再次連任，目前保守黨執政已超過五年，保守黨首相在競選宣言中首次提出「大社會」[13]（Big Society）理念，主張給民眾和地方政府更多權力，讓他們承擔更多責任，建立一個「更大、更強的社會」[14]。但實務上權力下放的議題，保守黨的立場難以捉摸並不固定，保守黨之如此，還在於權力下放後，顧慮部分地方事務中央恐鞭長莫及，例如所有蘇格蘭事務勢必轉由新的蘇格蘭議會負責，使國會無法置喙此為中央所不樂見，英國為「行政立法」合一的內閣制國家，此一情勢反而令人顧及中央權力衰減之虞。

第四節　英、美、法三國財政分配經驗

　　財政分配往往影響中央與地方的財政運作，中央與地方的互動關係主要仍受補助的影響，即便英、美兩國體制不同，財政分配或有不同，但兩者的共通點在於若整體經濟良好、政府稅收增加而使財政充裕，則可成就雙方良好的互動基礎；反之，雙方形成何種關

---

[13]　「大社會」（Big Society）是英國現任保守黨首相卡麥隆（David Cameron, 2010-）第一次競選期間所提的政見和陸續推動的執政口號。

[14]　2015 年英國大選結果，保守黨獲過半數國會席次勝選，卡麥隆連任首相，由於英國與歐盟在移民及財政政策矛盾重重，其主要政見即為於 2017 年舉行脫離歐盟的公投及主張蘇格蘭最高度自治。參見 BBC 中文網「新聞人物：英國保守黨領袖卡梅倫」，2015.5.8 及羅惠珍「保守黨勝選面對脫歐新挑戰」世界動態　亞洲週刊 2015 年 5 月 24 日 29（20）

http://www.yzzk.com/cfm/content_archive.cfm?id=1431577243898&docissue=2015-20.

係，端視中央主政者的智慧與手腕，以下即就英國與美國的財政分配情形論述之。

壹、英國財政分配

財政可謂是中央控制地方重要途徑，在單一國制府際關係中，財政是中央與地方政府間最常見之互動因素，雖僅為府際關係一環，但由於中央政府擁有制定課稅的權力，財政仍成為中央政府最有利的控制工具。

一、財政干預種類

依據 Rhodes 的見解，英國中央對地方政府的干預工具可分為財政部分的貸款、補助及查核、非財政部分的立法控制、行政命令、諮詢、監控和政治控制等及司法途徑（Rhodes, 1992；117-141）。地方政府在特定政策上，經由中央的財力支援，往往達成超越地方政府能力的任務：但此時的中央政府，藉由財政優勢，似乎也將影響力擴張到地方事務上（Trench, 2006：230-231）。

二、兩黨執政的財政措施差別

英國工黨與保守黨執政差別，顯示在地方政府的財政措施上，工黨於 1997 年執政後以增加補助強化地方政府的財政，即使至 2003 年採取制度化的「公式化補助」（formula grant），仍維持著對地方政府財政資助的功能，而所謂「公式化補助」的精神即在於課以地方執行責任及強調財政分配的公平性，滿足地方政府支出需求並兼具開拓自有財源的能力（Stoker, 2004：66-67）具體作法則顯示在工黨政府的第二次任期裡，為使地方政府達到工作成效、服務品質及清

廉要求，建立了以查核及評鑑地方政府為主要方式的「整體績效評估」（comprehensive performance assessments, CAP）制度，過程中縱使有質疑公平性等諸多不滿雜音，但在工黨細心經營下，包括「由下而上」的改革執行模式、却除掉無謂的中央干預、中央與地方「協力夥伴」關係為基礎的對話機制增加等措施下，中央與地方間既有敵意及不信任逐漸消除，中央與地方政府仍維持正常運作，並未引起中央與地方政府間緊張的關係（Travers, 2005：77-78）。

　　保守黨則自 2010 年取得執政起，即開始整頓英國公共財政，至 2015 年大選再次獲勝後，更加速推動其預算赤字縮減計劃，與工黨做法截然不同。由於保守黨的財政管控朝向縮減財政開支進行，必然衝擊地方政府賴以為繼的各項補助，以及挹注地方的其他財政措施。

貳、美國財政分配

　　美國財政來源主要仍在稅收，聯邦與地方互動關係長期來均受到稅收盈虧影響，以下就財政議題為府際互動關係主軸、聯邦政府有條件補助形成干預及府際稅收的資源分配三分面探究之。

一、財政議題為府際互動關係主軸

　　美國聯邦與地方治理縱使因不同環境影響而有不同發展，美國的府際治理仍可說是離不開財政議題，尤其自 1930 年代美國接連面臨經濟大恐慌、二次戰後等的百廢待舉，使國家建設需靠聯邦與地方合作達成，財政議題隨即成為美國府際關係的主軸，也由於財政議題而形成美國聯邦政府與地方間權力消長之府際關係。1970 年代

期間，聯邦政府財政資源充沛，聯邦補助州的預算年年增加，並且於 1972 年提出「稅收共享」（revenue sharing）的機制，基本上是讓州與聯邦政府共享稅收基礎，聯邦政府不再核准補助經費，讓地方政府能自主解決財政問題。到了 1981 年共和黨的雷根政府上台，聯邦政府財政已顯現赤字且不斷擴大[15]，於是在雷根執政期間，大幅削減了地方的補助，使州預算對聯邦補助的依賴性減少，聯邦預算中的補助比例開始下降，此種避免赤字開支（deficit spending）的財政政策，也形成雷根政府相當鮮明的財政保守主義（fiscal conservatism）。然而各州政府在失去了聯邦以往額度補助後，反而在政策制定過程中得以順利施展，因而促成了「邦權的復興」（Walker,1991：130）。

二、聯邦政府有條件補助形成干預

共和黨布希總統執政的 1990 年到 1993 年期間，聯邦對州預算補助開始恢復，當時聯邦政府對州和地方政府的補助，種類雖多，但主要補助項目仍在於所謂的具強制性、有指定用途的「分類補助」上，占聯邦政府間轉移支出的 90 ％以上（Rosen, 1995：537）。及至目前美國各州政府預算擁有獨立自主的租稅制度，未受聯邦政府審查及核定，使各州財政較為完整。但由於聯邦政府對地方補助性質多屬有條件的補助，於是當聯邦有充裕的預算補助地方時，即常出現聯邦干涉州政府和地方事務的情形。更有甚者，就是聯邦立法要求州政府執行之法案支出（Federal Mandate），州與地區政府執行

---

[15] 此時期的雷根政府與英國的柴契爾政府同時面臨經濟發展停滯問題，復因長期管控地方政府介入地方公共事務，導致美國聯邦及英國中央政府均遭致財政沉重之困境。

聯邦政府某些政策或方案時，聯邦政府卻未提供相對之所需財源，這種未提供財源的聯邦法案（Unfunded Mandates)）使各州政府施政成本增加，形成財政上的負擔[16]。故而聯邦制各州權力雖較單一制國家的地方政府為大，但權力的行使尤其是財政方面仍受聯邦政府的影響。

三、府際稅收的資源分配

聯邦政府與州政府各自擁有獨立的租稅制度，並非由於美國憲法及聯邦法律有所規範，而是歷年運作而來的傳統，目前租稅基礎雖相同，聯邦政府及州政府能夠課徵相同的稅目，惟因美國目前的租稅結構使然，聯邦政府之收入仍遠高於州與地區政府甚多。此種涉及到資源分配的租稅制度，除非大幅改變，讓聯邦與地方政府公平分享稅收，否則州與地方政府很難獨立辦理各項施政事宜（Johnson,1998）。至於聯邦政府的主要收入來源為所得稅，州及地區政府之主要歲入來源除了所得稅外，尚有營業稅、財產稅，及聯邦政府的補助收入（Grants fromfederal governments）。各州的各項稅捐，並非由聯邦政府統籌收取再行分配，而是各州有自己的賦稅行政及稅務機關，凸顯了美國聯邦制度下地方政府財政自主的一面。

---

[16] 鑑於此，美國國會於 1995 年通過「無財源提供強制責任改革法」(Unfunded Mandates Reform Act, UMRA) 簡稱 UMRA， 排除了部分公共政策之適用及對可行的強行責任等列出行使規範，並且進行強制責任的審查程序等。此種強制責任的改革實為 UMRA 針對聯邦「無財源提供強制責任」採行「停、看、聽」的方式，以減輕其對地方的財政衝擊。參見 Paul L .Posner, "Unfunded Mandates Reform Act: 1996 and Beyond", *Publius*, Vol.27, Issue 2, 1997, p.53.

參、法國的財政分配

　　法國地方政府財政面受中央監督，時間點與地方政府改革同時，主要是地方分權的同時，亦針對地方財政進行中央監督，以達成中央藉財政掌控地方的目的，以下就財政集權性質及補助經費為地方命脈說明之。

一、財政集權性質

　　法國自 1980 年代起，一面進行地方分權的改革，一面加強對地方政府的自治監督，法國地方財政收支完全由中央決定，於世界各國的財政分配制度中歸屬於「財政集權」（fiscal centralization）[17]性質，然而，此時期的地方財政仍較改革前擁有獨立的財政預算。地方政府雖分為三級，但彼此間的財政並不存在隸屬關係，中央對地方財政仍保有事後法律監督權。英國的財政收支劃分上，即使與地方政府財政關係密切的稅制問題，法國的財政收入權基本上仍由中央集中運用，地方僅保有極少部分的財政收入權，也保有些許的稅收立法權，而其中關於法國地方政府治理模式中，依賴稅收甚深，財政資源主要即來自於稅收類的強制單一商業稅（李長晏，2012：171）

二、補助經費為地方命脈

　　基本上稅收立法與財政收入設定是由中央來行使的[18]，中央與地

---

[17]　相對於「財政分權」分配，所謂「財政集權」最常以「集中比例」（centralization ratio）為評估標準，指中央政府總直接支出的比率，法國約 77%，美國大約 55%。

[18]　法國憲法規定，稅收立法權屬於議會，稅收條例和法令的制定權屬於財政部，地方 政府必須執行國家的稅收法律和政策。

方財政上完全分離，雖如此，由於中央補助經費關係，與地方仍維持著財政上的互動，甚而成為地方生存的命脈[19]。中央與地方的互動關係決定了地方政府自主權的擴大或縮小，由於所有地方財政撥款的標準和數目全由中央控制，從財政上論定，法國仍屬於單一制堅持集權的國家。

---

[19]　法國一位市長為向中央爭取補助，絕食6天，直到中央同意補助始停止絕食。
　　該名市長管理的城市，是一個離巴黎不遠的小城，城市人口5萬1千人，是法國最貧困的城市之一。「市長」要求中央政府補助該城市5百萬歐元，協助他們度過經濟危機。為達成目的，該名市長在法國國會外面搭帳棚，坐在裡面絕食，雖然天寒地凍，仍絕食6天，直到法國國會同意撥款為止。參見中廣新聞網「獲中央補助後　法國市長停止絕食」2012.11.15。

第四章　六都與中央權力合作的生態

　　台灣自 2010 年起至 2014 年止漸已形成六都治理環境[1]，在公共治理上甚而形成與中央的分庭治理形勢，由於各直轄市擁有的資源及人口，常成為政府治理成功的關鍵因素，中央與六都間在府際治理上勢必應有新的思維。不容否認，由於各種因素使然，使雙方運作時會有不同考量，難免影響治理成效，然而國際趨勢畢竟難以抗衡，面對全球迅速變遷的環境，中央與六都均須以最有效的資源在國際舞台上呈現，本章先就六都與中央的府際運作規劃作探討，次就六都與中央的實際權力運作探究，最後從政治操作面上分析六都與中央的權力操作關係。

第一節　六都與中央的府際運作規劃

　　我國六都與中央府際運作主要規範於憲法及地方制度法，國外環境則為另一影響未來政府規劃的環境因素，此三部分構成我國六

---

[1]　此種說法主要以六都人口、面積及公共事務治理量做衡量，中央推動任何政策，六都的影響力，除了民眾呈現的整體施政觀感，也包含六都地方政府對中央政策的配合度，前述因素在在影響中央施政成效，致使中央政策若有優先性的考慮，均無法忽視六都的需求。

都與中央的府際運作規劃的主要面向。

壹、憲政設計下之垂直府際關係

以下就權限劃分基礎、制度性保障之憲政意義與功能及直轄市與中央府際關係釐清等論述之。

一、權限劃分基礎

探討權限劃分須涵蓋我國獨特憲政設計的均權制度精神、權限劃分固有權說之理論設計及直轄市自治基礎，分述如下：

（一）均權制度精神

我國中央與地方權限劃分規範於憲法「中央與地方權限」專章，規範原則視事務性質而決定權限歸屬，此種以事務性質為劃分基準，為均權制度之特質，與世界各國制度多屬「中央集權制」或「地方分權制」分類不同[2]，為我國中央與地方權限獨特劃分的一種政治制度，國父於其「中華民國建設之基礎」專論中對創設均權制度之理念有更深入之闡釋

> 「權之分配，不當以中央或地方為對象，而當以權之性質為
> 對象。權之宜屬於中央者，屬之中央可也；權之宜屬於地方
> 者，屬之地方可也。例如軍事、外交，宜統一不宜分歧，此
> 權之宜屬於中央者也；教育、衛生，隨地方情況而異，此權
> 之屬於地方者也。更分析以言，同一軍事也，國防固宜屬之

---

[2]　一般而言單一制國家多以中央集權制為主，聯邦制國家則多為地方分權制。參見趙永茂 中央與地方權限劃分的理論與實際-兼論臺灣地方政府的變革方向。臺北：翰蘆出版，再版（1998：3）。

中央；然警備隊之設施，豈中央所能代勞，是又宜屬之地方矣。同一教育也，濱海之區宜側重水產，山谷之地宜側重礦業或林業，是固宜予地方以措置之自由；然學制及義務教育年限，中央不能不為畫一範圍，是中央亦不能不過問教育事業矣。是則同一事業，猶當於其程度以上屬之中央，某程度以下屬之地方。」

依前述闡釋，事權分配方式非以中央或地方為對象，而以權之「性質」為對象，同為軍事，國防雖屬中央，但警備隊之設施屬於地方，教育雖因地方環境特性而有不同重點，故屬於地方，但學制及義務教育年限則應由中央統籌劃定，即能了解當權限不清時劃分權限之精義所在。

（二）權限劃分固有權說之理論設計

我國憲政設計依前述精義將「中央與地方之權限」列於我國憲法第十章第一百十一條。第一百一十條規定「除第一百零七條，第一百零八條，第一百零九條及第一百十條列舉事項外，如有未列舉事項發生時，其事務有全國一致之性質者屬於中央，有全省一致之性質者屬於省，有一縣之性質者屬於縣。遇有爭議時，由立法院解決之。」

此條文規範了當「權」超出了憲法第一百零七條、第一百零八條、第一百零九條及第一百一十條之列舉事項時，如有未列舉事項發生之權限歸屬原則。前述列舉事項條文內容為：憲法一百零七條有關中央立法並執行之事項，計有外交、國防與國防軍事等十三款、憲法一百零八條有關中央立法並執行或交由省縣執行之事項及省於

不牴觸國家法律內得制定單行法規，計有省縣自治通則、行政區劃等二項二十款、憲法一百零九條省與縣各自立法並執行之自治事項，計有省教育、衛生、實業及交通等三項十二款、憲法一百一十條縣立法並執行之事項及前項各款有涉及二縣以上者，除法律別有規定外，得由有關各縣共同辦理，計有縣教育、衛生、實業及交通等二項十一款。當前述條文列舉之規範權限無法涵蓋新的事權時，新的事權即可依前述國父的均權制度的理念精神重新劃分。而依學者看法，若以憲法一百零八條、一百零九條及一百一十條所顯示及承認省轄市及縣相關權限、一定範圍內之立法等，說明我國憲法的中央與地方權限劃分精神，係根源於固有權說或制度保障說之理論設計，其有聯邦制度之地方自治影子（紀俊臣，2003：15）

（三）直轄市自治變遷過程

法源依據為直轄市自治基礎，在依法行政下，憲法則扮演了最高法源的角色，地方自治實施雖已多年[3]，但在不同時期下規範直轄市的法規亦有不同，從省縣自治法與直轄市自治法；最後至地方制度法時期，經歷不同階段變遷，而每階段亦皆賦予直轄市自治不同意義，其自治基礎及變遷過程析述如下：

1.憲法為直轄市自治最高法源

我國直轄市之自治法源，規範於憲法第十章，該章規範了「中央與地方之權限」，雖未明列「直轄市」部分，但承認直轄市之設置則規定於第十一章「地方制度」第一百一十八條：「直轄市之自治以

---

[3]　我國地方自治實施可略分為三個階段，第一階段為威權體制時期（1949-1986）、第二階段為威權轉型時期（1987-1995）及第三階段的民主鞏固時期（1996-今）。參見黃錦堂「地方制度法論」台北：元照出版公司（2012：3-4）。

法律定之」。直轄市位階等同於省，則直轄市與中央權限爭議當然適用於第十章之設計。

2.地方制度法取代直轄市自治法

憲法有關省縣體制規範則另列於第一百十二條至第一百二十八條，省縣可依據中央制定之省縣自治通則分別制定省縣自治法等。由於政府遷台後「省縣自治通則」從未制定，為貫徹地方制度法制化，立法院於 1994 年制定《省縣自治法》及《直轄市自治法》作為國家地方自治之法制體系。1998 年，配合憲法增修條文修正，省政府虛級化，省喪失地方自治團體的地位，省政府轉型為中央派出機關。為整體規範地方制度基本法律，立法院於 1999《地方制度法》取代《省縣自治法》和《直轄市自治法》，而《地方制度法》則於第十八條明文規定直轄市自治事項。

二、制度性保障之憲政意義與功能

我國憲法「中央與地方權限」專章針對地方權限部分是屬於明文列舉方式，根據學者看法，此種條文明定地方自治權限方式，是屬「制度性保障」之憲政意義，而規範省縣二級的地方自治法，則形同美國州憲法（state constitution）或地方憲章（local charter），由於美國各州之權限受憲法保障，聯邦政府所有者僅限於明文列舉之權，其餘的權限均屬於各州，權限較聯邦政府為廣，也由於美國憲法限制了聯邦政府的權力，因而州政府都享有高度的自治權，且具備有權利義務主體的公法人資格[4]。我國當初制憲目的亦是強化省縣

---

[4] 美國憲法修正案中大部分是對聯邦政府施加限制，規定聯邦政府所不能做的事。但第 14 條修正案宣告任何州，如未經適當法律程序 ("due process of law")，均不得剝奪任何人的生命、

二級地方政府定位，直轄市在位階上既等同省，在制憲者制度設計中，即應屬於權利義務之主體，應係如同美國聯邦制的各州之具公法人資格，及如同州之自主性和自治性。直轄市憲政地位既具有如聯邦州之自治性憲政地位，則直轄市與中央顯示之府際關係，其機制設計功能與定位有如表 4-1。（紀俊臣等，2003：17-18）

表 4-1　直轄市與中央之府際關係

位階	法律關係	組織設計	說明
直轄市位階等同省	直轄市中央如同聯邦與州	機關組織、立法、財政等應具自主性	1.直轄市所具有之獨立自主性相當於州。至於為能凸顯直轄市之直屬行政院法律地位，有關直轄市之組織、立法及財政等具自主性，均應注意其機制設計。
	直轄市與中央係分治而非管制	沿用聯邦制之分權原理	2. 聯邦國家聯邦與州各有專司，聯邦對外，州係對內，聯邦主在敦睦邦誼拓展國際關係，而州應就其州轄事務戮力以赴。故而，若地方與中央能延用聯邦制度之分權原理，則該直轄市應係以都會治理（metropolitan governance）之施政作為，推動都會性區域發展，其主要任務即在於國家公共政策之制定，關係絕非管制而分工，而是促使地方與中央係分工而不共治。

資料來源：紀俊臣等「台北市與中央關係之研究—市政專題研究報告」2003。

三、直轄市與中央府際關係釐清

長期以來，受到單一國制影響，不論分權到何種程度，最後統

自由或財產，使得一般情形下，這項修正案也被最高法院解釋為適用於州政府。前述權利法案雖亦適用於州政府，但在憲法明文保障下，各州仍擁有高度的自治權。參見美國在臺協會官網「權利法案（附加註釋）」。

由中央的命令決定，地方團體的事權並無法受到保障，中央也總利用其優勢制定地方須配合的法律，在地方自治法制定後易引起地方對中央攬權之疑慮。大法官會議曾針對健保法負擔經費問題，對可能造成的地方與中央的權限爭議[5]做出釋字第五五○號解釋：「法律之實施須由地方負擔經費者，如本案所涉全民健康保險法第二十七條第一款第一、二目及第二、三、五款關於保險費補助比例之規定，於制定過程中應與地方政府充分之參與。行政主管機關草擬此類法律，應與地方政府協商，以避免有片面決策可能造成之不合理情形，並就法案實施所需財源事前妥為規劃；立法機關於修訂相關法律時，應予地方政府人員列席此類立法程序表示意見之機會。」此項解釋，賦予中央政府制定需地方負擔經費之法律時，應做到與地方政府協商及地方政府有充分參與之機制，而非遵循以往單一國制中央集權的方式，地方政府也應有維護權益的積極作為，此項解釋，重新釐清了中央與地方間的權限關係。

貳、地方制度法下的垂直府際關係

　　我國自地制法實施後，常為府際關係困擾的主要仍為雙方的監督關係，以及遇爭議時並無法制面規範的溝通協調機制，以致爭議表面看似告一段落，實質問題卻無解決，以下即以前述監督及法制面的溝通協調機制析述之。

---

[5] 有關健保費爭議，詳見本研究第五章自治事項六都與中央治理個案，其中第一節財政權益個案分析部分。

一、地方制度法下中央與地方為監督關係

我國中央與地方間既為監督關係，則需探討我國中央與地方的規範是否以監督為主，以及何種性質的事務屬於中央監督範圍，以下先從中央與地方規範的監督關係、監督內容說明，次從監督的事務屬性探究，析述如下：

（一）中央與地方關係規範以監督為主

地方自治及與中央互動的法制化，均在於「地方制度法」制定實施後開始[6]，可說是我國憲政史上有關地方自治的里程碑，雖依據該法實施地方自治，但我國地方制度法承襲大陸法的傳統，中央與地方的關係仍以行政監督為中心（張正修，2003b：60-62）。該法於2015 年 2 月 4 日修正公布後，規範直轄市與中央互動關係主要仍以監督為主，內容涵蓋自治事項與委辦事項違背法律規範之處理方式、直轄市縣市鄉鎮市應作為而不作之處理方式、權限與事權遇有爭議之處理方式、行政院停止、解除、派員代理直轄市長職務等事由，監督主要內容如表-4-2。

---

[6]　地方自治法制化包括自治事項（第 18 條）、自治法規（第 25 條）自治規則（第 27 條）等。地方與中央互動法制化包括地方政府辦理自治事項違法之處理（第 75 條）、地方政府依法應作為而不作為之處理（第 76 條）、中央地方權限爭議之解決（第 77 條）、地方首長停職之情事（第 78 條）、地方首長及議員代表解除職權、職務之情形（第 79-80 條）、地方議員、代表之補選（第 81 條）、地方首長出缺之代理及補選（第 82 條）、改選或補選之延期辦理（第 83 條）等。

表 4-2　地方制度法中央監督直轄市主要內容

條文	監督事項	監督重點
七十五條	自治事項及委託事項	直轄市政府辦理自治事項違背憲法、法律等規範，中央之處理方式。 直轄市政府辦理委辦事項違背憲法、法律等規範或逾越權限者，中央之處理方式。
七十六條	應作為而不作為	直轄市、縣（市）、鄉（鎮、市）依法應作為而不作為，致嚴重危害公益或妨礙地方政務正常運作，中央之處理方式。
七十七條	權限爭議	中央與直轄市、縣（市）間，權限遇有爭議時，由立法院院會議決之。 直轄市間、直轄市與縣（市）間，事權發生爭議時，由行政院解決之。
七十八條	停職	直轄市長由行政院停止其職務之事由。
七十九條	解職	直轄市長由行政院解除其職權或職務之原因。
八十條	不能執行職務時	直轄市長不能或不執行職務持續一段時間，由行政院解除其職務。
八十二條	辭職去職死亡	直轄市長辭職、去職、死亡者，由行政院派員代理之規定。 直轄市長停職者，由副市長代理，副市長出缺或不能代理者，由行政院派員代理之規定。

資料來源：本研究整理

（二）地方自治體與地方行政體之監督區別

地方政府屬性是屬於地方自治體（local autonomous body）或是

地方行政體（local administrative body）[7]，呈現的差別就在於中央的
監督不同，此由直轄市辦理「自治事項」與執行「委辦事項」若違
背法律，在地制法第七十五條卻規範了不同結果可分辨出。地制法
第七十五條規範的不同結果如下：

1.「自治事項」違背法律結果

地制法七十五條第二項：「直轄市政府辦理自治事項違背憲法、
法律或基於法律授權之法規者，由中央各該主管機關報行政院予以
撤銷、變更、廢止或停止其執行。」規定自治事項違背法律結果，
中央可予以撤銷、變更、廢止或停止其執行。

2.「委辦事項」違背法律結果

第七十五條第三項：「直轄市政府辦理委辦事項違背憲法、法
律、中央法令或逾越權限者，由中央各該主管機關報行政院予以撤
銷、變更、廢止或停止其執行。」規定違背情形除法律之外多了逾
越權限部分，中央可予以撤銷、變更、廢止或停止其執行。

前述七十五條第二、三項執行的差別在於「自治事項」若屬適
當性作為時，中央即不得行使行政監督權。易言之，地方自治體有
完整自治權，地方依法行使自治，中央僅有「合法性」之行政監督
權。至於執行「委辦事項」違背法律結果，內容則另涵蓋「違背中

---

[7]　地方自治體與地方行政體是以治理性質做區分，根據釋憲解釋，地方自治體在特定事務的執
　　行上，可與中央分權，並與中央在依定事務之執行上成為相互合作之實體，從而地方自治團
　　體為與中央政府共享權力行使之主體，於中央與地方共同協力關係下，垂直分權，以收因地
　　制宜之效（498 號）。地方自治體在受憲法及法律規範之前提下，享有自主組織權及對自治事
　　項制定規章並執行之權限（527 號）。地方行政體則無前述之權。

央法令或逾越權限者」，即表示中央可行使行政監督，地方政府既執行中央委辦事項，已失原有自治體特性，此時為行政體[8]，中央對地方即同時擁有「合法性」監督權與「適當性」監督權。即使為「合法性」監督，中央在執行時仍須遵循程序，此規範另定於內政部組織法第三條：「內政部就主管事務，對於各地方最高級行政長官之命令或處分，認為有違背法令或逾越權限者，得提經行政院會議議決後，停止或撤銷之。」由地制法第七十五條中央對地方執行事務監督之差別，即可明確顯示「自治體」和「行政體」之特性，而其監督之差別另以表 4-3 顯示之。

表 4-3 地制法第七十五條中央對直轄市執行事務監督比較

監督區別	事務屬性	違背內容	法律效果	程序
合法性監督	自治事項	違背憲法、法律或基於法律授權之法規者	撤銷、變更、廢止或停止其執行。	由中央各該主管機關報行政院
合性與適當性監督	委辦事項	違背憲法、法律、中央法令或逾越權限者	撤銷、變更、廢止或停止其執行。	由中央各該主管機關報行政院

資料來源：本研究整理

二、垂直府際關係規範未見溝通協調機制

地制法對中央與直轄市、縣（市）間，權限遇有爭議時之解決

8　同上註，地方自治體與地方行政體是以治理性質做區分。

機制雖規範於第七十七條，但對於溝通協調機制之設計則付之闕
如，僅散見於一般行政規章，大法官會議對此現象，曾於五五三號
解釋，認為地制法缺乏自治團體與監督機關間之溝通、協調機制，
此一不夠完備之自治監督制度設計，影響了地方自治功能之發揮。
故強調學理上憲法對地方自治之制度性保障觀點，並於解釋文中具
體地明示了立法者應設置中央與地方溝通、協調機制的方向，只可
惜地制法自大法官五五三號解釋文公佈至今歷經 11 次修正[9]，均未
納入自治團體與監督機關之溝通、協調機制，殊為可惜。

---

[9]　1.歷次修正情形：第一次修正 57 條（鄉(鎮、市)公所首長之任期及一級主管之任免）。第二次
修正 26 條自治條例。第三次 56 條（縣(市)政府首長、副首長及一級主管之任免）。第四次 4、
7 條（直轄市、市及縣轄市設置標準）。第五次 56 條（縣(市)政府首長、副首長及一級主管之
任免）、62 條（地方自治政府組織準則及自治條例之擬訂）。第六次 9 條（省政府之編制）、（施
行日）。第七次（改制後移撥人員轉調規定）、（改制計畫之同意、核定與公告程序）、（改制
計畫應載明事項）。第八次 21 條（跨區域事務之辦理）、33 條（議員及代表之產生、任期、
人數及就職規定）、48 條（施政報告與質詢）、55 條（直轄市長任期；副市長、秘書長及一
級主管之任免）、（區長之設置及其消極資格）等，並增訂 7-3 條（直轄市區行政區域之整併）、
24 條之 1（區域合作組織之成立）、24 條之 3（依約定履行義務）、40 條之 1（新直轄市首年
度預算之編制審議及執行方式）、58 條之 1 改制為區之任期、83 條之 1（地方公職人員之任
期調整）。第九次 6 條（各級行政區域依原名稱及更名規定）、27 條（訂定自治規則）、45 條
（正副議長、鄉(鎮、市)民代表會正副主席之選舉規定）、55 條（直轄市長任期；副市長、秘
書長及一級主管之任免）、56 條（縣(市)政府首長、副首長及一級主管之任免）、57 條（鄉(鎮、
市)公所首長之任期及一級主管之任免）、62 條（地方自治政府組織準則及自治條例之擬訂）、
77 條（中央地方權限爭議之解決）、82 條（地方首長出缺之代理及補選）、83 條（改選或補
選之延期辦理）、（相關法規未制頒及修正前，現行法規山地原住民區準用之）、88 條（施行
日）等，增訂 83 條之 2（直轄市山地原住民區為地方自治團體準用本法之相關規定）、83 條
之 8（山地原住民區不適用本法之法條）。第十次 79 條（地方首長及議員代表解除職權、職
務之情形 1）。第十一次 4 條（直轄市、市及縣轄市設置標準）。
2.前述 11 次修正僅於 77 條（中央地方權限爭議之解決）列出事權發生爭議處理的層級機關，
充其量也只是列出應處理之負責機關，與大法官解釋所提之溝通、協調機制不同。

參、政府改造緣由及影響

我國著手規畫政府改革時間在英國保守黨政府改革之後，政府感受到國際環境脈動，亦受到英國 1979 年保守黨政府的地方政府改革影響，英國改革原因在減少中央財政負荷，而我國主要考慮因素則在政府效率的提升，改造時間從 1987 年起至 2014 年行政院組織改造的五法陸續完成止，時間長達 27 年，工程浩大。

一、緣起於世界風潮的政府改革

我國自 1987 年起，行政院就著手規劃進行「政府改革工程」，當時國際間有關國家競爭力報告，台灣始終在「政府效率」（Government Efficiency）項目相對落後，顯示在政府效率方面仍有極大空間可持續改善。即使如歐美日等先進國家雖擁有極高的政府效率，仍大力推動以政府為改造對象的改革工程，藉以提升國家的競爭力，這股改革風潮形成世界性的再造潮流。諸如 1980 年代英國保守黨取代工黨執政，大力推動政府改革措施（如人員縮編、效率小組、財務管理與績效評估等）；及美國 1993 年 3 月所開始實施的「全國績效評鑑」（National Performance Review），進而於同年 9 月7 日進行的重建政府計畫，加拿大政府樞密院則於 1990 年出版《公共服務 2000》（Public Service 2000）作為政府改造的主要依據。這些國家政府的再造經驗，堅定了我國推動政府改造的決心。當時西方國家政府組織改造重點歸納為三方面：

（一）社會、市場管理與政府職能的優化

除強調政府職能部分，亦涵蓋整體社會國家及市場機制的管理，包括非國有化、自由化、精簡管理等。

（二）社會力量的利用和公共服務社會化

包括政府業務委外，公私合夥，打破政府壟斷，建立政府部門與私營企業的夥伴關係，公共服務社會化。

（三）政府部門內部的管理體制改革

包括建立完善資訊系統，分權與權力下授，部門內部的組織結構改革，公共人事制度改革，提高服務品質以及改善公共機構形象，公共行政傳統規範與企業管理方法的融合等內容（孫本初審訂，2001）。

二、政黨二次輪替持續推動政府改革

我國組織改革工程於 1987 年進行，期間歷經第一次及第二次政黨輪替始完成，投注時間、人力超過政府其他施政，以下就兩次政黨輪替期間推動的組織改革業務析述於後。

（一）第一次政黨輪替

中央政府長期執政的國民黨於 2000 年下野，接替的民進黨政府由行政院持續推動政府改造，並與總統府分別於 2001 年 2 月及 8 月召開「全國行政革新會議」及「經濟發展諮詢委員會議」，在確立推動方向並達成共識後，同年 10 月 25 日即成立「政府改造委員會」設立於總統府之下，由總統親任主任委員，以「建立具有全球競爭力的活力政府」為整體組織改造的願景。2002 年 3 月 30 日第三次委員會議討論通過「行政院組織改造的目標與原則」，包含規模精簡化、建制合理化、強化政策的領導與統合、落實業務與組織的合理劃分及組織彈性化等五大目標，以及對應之二十項配套原則，作為組織改造作業的推動依據。

　　行政院設立機關數量最早於 2002 年 4 月即已規劃，並將「行政
院組織法」修正草案函送立法院審議。2004 年 6 月間立法院先行通
過「中央行政機關組織基準法」，明定行政院設立機關數量，並細緻
考量當前全球化及國內社會變遷與政治、經濟情勢，以及國家未來
發展與提升國家競爭力的需求，明確訂定「行政院院本部」、「部」、
「委員會」間分工合作的設計原則，以檢討調整行政院之組織架構，
於 2004 年 6 月 23 日施行。

　　（二）第二次政黨輪替

　　2008 年政黨二次輪替，接續未完之改革工作，前述「中央行政
機關組織基準法」復經 2008 年、2010 年兩次修正，明定行政院設
立機關適用範圍、各部主管事務之劃分依據、強化行政院、部、委
員會、獨立機關等暨三、四級機關間分工合作之設計，該基準法二
次修正後於 2010 年 2 月 5 日施行。2010 年的第二次修法，使各類
型的機關體例，因修法而完成確立，不僅確定了其法律位階與定性，
同時更強化我國中央行政機關的組織多元性[10]。而「政府組織再造四
法」則於 2010 年 1 月 12 日于立法院正式通過，做為中央各行政部
門進行組織調整的基準法源，自 2012 年起政府針對行政院及其所屬
部會進行的一系列改革措施總稱即為「行政院功能業務與組織調整」
（通稱行政院組織改造、或簡稱為組改）。政府歷經二次政黨輪替，
二十餘年的規畫推動，政府組織調整計畫終於 2012 年 1 月 1 日分段

---

[10]　參見行政院研究發展考核委員會，「行政院組織改造變革管理研究」，RDEC-RES-101-022 政
　　策建議書（2013：15）。

啟動。

三、攸關改革成效的組織修正重點

行政院組織改造的五法[11]的立法為組織調整的法源基礎，該五法
的立法工作於 2010 年 1 月及 2011 年 4 月間陸續完成，經調整後的
行政院組織架構分為十四部八會三個獨立機關一行一院二個總處，
自 2012 年 1 月 1 日開始施行，總計組織調整後數量由原三十七個部
會機構精簡為二十九個。

政府組改自 1987 年推動以來，歷經二十餘年，其中與行政院組
織數量直接有關的規範為「行政院組織法」，該法制定及修正重點如
下[12]

（一）針對部會層級設計

行政院組織法針對部會層級的三大主軸為「增強核心職能」、「因
應新興業務」及「強化政策協調統合」等，明定之設計如下（條文
第三、四條）：

1.增強核心職能

主要為增強「傳統八部」核心職能，在此主軸下，組織法針對
「部」層級設「內政部」、「外交部」、「國防部」、「財政部」、「教育
部」、「法務部」、「經濟及能源部」、「交通及建設部」等八部。

2.因應新興業務需求

主要為因應新興業務需求，新增包括「勞動部」、「農業部」、「衛

---

[11] 組織改造五法為行政院組織法、中央行政機關組織基準法、行政院功能業務與組織調整暫行
條例、中央政府機關總員額法及行政法人法等。

[12] 行政院官網：行政院組織法制定及修正經過一覽表。

生福利部」、「環境資源部」、「文化部」、「科技部」等六部。

3.強化政策協調統合能力

主要為強化包括「國家發展委員會」、「大陸委員會」、「金融監督管理委員會」、「海洋委員會」、「僑務委員會」、「國軍退除役官兵輔導委員會」、「原住民族委員會」、「客家委員會」等八個委員會的政策協調統合能力。

（二）因應人事一條鞭式管理

行政院為落實預算、會計管理、公務人力政策及管理，於行政院下設行政院「主計總處」及行政院「人事行政總處」。（條文第六條）

（三）特殊業務之設計

因應性質特殊業務，行政院設「中央銀行」及「國立故宮博物院」。（條文第七、八條）

（四）獨立機關設計

為了讓政府組織更有效率、更加專業，並且兼具彈性，明定行政院設獨立機關（條文第九條）：設「中央選舉委員會」、「公平交易委員會」、「國家通訊傳播委員會」等相當中央二級獨立機關。獨立行使職權，自主運作，除了法律另有規定外，不受其他機關指揮、監督。

（五）院本部設計

院本部功能著重政策規劃，為提升「行政院院本部」政策規劃的質與量，重新檢討後的「行政院院本部」組織設計如下（條文第五條、第十二條）

1.增設政務委員人數

為因應政務需要，強化行政院政策協調、統合功能，將政務委員人數由現制五人至七人修正為七人至九人。

2.增設副秘書長及發言人

鑑於行政院政務日趨繁重，行政院副秘書長由現制一人修正為二人，其中一人職務比照簡任第十四職等，襄助秘書長處理行政院幕僚事務；另明定行政院置發言人，為特任職務，處理新聞發布及聯繫事項。行政院功能業務與組織調整對照如表 4-4。

表 4-4　行政院功能業務與組織調整對照

組織調整層級	業務功能	條文	調整後部會	原有部會
部會	增強核心職能	第三條	內政部、外交部、國防部、財政部、教育部、法務部、經濟及能源部、交通及建設部	內政部、外交部、國防部、財政部、教育部、法務部、經濟部、交通部
	因應新興業務需求	第三條	勞動部、農業部、衛生福利部、環境資源部、文化部、科技部	勞委會、農委會、衛生署、環保署、原能會
	強化政策協調統合能力	第四條	國家發展委員會、大陸委員會、金融監督管理委員會、海洋委員會、僑務委員會、國軍退除役官兵輔導委員會、原住民族委員會、客家委員會	蒙藏委員會、僑務委員會、研考會

因應人事一條鞭式管理	落實預算、會計管理、公務人力政策及管理	第六條	行政院主計總處及行政院人事行政總處	主計處
特殊業務之設計	因應性質特殊業務	第七、八條	中央銀行及故宮博物院	
獨立機關設計	政府組織更有效率、更加專業,並且兼具彈性	第九條	中央選舉委員會、公平交易委員會、國家通訊傳播委員會	
院本部設計	提升政策規劃的質與量	第五、十二條	政務委員人數七人至九人、副秘書長二人、設行政院發言人一人。	新聞局

資料來源:本研究整理

四、組織修改後衍生權限爭議

為因應環境變遷,政府新的職能勢需增加,中央依據組織法修正後新增之部會,依其權力屬性與地方原有垂直面之業務執行、新增業務之推動及監督關係等,會否引起究屬直轄市的自治事項或委託事項等權限爭議,尚須藉由細部規定來深入規範。

(一)組改後的權限爭議

以地方「就業服務」與「勞動檢查」而言,中央將原行政院勞委會改制為勞動部,並將原屬勞委會的「職業訓練局」改制為勞動力發展署,設置五個分署,承接原有職訓局業務,由各分署整合轄區現有職業訓練、就業服務、技能檢定,及創業協助等不同機關之服務資源,提供民眾在地化之各項就業協助措施,新組織與直轄市

政府的業務可謂重疊，中央卻有最後決定權，易衍生不少權限爭議[13]。

（二）潛在的權限爭議

行政院依據組織改造五法推動之組織調整自 2012 年 1 月 1 日開始實施，新的規範碰到新北市、台中市、台南市及桃園市等四個新直轄市誕生，連同台北市與合併後的高雄市在內，中央與直轄市的政治生態已因六都形成而呈現嶄新局面，至於易影響直轄市與中央衝突點的財政、人事及業務等權責，在行政院組織法修正後恐難以避免，在直轄市的自治事項權責爭議上，中央角色的扮演將影響著中央與直轄市的府際關係。

第二節　六都與中央的權力運作

中央曾於 2001 年行政院主辦的「全國行政革新會議」當中，對於當前中央與地方關係之改進，提出有關落實中央與地方夥伴關係之運作模式，釐清地方自治權限之權責分際，...... 增進更佳的治理需要地方策略夥伴關係[14]，此一運作模式的提出，對中央與直轄市互動關係改善確實創造有助益之環境。然而，因應直轄市陸續成立後地方自治環境的改變，我國中央與直轄市互動究屬何種運作模式，仍在探索階段，要確實釐清，必須從制度面及運作面觀點基礎下，檢驗與中央的互動關係，始能深入檢視經由府際運作產生的窒礙困境，找出問題的解決之道，經由台北、高雄直轄市升格多年與中央互動經驗，現行與中央運作的困境與侷限性仍在，此亦凸顯許多實

---

[13] 有關「就業服務」與「勞動檢查」權限爭議，詳見本研究第六章公共事務六都與中央治理個案，其中第二節就業及勞檢主導權個案分析部分。

[14] 參見「2001 年全國行政革新會議議題報告」，臺北：行政院研究發展考核委員會，2001。

務運作後才能看到的問題。以下將以單一國制政府權力運作共通性、我國六都與中央權力運作內涵與策略、六都與中央權力運作的限制等面向探討六都與中央的權力運作。

壹、單一國制政府權力運作共通性

各單一國體制的政府雖因面臨環境不同,而有程度不等差異,但單一國中央與地方政府權力仍具有共通特性,我國亦復如此,述之如下:

一、單一國中央與地方政府權力共通性

Allum 於 1995 年針對各國的單一國體制中央與地方政府的權力共通性,提出以下幾點:(Allum,1995:415-416)

（一）中央為主權主體

中央政府仍為行使國家主權的主體,對全國仍具公共事務最終決定權。

（二）中央有最終決定權

地方政府不論其組成是經由選舉或官派,仍為中央所授予之權力,仍須受中央有最終決定權之限制。

（三）地方無法與中央分享政治權力

地方政府與中央的權力區隔僅在於行政權的分工。中央與地方的權限運作主要表現在中央制定法律或政策,地方政府負責協調規劃,落實與執行。

（四）地方權力角色取決中央

地方政府權力大小、角色功能仍取決於中央態度,不同時期中

央的政策考量可能會有不同。

二、中央有解釋主導優勢

由於我國憲法的「均權制度」概念雖已明確規範了不屬列舉事項的權限歸屬，然而條文內容仍屬抽象概念，對非屬列舉權限之解釋，單一制國家的中央往往有絕對主導解釋之優勢，地方政府並無法與中央分享，我國長期以來即在單一國體制下，地方權限消長全由中央主控，也是形成直轄市與中央衝撞原因之一。

貳、六都與中央權力運作內涵與策略

我國的六都所希望的中央權力分權化，除了因應升格為直轄市，權利義務增加後的人力與預算應同時增加，以符升格意義外，在政府權力運作上也有實質作用，以學理言，六都權力運作上可從「運作內涵」與「運作策略」兩方面探討

一、權力運作內涵

分權概念的具體內涵在於地方政府行使分權化權力所產生的功能表現，簡而言之即於分權後中央將財政、政策及行政等責任經由一定方式授予地方政府，經由前章國際經驗的探討，可以觀諸我國六都在實際操作及未來期許上有下列不同程度的運作內涵：

（一）地方分權

地方分權（decentralization）為中央下放權力，將屬地方性質事務授予六個直轄市政府，由地方政府負責制定及執行中央政府原有管轄事務，遇跨域性質事務且執行時產生爭議時仍保有最後決策權力，中央並未干涉六都治理，六都則享有分工後的在地治理工作。

（二）委託授權

委託授權（delegation）為中央政府將達成特定公共功能的決策責任授予六都，六都在中央授權下有一定自由裁量權力，惟最後的責任在於中央政府，因中央政府對委託的個案仍為負責人，六都與中央關係為「本人與代理人」型式。

（三）地方自治

地方自治（devolution）為最徹底的權力下放，政策權力由中央完全下放給六都，六都可自行決定治理機關的組織、獨立財源及擁有某程度的立法權。

二、權力運作策略

中央與地方無論互動結果或是透過改革改造，其本質就是中央分權策略的體現，這些策略包括「政治與行政分權」、「競爭性（competitive）與非競爭性（non-competitive）分權」及「地方自治（devolution）與內部（internal）分權」（pollitt,1998：5-9）。中央在與六都權力運作策略如下所述：

(一)政治分權與行政分權

在政治分權部分，中央將法定權威賦予六都的民意機關；行政分權部分，中央將法定權威賦予六都的行政機關。由中央將辦理公共事務的特定權威授予六都，或與六都共同分享。六都在辦理公共事務則以專業性考量為主，此種運作不會改變中央政府原有權力結構。

（二）競爭性分權與非競爭性分權

競爭性分權(competitive)指基於開放競爭原則提供公共服務；當

中央開放公共事務與六都分享權力，雙方可能產生競爭型態，競爭性分權即指經由競爭過程，六都在參與公共事務上取得最有利的資源與分配比例。非競爭性分權(non-competitive)即中央基於法定程序將執行權威授予六都，由於中央授予六都的執行公共事務均屬既定或有法律依據，即無須競爭情形。

（三）地方自治與內部分權

地方自治（devolution）由中央機關將部分權威移轉至六都，由於權力移轉變動幅度大，此種方式為政府分權策略最具挑戰性，影響也最大者，具體言之即將特定業務的辦理權限，由中央授予六都，授權程度則從決策到執行，由於授權徹底，六都取得該事務的自主權限。中央在授予業務權限時，由於將面對業務萎縮、預算資源縮減、人員裁撤或納編其他機關的窘境，自會面臨授權主管機關本位主義的抗拒。至於內部分權(internal)較為單純，影響層面小，中央各部會間在既有組織架構中，依組織需求配置，主要為機關內部人員權力重分配，原有機關地位不變，由於分配原因為實際業務需求，不會形成衝突。

參、六都與中央權力運作的限制

我國六都與中央的權力運作上，往往受到實際環境的限制，使理想與目標總有距離。以下即從制度面及運作面等觀點探究：

一、制度面觀點

中央在權力下放上佔據主動角色，制度面而言，包括法規的規範、權力下放的顧忌及財源的不願釋出，都影響著雙方，尤其直轄

市的權力運作，析述如下：

（一）中央權力下放有所顧忌

現行中央與地方互動爭議，就以「財政收支劃分法」為最，常造成地方對中央之抱怨與不滿，亦衍生如前案例所述北、高二市陸續選擇以拒繳中央健保補助費凸顯既有財源及支出結構的困窘。地方期待升格以後能有更多財政資源挹注地方建設，讓地方財政更好，可以因為財政收支的改變、權力、錢下放地方，讓地方的財政獲得更好的改善，然而，中央對有關權力下放問題仍會有所顧忌。

就以「就業服務」業務案例而言，依就業服務法第六條規定，全國性的政策方案計畫、資訊提供、制度規範與監督考核等規範，屬中央主管機關執掌，但對於實際就業服務的提供究竟由中央或地方政府來執行，並未在條文中有明確規範。採中央的勞委會與地方北、高兩市都可辦理的「雙軌制」，北、高兩市可自設公立就業服務中心，辦理失業給付認定、外勞國內求才、一般徵才活動等業務。升格直轄市的新北市、台中市、台南市及當時為準直轄市的桃園亦要求比照北、高辦理，但中央政府不願下放權力，反提出「要收回台北市的失業給付認定業務」，引起五都及準直轄市桃園的強烈不滿。五都直轄市政府紛紛向勞委會提出「公共就業服務體系擴大分權」的要求，更加凸顯出有必要積極釐清中央政府及地方政府在公共就業服務體系中應扮演的角色及業務項目之分工，以建構合宜分工合作的公共就業服務體制（辛炳隆，2012：30-38）。中央似擔心若把失業給付認定的業務移撥給直轄市辦理，屆時勞委會的人與經

費將大量下放地方，因而不願下放權力[15]。此案若未適當處理，又會
埋下直轄市與中央互動爭議的伏筆。

（二）中央財源不釋出

再以財政收支劃分法而言，該法提及之中央統籌分配稅款與一
般性補助款係按相關指標權重，以公式化方式分配予各地方政府，
至計畫型補助款，則由中央各機關負責編列。「財政為庶務之母」，
財源偏低自會影響地方財政，而財政爭議源自中央本位主義心態，
不重視地方分權而造成，對於課稅權之設計、造成地方財政困窘因
素、統籌分配稅款與補助款本身問題與爭議，隨著六個直轄市的先
後成立，直轄市長為彰顯其施政特色，定會更積極提出中央應再擴
大釋出財源之訴求，尤以中央統籌分配稅款的妥適性，在地方勢力
持續抬頭下，爭議情勢只會加劇不會減少，是以，應朝建立正確之
財政分配理念，使地方與中央兼顧的解決財政權之衝突。

（三）不對稱的權力關係

國家與地方政府擁有的資源並不對稱，此種不對稱的情形在單
一制國家更為明顯，主要顯示在公權力和資訊的不對等上，析述如
下：

1.公權力不對等

有學者認為，國家與地方自治團體均係行使統治權（ruling
power），二者性質相同，亦均為公法人，台灣的重要法制，如刑法、

15　行政院勞委會經行政院組織改造後於 2014 年 2 月 17 日成為「勞動部」，原勞委會就業服務
　　相關業務之勞資關係、勞動條件、勞工福利及勞工保險等，改制後由新成立之「勞動力發展
　　署」主政，組織較改制前擴張。

地制法、行政程序法等均肯定國家和地方自治團體在行使公權力的對等地位（紀俊臣，2013：11），雖如此，但學界另一種聲音，就法理上仍主張國家和地方自治團體是處在不對等地位上論點，亦深深影響著我國中央政府權限運作。當中央長期居於主導地位，權限分配主導被視為理所當然時，就難避免為中央長期的父權心態家長式領導現象（paternalistic leadership）所影響（Farh＆Cheng,2000）。

　　2.資訊不對稱

　　前述不對稱權力現象也顯示在「資訊不對稱」(information asymmetry)上，各地方政府並不清楚中央政府是否依照地方政府的利益運作，此種存於中央政府與地方政府間衝突的因素，也提供了地方政府間相互協調的需要，而政府機構由於長期處於監督者角色，在業務上又常指導地方政府，使心理層面上無法形成中央與地方夥伴關係，此種中央與地方上長期互動埋下的父權主義衝突的結構性因素，主要原因在於中央集權控制的意識形態（李長晏，1999：89-91）

　　二、運作面觀點

　　直轄市因國內、外環境變遷，擔負的角色已產生變化，中央在權力運作上除了應打破舊有權限思維外，更要重視跨部門甚而跨區域的整合協調，以下就現行運作的權限劃分思維限制、缺乏跨部門及區域整合協調性機制等部分析述。

　　（一）權限劃分思維限制

　　地方權力膨脹影響中央統治的歷史殷鑑，為我國忌憚於地方權力膨脹主因之一，然而我國中央治權觀念，隨著地方制度法實施及

六都的政治影響力，已使直轄市的治理動見觀瞻，以下分二部分探究。

1.治權集於中央的舊思維

我國府際管理結構性的困境乃因中央與地方的關係還是屬於單一國偏向中央集權的關係結構，地方政府自治權力與能力仍然十分薄弱（趙永茂，2003：55）。單一制國家地方政府權力來自中央授權，國家治權則集中於中央，地方政府為其派出機關，公眾事務仍須由中央決定，若以均權理論權限劃分方式，仍須框限於中央集權為主軸的觀點下，雖有地方制度法的搭配，使直轄市首長自治權增加，但也僅限中央制定之均權遊戲規範下進行，是以，我國地方自治在中央與地方權限劃分的觀念，主要仍建立在「憲政主義」、「地方層級結構」、「單一性」、「事務本質的思維」以及「權力與資源分配」等多面向傳統架構或思維上，而忽略了直轄市的特性。

2.直轄市治理動見觀瞻

在全球化觀點下，直轄市治理動見觀瞻，並有帶領其他縣市的領頭作用，成為台灣與國際接軌的重要櫥窗。面對國際環境下，權限劃分若不考量此等因素，將會讓直轄市跟不上國際的變化。故而，直轄市的業務與權責應於一定程度大於縣市，亦即相較於縣市而言，中央應對直轄市進行業務與權限的進一步下放（蕭全政，2011：249）。若進一步探討權力劃分本質，中央與地方權力分立，雖是民主政治權力劃分重要原則，但是權力分立畢竟僅為手段而已，無論政治體制屬單一制或是聯邦制，民主國家複雜分權體制，是為防止中央或地方任一方高度集權或濫權（張千帆，2008）。

（二）缺乏跨部門及區域整合協調性機制

公共議題的解決，常涉及複雜因素，需大量人力、財力，否則難以成就，不論是政府「政策統合」（policy cohesion）的執行問題，還是各級政府應該培養管理者成為「跨域協調者」（boundary spanners），以改善政府的表現與回應力（responsiveness），地方和中央只要處理，就須相互整合資源予以解決，而誘因機制是在推動跨域合作時所必須考慮的，中央政府都可透過經費支持、政策支持、法令支持等方式彌補治理主體缺位的問題，發揮引導、調控、規劃中央的角色功能及新直轄市與周邊縣市的區域整合等（李長晏，2011）。再以水庫水資源為例，水資源管理的特色在於水域面積廣、地理位置跨多鄉鎮、水域流經不同縣市，使集水區與水域負責單位橫跨中央的農、林、環境資源、集水區治理、自來水事業機構及地方的管理單位等，導致執行權責分散化（fragmentation），造成多頭馬車管理現象[16]，此種現象在中央與地方關係仍朝單一制國家傾斜時，就難朝府際合作的機制與模式前進，結果將導致管理成效不彰。

---

[16] 台灣的水源保護區由於依據不同法令、不同目的而有四種劃設之水源保護區，包括自來水水源水質水量保護區（自來水法）、飲用水水源水質水量保護區（飲用水管理條例）、水庫集水區（特定水土保持區）（水土保持法）及水源特定區（都市計畫法）等。參見經濟部水利署官網，「水質水量保護區水源保育與回饋業務」-「保護區介紹」http://welfare.wra.gov.tw/publicize/3/1/1.aspx.由於涉及不同之水源保護區，目前水庫集水區與水域負責單位涵蓋中央層級的經濟部水利署、台北水源特定區管理局、農委會水土保持局等。地方層級則為台北翡翠水庫管理局及台北自來水事業處等。

第三節　六都與中央權力互動的政治操作

　　希臘哲學家 Aristotle 認為人類天生就是政治動物，而 Finer 則針對政府這種特殊制度組織將政府視為「政府就是制度化的政治」（Finer,1974），所有的政治活動都在其中操作。美國諾貝爾經濟學獎得主 Thomas Sargent 亦曾說過「國家債務危機是可以解決的，但解決問題的關鍵、真正困難的是政治。」其後針對全球財經展望更具體指出，全球經濟正面臨著模糊不清的狀況，必須進一步釐清，其中，解決歐債和美國財政危機，由於政治情勢的充滿變數，政治層面要比經濟層面來得複雜[17]。國內政治關係可說是國際政治關係的具體而微，誠如學者所言，來自舊地方主義政治與政治生態的惡化，造成中央與地方的政治對抗以及地方政府間與地方府會的對立衝突（趙永茂，2003：64）。國際關係如此，國內亦同，影響地方與中央關係因素，除憲政層面、法制層面外，隨著政治環境不斷改變，實務上不得不重視政治面影響，若排除政治層面的研究，將無法對地方與中央之互動關係呈現全貌。以下將從垂直分立政府現象下的權力操作、政治意識形態、政治潛規則等層面探索六都與中央權力互動的政治操作。

壹、垂直分立政府現象下的權力操作

　　一般情形下，中央與地方權力互動，無論單一制國家或聯邦制國家，都是「理性」（rationality）、「資源」（resources），以及「策略」

17　參見 2013 台灣經濟高峰會-「面臨充滿變數的國際經濟，國內應加速產業結構改革創新」，內容整理自英國金融時報與渣打銀行於 2013 年 3 月 14 日假台北寒舍艾美酒店共同舉辦之「台灣經濟高峰會」。

（strategies）等三類因素交互影響的結果，中央政府雖擁有立法的決策權，以及財政補助權；但是地方也可發動民眾、利益團體等對中央施壓（Pollitt, 1998: 60- 63）。若中央與地方政府處於垂直分立現象，則在政黨政治競爭下，直轄市長極易與中央政府政策不一，此種分屬不同政黨情形也稱為「垂直式分立政府」（vertical divided government），反之則稱為「垂直式一致政府」（vertical unified government），具體來說，中央可能會將較多的財政資源投入到同一政黨的地方行政首長，亦即「垂直式一致政府」的縣市，以藉此掣肘「垂直式分立政府」下不同政黨的縣市長之施政（王志良等，2012：51）此種垂直分立政府現象，使中央與六個直轄市長間易產生不同認知與需求的施政作為，此種分歧情形，輕則使政府運作受影響，重則呈現政黨意識形態對立情勢，不論何種結果均可能造成政府整體施政成效的下滑，自地方制度法 1999 年 1 月 25 日公布後，這種垂直分立政府爭議案例，在民進、國民兩大政黨輪替執政時期均不時發生，茲舉例如下：

一、民進黨為執政黨時期（2000-2008）

此期間除本研究的三個個案例，另有納莉風災及「翡翠水庫運轉操作規則」公告權限等二例。

（一）納莉風災例

2001 年 9 月 15 日的台北市納莉颱風風災為例，當時台北市由國民黨執政，台北市對中央的風災支援處理認為「中央支援獨厚他縣市，中央確有能力，但卻沒給北、縣市等比例的支援。」而中央災害應變中心則認為「此次除了協調國軍派出兵力，海軍派出大批

抽水機外，警政署和各縣市消防局也分別派出人車支援台北市災區，目前台灣最需要的是建立地方和中央的救災指揮機制，而非口水戰。」[18]

（二）「翡翠水庫運轉操作規則」公告權限例

翡翠水庫運轉操作關係大台北地區用水安全，而所依循的即為「翡翠水庫運用規則」，該規範內容為翡翠水庫操作運轉必遵循的技術法源，屬行政規則性質，為 2004 年及 2007 年先後由中央的經濟部水利署與台北市政府公告，中央由民進黨執政，台北市為國民黨，若稍加留意雙方公告，可發現中央與台北市公告名稱版本居然未見一致，中央於 2004 年 5 月 31 日公告的要點名稱版本為「翡翠水庫運用要點」，台北市則於 2007 年 12 月公告另一名稱版本為「台北翡翠水庫運用要點」，同一要點多了「台北」二字，原因就在於雙方都認為各自擁有「公告」權限，互不相讓，最後即採取折衷作法-中央與台北市分別公告，結果就形成中央先公告的要點名稱與台北市後公告的要點名稱版本差了「台北」二字，開啟了政府公告同一要點，名稱卻不相同的先例[19]。

二、國民黨為執政黨時期（2008-2015）

此期間有娜比風災、石化氣爆及捷運綠線鋼樑墜落事故等三例，其中前二例均發生於高雄市，第三例發生點則為台中市。

---

[18]　參見 2001「納莉風災特別報導，北市：中央支援 偏厚台北縣」（2001.9.22）
　　http://old.ltn.com.tw/2001/new/sep/24/today-w10.htm 自由電子新聞網。此非與中央間權限爭議，故未納入第一章案件統計。

[19]　參見 1.翡管局年刊，2004：49。（2007：58）。 2. 經濟部水利署水利法規查詢系統水利署法規網站。本案例未經媒體批露，故未列入第一章的案例統計。

（一）娜比風災例

2010 年 9 月 19 日凡娜比風災水淹高雄市，高雄市執政黨為民進黨，馬總統南下勘災講出「高雄市（水閘門做比較少），還退回給中央 8 千萬，這就有一點可惜，這次淹水如果之前做多一點（水閘門），也許這次會少淹一點。」暗指陳菊「治水無能、救災無門」，高雄市長則認為中央治水預算獨漏高雄市，並不是如同馬總統說的還退錢給中央[20]。

（二）高雄石化氣爆例

2014 年 7 月 31 日的高雄市前鎮區與苓雅區的多起石化氣爆，高雄市為民進黨執政，高雄市政會議通過自治條例案，要求石化管線所屬的總公司遷到高雄，否則不惜斷管，行政院則質疑高雄市政府「違憲」，雙方爭執不斷。[21]

（三）臺中捷運綠線鋼樑墜落事故例

2015 年 4 月 10 日發生臺中捷運綠線鋼樑墜落事故，台中市由民進黨執政，台中市長林佳龍 4 月 12 日上午召開第二次「台中捷運綠線公安專案會議」後，要求比照北高賦予台中市政府完整的勞動檢查權，下放對於營造業的勞檢權，立即增加勞動安全檢查的事項、人力及頻率等[22]。前述各例原因雖為中央與直轄市間的認知不同，但究其主因仍在於垂直分立政府現象，雙方由於信任基礎薄弱，致使

20　參見 TVBS，「總統高雄勘災　三選將較勁搶曝光」（2010.9.25）報導。本案例未列入第一章案件統計原因同註 18。

21　參見壹週刊，「陳菊回嗆毛揆『要求安全刻薄嗎？』」（2015.3.13）。未列入第一章案件統計原因同註 18。

22　參見王彥喬，風傳媒「中捷鋼樑墜落　林佳龍提 5 點結論」（2015.4.12）。本案例未列入第一章案件統計，已併第六章第二節探討。

資源分配、權限歸屬、責任釐清等公共治理問題易流於政治化，無法達到政策論辯之功能(The Functions of Policy Argument)。

三、垂直分立政府運作可能的四種缺失

美國部分研究文獻顯示，「分立政府」較「一致政府」，運作上易導向「政策滯塞」（policy gridlock）、「停頓」（deadlock）、「缺乏效率」（inefficiency）與「僵局」（stalemate）等現象。依學者吳重禮看法，垂直分立政府現象對於政府操作，可能產生四種缺失：（吳重禮等，2004：79-80）

（一）資源分配不公

由於政黨與選舉因素考量，使公共資源分配不公，尤以中央與地方首長分屬不同政黨時，可能將較多資源分配與相同政黨的地方政府，以求增加連任機會，並提升該政黨執政聲勢。

（二）政策產生窒礙

中央與地方的對立與衝突，致使政策推動產生窒礙。相對於中央政府，地方政府扮演配合者角色，若中央與地方首長分屬不同政黨時，地方政府可能會拒絕配合或延宕中央政令，導致政務無法順利推動、產生窒礙。

（三）政策方針混淆

中央與地方政府權限界線不易區分，彼此政策方針易於產生混淆。

（四）責任無法釐清

政策制定與執行的疏失責任將無法釐清歸屬，形成中央與地方爭功諉過情形。

貳、政治意識形態

　　國內政治意識形態（political ideology）的現象，主要顯現於多次的選舉過程，選民的意識型態已占據投票抉擇的重要地位，根據早期研究，國內選民投票行爲的意識型態可與政黨取向、議題立場、候選人評價等因素分庭抗禮，由於投票行為的變化，使在政黨投票模型、議題投票模型及候選人取向模型之外，或許要開始關注「意識型態投票」的模型（陳文俊，2003：41），時至今日，政治意識形態仍影響著部分選民的投票行為[23]，甚而在中央與六都權力互動的政治操作上，亦免不了受到影響。

　　一、意識形態力量

　　意識形態力量展現於有助了解權力操作及影響政治行動，析述如下：

　　（一）有助了解權力操作

　　「意識形態」（ideologie）一詞產生於十八世紀末法國大革命時代，當時表示新學科「觀念學」（science of ideas），希望藉由研究重新建構正義和諧社會的普遍原則，後因拿破崙恐懼自由主義的知識份子，於是批評這些自由份子為意識型態家，最後讓「意識形態」成為「抽象與空想的激進思考」（Mark,1985）從意識型態意義的衍進，了解到其實意識形態沒有絕對的好或不好，愈來愈多的研究顯示，了解各種意識型態才能有助於了解權力的操作。

　　（二）影響政治行動

---

[23]　總統民選至今，「國族認同」、「親中 VS 反中」等議題，均有上綱為政治意識形態範疇的趨勢，在歷次直轄市長以上選舉中，常影響著部分選民的投票意向。

　　垂直分立政府常有拮格不入情形，就在於政黨的思想、信仰彼此不同，中央與六都的領導者或執行者，有了這些思想和信仰，就會影響他的政治行動，故在任何政治成員採取行動前，受政治信仰與觀念影響，驅使行動為完成目標而前進，這種驅使力量就牽涉到政治意識形態本質問題。根據政治學者 H.Waltzer 為意識形態所下定義：「意識形態是一種信仰體系，它為已存在或構想中的社會，解釋並辯護為人所喜好的政治秩序，並且為實現其秩序提供策略。」（張明貴譯，1984）

二、意識形態的操作

　　意識形態操作展現於動員群眾的政治工具及影響成員對威權和典範的信任等二方面，述之如下：

（一）動員群眾的政治工具

　　「意識形態」一詞原意並無貶低之意，屬中性字眼，對政治影響則已有歷史，政治意識形態自十九世紀末迄今，隨著大眾社會（mass society）的來臨，面臨一個嶄新的環境，許多政治領袖利用它作為動員群眾的政治工具，企圖利用意識形態來鞏固自己政治團體的凝聚力，加強人民對政權的認同，於是，在國內，形成黨同伐異；在國際上，造成集團對立（彭懷恩，2012：61）。

（二）影響成員對威權和典範的信任

　　D.Easton 更認為有些意識形態觀點僅涉及政治系統內領導之間，相互爭奪統治地位，對立的信仰則助長了分裂力量，將間接影響成員對威權和典範的信任，爭議的各方可能都認為理所當然，其將此意識形態觀點稱作「黨派的意識形態」（partison ideologies），並

且認為這種黨派的意識形態之間將會出現競爭，也會出現輪廓分明的「政策」分岐。（王浦劬等，1992：349）

　　國內由於歷史因素，政黨競爭下有「統獨議題」的存在，目前六都執政的民進黨籍首長佔多數，與中央的國民黨在兩岸關係看法上呈現不同，僅有「維持現狀」才是最大公約數[24]，不過國內政黨的意識形態光譜，較之要複雜得多，位於意識形態光譜兩端的政黨，常常牽動著中央和直轄市的政治權力操作。

　　三、意識形態的三大特點

　　Watkins 曾在「意識形態的時代」（_The Age of Ideology_）一書中，提出研究意識形態的三大特點，此三特點與前述形成黨派意識型態及牽動政治權力操作等現象息息相關，Watkins 所認為的意識形態所具之三大特點如下：（張明貴譯，1983）

　　（一）理想性的烏托邦色彩

　　意識形態所標榜的目標含有烏托邦色彩，提出者無論在政策、法律、政府及社會等面向，以決然樂觀的語氣來界定理想目標，並以此目標吸引支持者為目標而現身。

　　（二）「我群」與「他群」的簡化

　　意識形態慣以「我群」與「他群」的簡化，以黨同伐異非友即

---

[24]　2016 總統大選中，民進黨蔡英文主席提出兩岸「維持現狀」的主張，國民黨朱立倫主席則邀請民進黨蔡英文主席，辯論兩岸政策及「維持現狀」，兩黨總統候選人為爭取選票均主張維持現狀。另根據《遠見》民調 9 月 24 日公布 2015 年 9 月台灣民眾統獨觀調查，結果顯示維持現狀有 56.1%、贊成獨立為 25.4%、支持統一僅 7.7%。參見時報資訊，「《政治》遠見台灣統獨調查，維持現狀比率升」，（2015-9-24）。
　　https://tw.stock.yahoo.com/news_content/url/d/a/20150924/ .

敵的方式，認可服膺目標者都是公正無私為人類而獻身，反對目標
的人即屬敵人，此亦為意識型態特色。

（三）對人類前途抱持樂觀看法

意識形態多抱持樂觀看法，認為只要透過努力，就可達成主義
所揭櫫的信念目標。

參、政治潛規則

中央與六都權力互動，除了依循現有規範，也包含規範外的約
束，此種約束即使不為雙方共同認可，為了達成目標卻也須共同接
受，此種非現行制式規範的約束即為目前權力互動上的潛規則
（hidden rules）[25]，以下即從規則之外的規定及潛規則之態樣等二部
分析述之。

一、規則之外的規定

無論在公共政策的推動或府際間的跨域治理，除卻正式的制度
之外，都有不成文的規範在引導，亦即其運作除了依靠正式規則加
以規範以外，另有一套「潛規則」（hidden rule）存在。所謂潛規則，
簡單地定義，是相對於明規則、正規則而言，是指看不見、明文沒
有規定、約定成俗的，但卻又是廣泛認同、實際起作用、人們必須
「遵循」的一種規則。明文規定的背後往往曙藏著一套不明說的規
則，一種可以稱內部章程的東西，支配生活運行的經常是這套規則，

---

[25] 潛規則最早出現於北京學者吳思所著的「潛規則」一書，由於當時並未對潛規則一詞作出明
確定義，而於其後的著作始將潛規則做一說明，依其說法，所謂的「潛規則」為「隱藏在正
式規則之下、卻在實際上支配著中國社會運行的規矩」，就是不成文規範。

而不是冠冕堂皇的正式制度，不明白這點就難免要吃虧（吳思，2009：11）。

二、潛規則的態樣

以下分別以政治手段運作的潛規則及中央到地方府會和諧的潛規則等二部分，述之如下：

（一）政治手段運作的潛規則

六都與中央互動之間，除了正式規則規範彼此運作，也因六都的直轄市長政治地位、角色的不同於其他地方首長，除法律關係時有爭議外，衍生的的潛規則，亦常見政治手段解決，此種政治關係用政治手段解決，從以往的台灣省政府主席可列席行政院會，福建省政府主席、新疆省政府主席卻排除在外可看出，中央就是因應現實的政治環境而改變，至今六都已可列席行政院會議，其他縣市長仍無法參加，道理相同。此種經由政治過程的垂直政治關係運作，非法律委託所建構的法秩序，多屬潛規則（紀俊臣，2013：16）。此外，六都雖與各部會首長均出席行政院會，座位安排於政務委員旁，與各部會首長分開，但六都直轄市長的政治與講話份量卻高於部會首長，這種政治分量，是無法以規範記載，只能認同為政治的潛規則。

（二）中央到地方府會和諧的潛規則

我國從中央到地方，每位民意代表都有千萬元不等的預算執行「建議權」。這種「建議權」當然上不了檯面，但是為了「府會和諧」，這種建議權成為檯面下的「潛規則」。這種潛規則已存在多年，雖然中央的立法院與台北市議會，率先廢除了這種分贓政治的運作模

式。不過各地方政府，為了預算爭取及政務推動順利，普遍還是有
「府會和諧」的想法，所以或多或少都還保留這種表面上分權，實
際上分贓的運作模式（蘇盈貴，2013）。

第四節　六都與中央權力互動的財政工具

　　無論是單一制或聯邦制國家，中央與地方權力分配的關鍵在於
財政，財政可說是影響權力重組的重要因素。在中央與地方府際關
係探討中，總是強調財政資源的重要性，如此說法或許將雙方複雜
的互動關係簡化，卻也說明其重要性（Rhodes, 1999：80）。英國 1980
年代至 1990 年代，中央財政資源有限、壓力持續，使得地方需各自
尋求所需財源，被視為雙軌制典範的英國，中央權限變的愈來愈小。
美國聯邦與州的權力相互變化，亦與財政息息相關，美國曾形成的
「財政聯邦主義」（fiscal federalism），即因中央財政力量增加而削
弱地方政府自主性，中央掌握資源分配的實權，使聯邦權力增加。
我國攸關中央與地方財政劃分的的「財政收支劃分法」，已十餘年未
修改[26]，六都相繼成立後，不符直轄市面臨新的環境需求，常成為直
轄市與中央衝突之來源。本節將分從現行稅收與中央關係、財政收
支劃分的府際關係、統籌分配稅款與中央補助金補助直轄市標準及
實際補助情形等探討六都與中央權力互動的財政關係。

---

[26]　財政收支劃分法最早於 1951 年 6 月 13 日總統制定公布全文 40 條，至 1999 年 1 月 25 日最
　　後修正止，至今已 16 年未再修改。

壹、現行稅收與中央關係

　　稅收為中央與直轄市的主要財源，而稅收分配究由中央立法劃分或是中央與地方各自擁有獨立稅源，則構成了雙方的財政關係，具體而言，關係著稅源劃分的「財政收支劃分法」及分配基礎的「中央統籌分配稅款辦法」雖為層次不同的規範，卻同時影響著雙方財政關係，以下即從法源基礎、地方財源與中央稅收關係等析述之。

　　一、法源基礎

　　「財政為庶政之母」，地方政府財政健全才能順利推動施政，對國家總體經濟發展助益甚大，否則，不但施政推動受阻，國家競爭力亦將受影響。是以「財政」問題一向為地方首長首要解決之務，地方政府既須有充沛的財源才能推動市政，則地方財源分配的法源基礎值得探討，就制度面而言，我國中央與地方的財政關係是依據憲法「中央與地方權限」專章以及「財政收支劃分法」之規定，我國財政收支劃分，一方面有如中央集權國家，由中央立法劃分，一方面又有如地方分權國家，中央與地方各有獨立的稅源（歐信宏等，2005：175）中央對於稅源劃分、稅基、稅率等有專屬立法權限，在中央遊戲規則下，現行全國稅收有三分之二集中於中央。

　　二、地方財源與中央稅收關係

　　地方財源主要包括稅課收入、非稅課收入及融資財源等三大部分，根據「財政收支劃分法」規定，在十六項稅收裡，直轄市可由三種分配方式分到財源，第一部分為全額分配到稅額，有印花稅、使用牌照稅、地價稅、土地增值稅、房屋稅、契稅及娛樂稅等六種，也就是所稱之的地方稅。其次則為分配中央的稅收裡，一定比例的

統籌分配款，包括所得稅、遺產與贈與稅、營業稅及貨物稅，最後則為菸酒稅，直接稅收的 20% ，由直轄市與其他縣市分配。

　　由前述可知，統籌分配稅款係一種按不同比例分配給地方政府的財政重分配制度，中央或上級政府統籌運用國稅或地方政府部分稅課上繳款項，並依各地方政府財政收支狀況與需求重作分配，以直轄市而言，在現有分配基準下，國家及地方整體稅收效果會影響直轄市與中央財政，除此之外，影響雙方財政的另一方式則是統籌分配方式的改變，此一改變即使在整體稅收不變情形下，設若直轄市與縣市增加稅源，中央稅收分配無可避免地勢必減少。現行直轄市稅收與中央稅收劃分關係如表 4-5。

表 4-5　現行直轄市稅收與中央關係

稅目	分配方式		備註
	中央	直轄市	
所得稅	90% ；統籌 10%		依 2013.08.14 財政部公布之「中央統籌分配稅款分配辦法」草案，統籌分配款 60% 分配直轄市。
遺產與贈與稅		直轄市收入：中央 50% 、直轄市 50%	
關稅	100%		
營業稅	60% ；統籌 40%		營業稅總收入減除依法提撥之統一發票給獎獎金

			後之百分之四十。統籌分配款60%分配直轄市。
貨物稅	90% ；統籌10%		統籌分配款60%分配直轄市。
菸酒稅	80%		18%按人口數分配予直轄市及台灣省之縣市。2%按人口數分配予福建省之金門、連江2縣轄市,合計20%
證券交易稅	100%		
期貨交易稅	100%		
礦區稅	100%		
印花稅		100%	
使用牌照稅		100%	
地價稅		100%	
土地增值稅		100%	
房屋稅		100%	
契稅		100%	
娛樂稅		100%	

資料來源：本研究整理

貳、財政收支劃分法修法多年未成

自地制法實施後，財政收支劃分法即成為中央與地方財政分配

爭議的焦點，學者及社會輿論亦多所評論，經多年的醞釀，中央亦體察修正之趨勢，於 2010 年初起即將修正草案函送立法院審議至今仍未完成，在直轄市陸續升格後，財政困窘顯現，修法多年未成的負面效應顯現，形成直轄市與中央衝突的因子。

一、修正草案送立法院審議多年

統籌分配稅款與「財政收支劃分法」息息相關，然而財劃法最近一次修正公布施行時間已是 2002 年 1 月 1 日，距今已超過十三年，十餘年的環境變遷使財政收支劃分內容已無法應付地方政府需求，不符環境需求的稅源劃分早為各地方政府所詬病，尤其改制後之新北市、桃園市及合併後之台中市、台南市、高雄市等，在升格或區域幅源擴大、人口增加下爭議持續不斷，經過十餘年的修法醞釀後，行政院終於 2010 年 1 月 5 日將財政收支劃分法修正草案函送立法院審議，在主客觀因素未能配合下，歷經多年修法卻未完成。

（一）三部分修正重點

該法修正重點有下列三部分：

1.中央統籌分配稅款分配制度部分，採取「只增不減」原則，各地方政府分配財源都會適度增加。

2.秉持「錢權一併下放」原則，將財源與事權同時交由地方政府。

3.以「公式入法」取代過去「比例分配」。

此一修正草案以大方向來看仍在原有稅源下作分配，直轄市在某些地方看似有利，例如遺產及贈與稅由目前直轄市分得百分之五十、市及鄉（鎮、市）分得百分之八十，修正為直轄市、市及鄉（鎮、

市）均分得百分之六十（修正條文第八條第三項）。以及擴大中央統籌分配稅款規模：所得稅總收入百分之六。（修正條文第八條第二項）但在總綱卻另規範各級政府財政收支之調劑，在中央與地方政府間，應考量基本財政需求及資源運用效能；上級政府對下級政府之財政支援，應以均衡區域發展為原則。（修正條文第四條）給予了中央針對分配直轄市的財源部分有了審核的門檻依據，若無另訂具體標準，此種審核即可能成為另種控制直轄市的手段。

　　（二）小修正不符地方自治精神

　　財政收支劃分法修正草案不論哪種版本均在原有稅源分配下作內容的更動，只能算是小修，對能否符合地制法精神，以及六都在財政收支劃分法目前修正草案內容是否就能到位等不無疑問，此一修正仍為中央主控大部分資源，少了些大開大闔的氣勢，對直轄市渴於財政的問題並未解決。

　　二、保障改制之直轄市財源增加

　　所謂保障改制之直轄市財源增加，是以財政收支劃分法條文直接規範改制後之直轄市保障獲分配財源基準，依該法修正草案第十一條第二項第二款第二目規定，準用直轄市及改制直轄市之縣市，其保障獲配財源係以高雄市 2007 年度每人平均獲配之中央統籌分配稅款金額並加計稅收成長率百分之五點五後算定，對改制後的直轄市保障較為具體明確，至於改制之直轄市亦應提出業務承接及支出移轉計劃，報請行政院核定後，方能調整其收入，則規定於修正條文第三十七條第四項。至於具體增加數，經初步試算，新北市、高雄市、臺中市、臺南市及桃園縣（準直轄市），修法後收支併同考

量之獲配數共計 2403 億元，較修法前增加 392 億元[27]。

三、統籌分配稅款控制地方政府債務

中央在財源分配上居於優勢地位，若遇直轄市違反債限的特別狀況，中央可以統籌分配稅款的撥付與否作為處罰，平時亦可修正撥付標準，甚而撥付數額，由於統籌分配稅為地方重要財源，地方自須依中央指令為依附，控制了地方債務就控制了地方政府，析述如下。

（一）對地方政府債務管理工具

中央針對財政收支劃分法修正草案情形已如前述，以目前體制而言，稅收資源多數集中於中央，中央復可視情形制定規範將中央統籌分配款停撥、減撥或緩撥，2014 年 1 月財政部即為加強管理地方財政，修訂了統籌分配稅款作業原則，以違反債限逾三個月未改正者，減少或緩撥統籌分配稅款，以加強對地方政府債務之管理[28]。目前欠款之直轄市政府配合中央將健保費補助欠款依計畫提列五年償還方式償還，截至 2015 年 8 月底，臺北市及高雄市尚欠費 248.81 億元，收繳率百分之八十八點二五[29]。

（二）統籌分配稅款分配標準

依照中央統籌稅款分配辦法第八條規定，普通統籌分配稅款分

[27]　參見財政收支劃分法修正草案要旨，台北市財政局（2013.2.13）。
　　http://www.taipei.gov.tw/ct.asp?xItem=1182467&CtNode=40582&mp=103007
[28]　參見財政部新聞稿「行政院修正發布『直轄市或縣(市)政府舉債不符規定之減少或緩撥統籌分配稅款作業原則』」，2014.1.17 。
[29]　參見「104 年 8 月份全民健康保險業務執行報告」，衛生福利部全民健康保險會第 2 屆 104 年第 8 次委員會議，衛生福利部中央健康保險署編印，（2015.9）。

配各直轄市之款項，依據的指標包括各直轄市轄區內各類營利事業營業額、轄區人口數、土地面積及財政能力平均值，詳細指標及權數如下：

1.營利事業額權數

各該直轄市及準用直轄市之縣最近三年轄區內各類營利事業營業額平均值占全部直轄市及準用直轄市之縣平均值合計數之百分比，權數占百分之五十。

2.人口百分比權數

各該直轄市及準用直轄市之縣最近一年底轄區之人口數占全部直轄市及準用直轄市之縣人口合計數之百分比，權數占百分之二十。

3.土地面積權數

各該直轄市及準用直轄市之縣轄區之土地面積占全部直轄市及準用直轄市之縣土地面積合計數之百分比，權數占百分之二十。

4.財政能力權數

各該直轄市及準用直轄市之縣最近三年度財政能力平均值，權數占百分之十；財政能力計算公式如下：各該直轄市及準用直轄市之縣財政能力＝（各該直轄市及準用直轄市之縣轄區內之人口數 x 全部直轄市及準用直轄市之縣每人自籌財源平均數÷各該直轄市及準用直轄市之縣每人自籌財源）÷全部直轄市及準用直轄市之縣依前述括弧內算定數之合計數。中央統籌分配稅款分配指標權數及公式製表如下：

表 4-6 中央統籌分配稅款分配指標權數及公式

指標	權數	公式
近三年營利事業額佔全部直轄市百分比	百分之五十	
近一年底轄區之人口數占全部直轄市及準用直轄市之縣人口合計數之百分比	百分之二十	
土地面積占全部直轄市及準用直轄市之縣土地面積合計數之百分比，	百分之二十	
近三年度財政能力平均值	百分之十	財政能力＝（轄區內人口數 x 全部直轄市及準用直轄市之縣每人自籌財源平均數÷各該直轄市及準用直轄市之縣每人自籌財源）÷全部直轄市及準用直轄市之縣依前述括弧內算定數之合計數。

資料來源：本研究整理

　　由表 4-6 可知直轄市分配稅款是依據中央統籌分配稅款的各項指標權數規定辦理，指標裡所佔比例最大者為「營利事業額」，六個直轄市裡具有政、經、文化等優勢條件的直轄市最佔優勢，自 2011 年直轄市相繼成立至 2014 年止，直轄市接受統籌分配稅款額度最高者為首都所在的台北市，其他依序為新北市、高雄市、台中市及台南市，至於桃園市 2014 年為準直轄市，分配額度為最低。自 2011 年起至 2014 年止六都的統籌分配款均逐年增加。現行統籌分配稅款實際分配直轄市情形如表 4-7。

表 4-7　六都統籌分配稅款 2011-2014 實際分配情形　單位：百萬元

直轄市年度	2011	2012	2013	2014
台北市	34,106	34,217	34,836	37,608
新北市	23,916	24,566	25,080	27,258
台中市	18,793	19,577	20,386	22,631
台南市	15,684	16,169	16,571	18,216
高雄市	22,825	23,441	24,080	26,583
桃園市				13,387

資料來源：財政部國庫署，中央普通統籌分配稅款分配情形（2015.2）。

（三）逐年減少及分配不公爭議癥結

中央與直轄市對統籌分配稅款分配不公的的爭議，時間關鍵點要往前推到 1999 年下半年至 2003 年期間，1999 下半年至 2000 年的統籌分配額度為 722 億餘元，此期間為一年半，換算一年約為 481 億餘元。

1.政黨輪替分配減少

2000 年政黨輪替，2001 年至 2003 年連續三年中央將台北市分配稅款減少，引發台北市與中央財政權益的激烈爭議。自 2008 年起至 2010 年止統籌分配稅款額度再次調降，至於 2011 年至 2013 年則因直轄市陸續成立，需分配直轄市的數量增加，台北市分配額度雖有逐年增加，但與前已無法相提並論。高雄市 2000 年換算約為 170 億元，2001 年至 2007 年逐年增加，中央減少台北市分配款卻增加了同為民進黨籍市長的高雄市分配款，催化了台北市的不滿情緒。北、高二都統籌分配稅款 2000 至 2010 年實際分配情形如表 4-8。

表 4-8　北、高二都統籌分配稅款 2000-2010 實際分配情形　　單位：百萬元

年度 直轄市	1999 下 -2000	2001 2002	2003 2004	2005 2006	2007 2008	2009 2010
台北市	72207	44486 46310	44757 51085	57344 56998	60802 41929	35727 38375
高雄市	25497	15994 18199	17335 19532	21704 21657	22856 12383	10625 11823

資料來源：本研究整理

2.各直轄市看法不同

有關中央統籌分配稅款之分配，各直轄市看法亦不同，高雄市、台南市認為中央重北輕南，包括中央統籌分配稅收入因分配公式以營利事業營業額占 50%，致總公司稅收歸臺北市，故而認為中央分配不公，台北市為此發布澄清新聞稿，認為台北市統籌分配稅款逐年減少，反觀其他五都均較前一年度增加[30]。

---

[30]　台北市新聞稿部分內容如下：

「…從市民納稅之貢獻數額而言，以 101 年度為例，在臺北市轄內之居民及企業所繳納之租稅總計 6,648 億餘元，占全國總稅收之 37%，居全國各縣市之首位，且北市府較其他直轄市及縣市多負擔之特殊經費 102 年度約 180 億元，其中教育、勞健保非設籍、聯合醫院經費更提供了外縣市及中央共享之外部效益，北市財政負擔實為沉重，惟獲配之中央統籌分配稅款卻逐年減少，以臺北市獲配之中央統籌分配稅款占總額之比率，96 年度為 31.25%，97 年度起受台北縣(現為新北市)升格及 100 年度起縣市改制影響，103 分配比率僅占總額之 15.75%，較 96 年度已減少 15.5%，以實際獲配金額而言，北市獲配中央統籌分配稅款金額自 96 年度 609 億元逐步下降至 103 年度 343 億元，故報載中央獨厚北市一節，顯與事實不符。」參見新聞稿「中央統籌分配稅款與一般性及專案補助款之收入分配並無獨厚北市」(2014.10-21)。

四、中央補助直轄市標準

根據「中央對直轄市及縣（市）政府補助辦法」第三條規定，中央為謀全國之經濟平衡發展，得視直轄市及縣（市）政府財政收支狀況，由國庫就下列事項酌予補助，補助性質分為一般性補助款補助事項及計畫型補助款之補助範圍等兩種說明如下：

（一）一般性補助款補助事項

包括直轄市、準用直轄市規定之縣及縣(市)基本財政收支差短與定額設算之教育、社會福利及基本設施等補助經費。

（二）計畫型補助款之補助範圍

所謂計畫型補助範圍以下列事項為限：

1.計畫效益涵蓋面廣，且具整體性之計畫項目。

2.跨越直轄市、縣（市）或二以上縣（市）之建設計畫。

3.具有示範性作用之重大建設計畫。

4.因應中央重大政策或建設，需由直轄市或縣(市)政府配合辦理之事項。

五、補助金意涵

補助金與統籌稅款不同，在於補助金稅源並非固定，且中央對補助金有權進行績效考核與獎懲，如表4-9。憲法一百四十七條訂有中央補助地方之法源依據，其目的為中央政府謀求地方之發展，其深入的意涵也可以詮釋為中央藉由參與地方事務控制地方政府之途徑。

表 4-9 補助金與統籌分配稅款相異點

補助金	統籌分配稅款
無固定稅源，由國庫補助	固定稅源
中央政府有權進行績效考核與獎懲	依審計程序辦理

資料來源：本研究整理

六、地方須配合中央以獲補助

中央對直轄市的補助項目涵蓋教育、社會福利、基本設施及一般性差短補助等，由於補助標準與統籌分配稅款列出明確指標不同，故直轄市為爭取補助雖有補助辦法可依循，但是在額度、用途或考核獎懲上，中央仍具主導權，直轄市政府若想獲得補助，即須配合中央的政策目標並接受指示。2011 年至 2015 年中央對直轄市一般及專案性補助款情形如表 4-10。

表 4-10 中央對直轄市一般及專案性補助款情形表　　單位：千元

直轄市年度	2011	2012	2013	2014	2015
台北市	750,334	9,589,844	9,678,826	3,989,202	11881301
新北市	643,668	10,667,089	10,293,203	241,000	10674374
台中市	540,988	15,146,733	11,271,282	291,114	11026819
台南市	391,993	14,858,104	10,991,149	5,159,455	15269232
高雄市	654,963	20,455,533	13,987,234	2,754,000	15590748
桃園市				1,513,198	7239464

資料來源：1.行政院主計處，中央對直轄市及縣市一般及專案性補助款情形表 100-104 年度。2.2015 年數字為預定補助金額。

　　自地制法於 1999 年 1 月施行後，中央與直轄市不同政黨執政下互動爭議發生多起，包括「北市里長延選爭議」、「中央與北市勞健保費負擔爭議」、「水權爭議」等案例，以及財政分配、人事組織等其他爭議性議題，在第一次政黨輪替後，民進黨執政的中央政府與國民黨執政下的台北市政府，屬於垂直分立政府的環境，權力運作參雜著政黨意識形態。2002 年是特別的一年，當年底台北市長改選，年初起又陸續發生里長延選案、健保費補助爭議案及北部抗旱引起的水權爭議等政治性高的重大爭議事件，若以新聞媒體採訪量、社會關注焦點、議題發酵時間、政治效應而言，當年三個案例絕對可選為府際治理互動之經典個案。雖歷經十餘年的府際權限運作磨合，垂直府際治理爭議現象似乎未解，2011 年的具體事例「就業服務及勞動檢查」權限下放爭議浮上檯面，前述四案例全部過程，將以府際治理觀點探討，於下章及第六章陸續介紹。

第五章　自治事項六都與中央治理個案

　　自 1999 年地方制度法施行以來，中央與直轄市間發生多次爭議衝突，尤以 2000 年首次政黨輪替後爭議案件最多，包括自治監督、權限爭議，層面涵蓋地方立法、人事組織及財政權等地方自治核心領域，具體案例較引起社會矚目的重大事件[1]包括：健保費補助案、統籌分配稅款案、里長延選案、北部抗旱水權爭議案[2]、金融營業稅案、警察首長任命案、通用拼音或漢語拼音案、松山菸廠巨蛋案、財政收支劃分法案、土地增值稅案、公投案、南港展覽館生變案、整治基隆河補助案、震災救助款金額案、京華城案、世界盃棒球場地案、就業及勞檢權爭議等，除了中央處理議題上顯著展現單一制國家「父權心態」的家長式領導現象外，更伴隨著黨派意識型態，及以選舉為考量的思維模式。此種中央與地方分屬不同政黨執政形式，可稱之為「垂直式分立政府」，由於僅中央政府享有自主權限的涵蓋型權威模式（inclusive-authority model），使協調合作上產生「缺乏效率」（inefficiency）與「僵局」（stalemate）等現象。本章將先就

---

[1]　重大事件類型不限於與中央之間的權限爭議。

[2]　詳見本研究第六章第一節水權個案分析。

涉及經費治理的「健保費補助爭議」及地方自治權限的「里長延選爭議」等二個案作探討。

第一節　財政權益個案分析

　　本個案主要從拒繳健保費，引起財政收支劃分法的稅源劃分不滿暨統籌分配稅款分配不公等爭議議題，雖為台北市政府與中央之互動，卻影響同為直轄市的高雄市，更關係到陸續成立的其他直轄市權益，以下即就個案緣起、個案過程、台北市主張及司法見解等析述，並嘗試以理論檢視拒繳健保費爭議。

壹、個案緣起

　　我國健康保險制度自 1995 年 3 月 1 日開始實施，目的為提供被保險人及其眷屬發生疾病、傷害事故時提供醫療補助，健保之保險費負擔分配，是由被保險人、雇主及政府等各負擔一定比例，依全民健康保險法（以下簡稱健保法）規定，各級政府須負擔一定比例補助款。然而地方政府分攤保費的規定執行得並不順暢，當時地方政府由於不滿「中央立法、地方買單」[3]的規範，自 1997 年起欠繳

3　「…馬英九表示，根據全民健保法 27 條規定，要求各直轄市每年編列高達 50 多億的預算負擔健保費，將中央應負擔的轉嫁給地方政府，這種做法明明就是『中央請客地方買單』，因此，除請大法官就該條文進行釋憲外，也將建請中央修法，兩者可並行，他強調，此做法為中央與地方的解套之道。」參見大紀元官網「催健保費　馬英九：為何只關愛我」
http://www.epochtimes.com/b5/2/1/11/n163291.htm.
「…謝長廷市長強調，最根本解決之道還是要修改健保法，因為這是中央當初制定全民健保法，卻要地方『買單』，造成中央與地方經費分攤不合理，這是當初立法留下的後遺症，精省後，各縣市也會面臨欠費越來越多的問題」參見自由新聞網「積欠健保費　北、高市地遭查封」
http://old.ltn.com.tw/2004/new/jun/15/today-p9.htm。

保險費的縣市陸續產生，高雄市政府與台北市政府分別從 1998 年與
1999 年的下半年開始積欠直轄市所負擔的健保費補助款，台北市的
欠繳原因則因中央自 1999 年起一連串相關聯的財政法案使台北市
權益受損所致，包括財政收支劃分法（以下簡稱財劃法）修正使稅
收減少，中央為平衡南北差距的承諾，持續調降台北市統籌分配稅
款及健保費補助計算基礎爭議等，使台北市採取了激烈的拒繳方式。

貳、個案過程

　　個案過程就爭議不斷的財政權益議題，包括爭議同時台北市自
行制定財劃法版完成三讀並經行政院提覆議、台北市議會刪除償還
中央的健保補助預算，雙方各有堅持相持不下等述之如下。

一、財政權益爭議不斷引發不滿

　　本部分以財劃法修正減少台北市稅收的爭議為開端，再以事件
的導火線調降統籌分配稅款說明，最後則說明雙方對健保費補助計
算基礎的爭議等述之於下。

（一）1999 年財劃法修正減少台北市稅收

　　1999 年中央修正財劃法，將原屬地方稅的營業稅改為國稅，使
台北市每年稅收減少，要補貼外縣市勞工就成為一大負擔，一面因
修法減少了地方稅收[4]，另一面卻又須自行籌措經費補貼健保費用，

4　台北市政府受中央屢次修法減(免)稅，北市稅收大幅減少，包括契稅及房屋稅稅率調降、娛
　樂稅及營業用房屋稅停止附徵國民教育經費、金融業之營業稅由五％調降為二％及土地增值
　稅減徵百分之五十為期二年及中央調降北市統籌分配稅款比率等，估計每年減少稅收約二二
　〇億餘元。參見 2002.9.11 北市財政局新聞稿。

台北市政府對中央的財政政策迭有不滿。

（二）中央調降台北市統籌分配稅款

前述財劃法修正使台北市減少稅收，可謂衝突的遠因，而中央修正統籌分配稅款辦法將分配稅款調降，則是形成拒繳健保費的導火線，所謂統籌分配稅款就是中央政府將全國稅收的部分，依原本地方稅為主體的營業稅和部分國稅之稅源加以統籌運用，並公式化的統籌分配給地方政府，成為地方政府的稅收財源，以平衡地區發展的財政補助制度。又分為「普通統籌分配稅款」與「特別統籌分配稅款」兩種，以台北市而言，當民進黨執政下的中央，為縮短南北差距比例，持續調降台北市分配稅款比例後，台北市執政的國民黨市長認為健保費補助的計算基礎已成爭議，故採取市議員意見以欠繳健保補助費方式來彌補台北市的財源不足[5]。

（三）健保費補助計算基礎爭議

全民健康保險法第二十七條有關投保單位應負擔保險費部分，台北市政府主張以設籍或居住在該直轄市之被保險人及其眷屬為計算基礎，而非以投保單位在該直轄市為計算基礎，認為財劃法修正

---

[5]　「…市議會贊成還款，林晉章建議刪除 30 億元的預算。」參見臺北市議會公報 2007，76（11）：2370。

台北市財政局答覆市議員蔣乃辛質詢「…本府與中央健康保險局針對 88 年下半年至 91 年之全民健康保險補助款爭議案事件，業經最高行政法院判決本府勝訴，亦即本市轄區外居民之健保補助費不應由本市負擔。至於中央表示要調降本市中央統籌分配稅款乙節，查地方政府負擔之健係補助款經費，係依據全民健康保險法之規定計算其保險費負擔，而中央統籌分配稅款之數額與分配，係依據財政收支劃分法、中央統籌分配稅款分配辦法等規定，兩者之法規依據並不相同，不可混同。本府將據理力爭，請中央依法行政。」參見臺北市議會公報 2005，71（20）：4982。

後，營業稅既改為國稅，以投保單位營業登記所在地作為依據之基礎已然變更，且地方自治團體之稅入經前述改變後不若往昔，直轄市政府對此既已爭執，中央健保局本應就此計算方式，再與直轄市政府協議新的補助保險費之計算基礎。

二、台北市版財劃法修正立法行政院覆議

台北市政府拒繳健保補助費之同時，另行藉由黨籍立委向立法院提出財政收支劃分法修正案，提高地方政府統籌分配稅款的分配比率，藉由修法使中央釋出更多資源，以解決其他地方政府財政問題，2002 年 1 月 17 日完成三讀程序。由於該修正案，不啻更改了中央原有財政分配，且對中央財政而言是筆負擔，行政院遂於 2 月 6 日舉行的行政院會中，決議提請總統核可，向立法院提出新版財政收支劃分法覆議案，2 月 7 日朝野協商決定於 2 月 19 日開議當天舉行全院委員會，邀請行政院長列席說明，在各黨團輪流交叉發言及行政院長回答之後，隨即改開院會對覆議案進行記名投票表決，最後通過覆議。

三、台北市議會刪除健保補助預算

台北市議會以台北市民代言人咸認不宜上繳健保補助預算，並認為該項費用應由中央負責，說明如下：

（一）應由中央負責

台北市政府原編列支付積欠中央及 2003 年度的健保費補助 40 億元，惟台北市議會認為健保費補助費用悉數應由中央負責，在財政並不好情形下不應急著還錢，應優先編列其他費用，刪除健保費

用 10 億元。

（二）直轄市負擔健保費比例

直轄市健保費補助負擔比例並非五類目均有，在第一類的私校教職員負擔百分之三十五、公民營事業機構補助負擔及其他有一定雇主的受雇者百分之五。第二類的職業工人及外僱船員百分之四十。第三類的農民、水利會會員及漁民百分之三十。第五類低收入戶成員百分之百；詳如表 5-1。

表 5-1　直轄市有負擔健保費類目之負擔比例

類目	被保險類別	負擔比例				
		被保險人（自付）	投保單位	各級政府		
				中央政府	直轄市	各縣市
第一類	私立學校教職員	30	35	35	35	0
	公民營事業機構補助者、其他有一定雇主的受雇者	30	60	10	10（其中 5％由中央補助）	0
第二類	職業工人、外僱船員	60	0	40	40	0
第三類	農民、水利會會員、漁民	30	0	40（補助直轄市）	30	10

				60（補助縣市）		
第五類	低收入戶成員	0	0	35（補助縣市）	100	65

資料來源：本研究整理

四、北、高二直轄市均欠繳健保費

當時期直轄市欠繳健保費除台北市外，尚包含高雄市，行政院曾於 2000 年 6 月 1 日召開「健保財務問題與對策協商事宜」決議各級政府應配合辦理事項，其中直轄市部分台北市政府、高雄市政府應自 90 年度起，分三年編列預算攤還。各級政府未按期撥付補助款，致健保局為支付醫療給付，須向金融機構融通資金之利息費用，台北市及高雄市部分應依欠款比例分攤。若欠費政府未來如仍持續不予繳納，則由財政部及行政院主計處依地方制度法第七十六條規定，自中央撥付各級政府之補助款中扣減，並逕撥健保局，然而台北市政府欠費金額卻反而大幅增加至 52.18 億元，高雄市政府欠費金額也增加 24.57 億元。所以，台北市政府於本案中與中央的對抗，不論最後結果是以「投保單位」、或採納投保人之設籍地為計算基準，都關係者高雄市的權益。

五、中央軟硬兼施展現決心

台北市議會刪除部分健保費用，衛生署認為因台北市政府未積極爭取使然，2002 年 1 月 7 日對外召開記者會，除了向台北市，也

同時向高雄市下達最後通牒，要求兩市限期償還積欠的健保費補助款，否則將依法強制執行[6]。

中央為為盡速解決健保費積欠爭議，採取一面依法強制執行態度，一面展現溝通的柔軟姿態，衛生署亦銜行政院之命與北、高兩市溝通協調，並由行政院秘書長與衛生署長親自拜會北、高兩市長，展現行政院溝通誠意。

參、台北市主張及司法見解

台北市拒繳健保費，與中央的勞健保費之負擔爭議，在於台北市政府並不認同中央以「投保單位」為計算基準，即所謂勞健保公司營業所在地為勞健保費之計算基準，反認為應以投保人之設籍地（如「設籍北市」者）為計算基準。各方對爭議看法如下：

一、北市府主張

北市府認為由市府負擔勞保補助款的對象，應僅限於設籍北市的居民，僅需提供轄內之設籍居民的社會福利，無需及於轄區外而流動至台北市轄區內的非設籍居民，否則將排擠市府其他社會福利支出和公共建設支出，影響設籍北市居民的權益。主張依據則在大法官會議釋字第五五零號解釋意旨、地方制度法、全民健康保險法

---

[6]　至 2001 年 12 月底止，高雄市欠繳 83 億元，為地方政府欠繳之冠，而台北市政府則居次，欠繳近 70 億元。對於台北市、高雄市等直轄市政府的欠費，因為沒有中央撥付補助款的機制可以控管，欠費情形比較嚴重，健保局為確保債權，已將直轄市政府的欠費移送強制執行，同時查封多筆土地…參見行政院衛生福利部中央健康保險署網站資料下載區「地方政府欠費還款情形」-「地方政府欠費與健保虧損無關」

http://www.nhi.gov.tw/webdata/webdata.aspx?menu=17&menu_id=661&webdata_id=3235&WD_ID=68.

及勞工保險法等規定。

　　台北市政府以新聞稿方式強調，在「勞工保險條例」及「全民健康保險法」僅規範直轄市應負擔補助費之比率，並未列明計算基礎下，中央片面依行政慣例及沿用勞保「投保單位在臺北市」之計算基準，計算北市應負擔之保險費，致市府負擔勞、健保補助款形成沉重的財政問題。加以營業稅自 1999 年起改為國稅及 2001 年間中央調降北市統籌分配款分配比率，使市府財源每年減損達 60 億元以上，以致補助勞健保補助款金額一年高達 100 億元之預算金額無法編列。

　　二、行政法院判決

　　本案於行政法院二審始定讞，過程中不同層級法院看法亦未一致，說明如下：

　　（一）台北高等行政法院認定

　　台北高等法院認為地方政府從轄區內的公司徵稅，並從中央政府分配到統籌稅款，如果不為這些公司的勞工與眷屬分擔保險費，權利義務將失衡，中央健保局、勞保局以「投保單位」為計算方式合法，並無逾權或濫權的情形。[7]

　　（二）最高行政法院判決

　　台北市政府拒繳健保費後，中央健保局於 2003 年 2 月 12 日發函核定台北市政府應繳納健保費補助款近 108 億元，時間核算則自

---

[7]　參見臺北市政府財政局新聞稿，「臺北市政府與中央勞、健保補助款爭議，和平協議，共創雙贏」2007.05.02。

1999 年下半年到 2002 年底。台北市政府以未設籍北市勞工的健保費補助款不應由北市負擔為由，經行政訴願程序後，向台北高等行政法院提起撤銷健保局處分的行政訴訟。

1.一審健保局敗訴

台北高等行政法院判決台北市政府敗訴，需支付積欠中央的健保費。北市不服提起上訴，最高行政法院認同北市府看法，採取「設籍或居住地說」，合議庭認為北市府只須負擔行政轄區內居民的健保補助款，2005 年 10 月判決健保局敗訴。

2.二審健保局勝訴全案定讞

針對最高行政法院的敗訴判決，中央健保局不服提起再審，最高行政法院則逆轉看法改判台北市政府敗訴，台北市政府需支付 108 億元，全案定讞。

（三）最高行政法院「庭長法官聯席會議」的「決議」成為關鍵

最高行政法院改判起因，在於 2007 年 5 月 23 日召開的「庭長法官聯席會議」中，決議採取對中央勞、健保局有利的「投保單位說」，以統一各地法院的見解，所謂「投保單位說」，指的是只要投保的法人等營利事業單位，所在地是在台北市政府的行政轄區，那麼公司勞工或眷屬的勞、健保補助款，都應由台北市政府負擔。隨後於最高法院的判決中，將爭訟多年的台北市政府和中央健保局之間近新台幣 108 億元健保補助款爭議案，由最高行政法院最終判決健保局勝訴。

三、大法官解釋觀點

最高行政法院對健保局的判決，使台北市嘗試另透過大法官會

議解釋，希望以否定健保法第二十七條之合憲性，藉以取得拒繳之正當性，最後，大法官做出之解釋文並未對台北市有利，但本解釋文重要意義在於透過健保費拒繳的個案解釋，諸多觀念的詮釋，對中央與地方爾後互動指引了前進的途徑，大法官解釋論述觀點如下：[8]

（一）地方政府補助健保的規定符合憲法

大法官解釋認為全民健康保險法第二十七條責由地方自治團體按一定比例計算，補助各該類被保險人負擔之保險費，非屬實施全民健康保險法之執行費用，而是指保險對象獲取保障之對價，而成為提供保險給付之財源。此項保險費除由雇主負擔及中央補助部分外，地方政府予以補助，符合憲法要求由中央與地方共同建立社會安全制度之意旨，並無牴觸憲法。

（二）地方自治團體分擔經費符合事物本質即未侵害財政

大法官解釋雖認為地方自治團體受憲法制度保障，其施政所需之經費負擔涉及財政自主權之事項，固有法律保留原則之適用，但在不侵害其自主權「核心領域」之限度內，基於國家整體施政需要，中央依據法律使地方分擔保險費之補助，仍屬憲法所容許。至於大法官所謂「核心領域」之侵害，解釋文內亦敘明指為地方自治團體自主權之本質內容不得受到侵害，致地方自治團體之制度保障虛有化等，並舉例包括中央代替地方編製預算或將與地方政府職掌全然無關之外交、國防等事務之經費支出，規定由地方負擔等情形而言。

---

[8]　參見司法院大法官釋字第 550 號解釋（91.10.04.）。

至於在權限劃分上依法互有協力義務，或由地方自治團體分擔經費符合事物之本質者，即不屬侵害財政自主權之核心領域。

（三）健保法二十七條屬補助保費比例未牴觸憲法

執行事項之行政經費分擔為本案爭執之一，大法官認為中央與地方辦理事項之財政責任分配，憲法並無明文規範。即使財政收支劃分法第三十七條雖規定「由中央立法並執行者，歸中央」，仍非專指執行事項之行政經費而言，故法律即使符合條件時，仍得就此事項之財政責任分配為特別規定，並認為財劃法第四條明定的社會福利支出，包括「辦理社會保險、社會救助、福利服務、國民就業、醫療保健等事業及補助之支出均屬之」。大法官解釋認定本案爭執之全民健康保險法第二十七條即屬此種特別規定，其支出之項目與上開財政收支劃分法附表之內容，亦相符合。至該條各款所定補助各類被保險人保險費之比例屬立法裁量事項，大法官亦認為除顯有不當者外，並無牴觸憲法問題。

（四）地方政府應充分參與須負擔經費之法律制定

大法官銓釋中央與地方互動最大突破在於，認為法律之實施須由地方負擔經費者，即如本案所涉全民健康保險法第二十七條關於保險費補助比例之規定，於制定過程中應予地方政府充分之參與，即使行政主管機關於此類法律草擬過程，亦應與地方政府協商，並視對其財政影響程度，賦予適當之參與地位，以避免有片面決策可能造成之不合理情形，且應就法案實施所需財源，於事前妥為規劃，自應遵守財政收支劃分法第三十八條之一之規定。至於立法機關於修訂相關法律時，應予地方政府人員列席此類立法程序表示意見之

機會。

肆、拒繳健保費爭議的理論檢視

Rhodes 提出的政策網絡（policy networks），其重點在於從政策網絡與治理觀點分析中央與地方政府間的關係（central-local government relation），本案即嘗試以政策網絡、垂直分立政府的資源分配及財政聯邦主義（fiscal federalism）」的影響等理論檢視如下：

一、政策網絡

個案行動者政策網絡型態包括行政院、衛生署、行政院主計處、中央健康保險局等與台北市政府之間所形成的「政策社群」；台北市政府法規會、衛生局、財政局等，及積欠健保費之高雄市政府與各縣市政府對口單位等地方政府組織形成的「府際網絡」及一般民眾與媒體形成的「議題網絡」，類型關係包括：

政策社群：行政院、衛生署、行政院主計處、中央健康保險局等與台北市政府之間所形成政策互動關係。中央修正財劃法及調降統籌分配稅款，掌控了財政資源的分配，台北市政府則以拒繳健保費補助款方式，企圖改變分配，並藉由聲請大法官會議解釋，作成「保險費補助比例之規定，於制定過程中應予地方政府充分之參與」之解釋文，影響中央未來制定類似政策之走向。

府際網絡：台北市政府法規會、衛生局、財政局等，及積欠健保費之高雄市政府與各縣市政府對口單位等，同對「中央立法、地方買單」有所意見，健保費補助計算基礎亦影響其他地方政府，故而希望擴張水平式的影響力，增加與中央談判籌碼，因此特別強調

水平的意見表達。

議題網絡：民眾權益並無直接受損，即使台北市民對台北市府補助外縣市勞工健保費或有不同意見，但意見並未整合，因而未形成堅強的網絡系統。媒體意見部分亦僅供政策社群參考，與民眾同歸類於議題網絡類型，都屬於相當不穩定、低度整合性的網絡，成員雖然很多，但來來去去，無法呈現成熟而穩定的網絡組織。健保費補助爭議網絡類型及政策影響力如表 5-2。

表 5-2　健保費補助爭議網絡類型及政策影響力

網絡類型	網絡成員	利害關係程度	政策影響力
政策社群	行政院、衛生署、行政院主計處、中央健康保險局及台北市政府	高	1.中央修正財劃法及調降統籌分配稅款，掌控了財政資源的分配。 2. 台北市政府以拒繳健保費補助款方式，企圖改變分配，並藉由聲請大法官會議解釋，影響中央未來制定類似政策之走向。
府際網絡	台北市政府法規會、衛生局、財政局等，及積欠健保費之高雄市政府與各縣市政府對口單位等	高	希望擴張水平式的影響力，增加與中央談判籌碼。
議題網絡	民眾、媒體	低	對健保費補助或有不同意見，但意見未整合，因而未形

			成堅強的網絡系統。

資料來源：本研究整理

二、垂直分立政府的資源分配

我國中央與地方的財政關係是依據憲法「中央與地方權限」專章以及「財政收支劃分法」之規定，我國財政收支劃分，一方面有如中央集權國家，由中央立法劃分，一方面又有如地方分權國家，中央與地方各有獨立的稅源，看似正常無異的制度卻自地制法實施後，出現微妙的變化，中央政府與直轄市常出現「垂直式分立政府」（vertical divided government）的對峙，可能帶來的資源分配不公現象，由於我國施政常考量政黨與選舉因素，使公共資源分配不公，尤以中央與地方首長分屬不同政黨時，可能將較多資源分配與相同政黨的地方政府，以求增加連任機會，並提升該政黨執政聲勢。民進黨執政後，為實現平衡南北差距的承諾，持續調降台北市統籌分配稅款比例，雖有公平施政理念，但難說服施政不無政黨考量。

三、財政聯邦主義的影響

我國屬單一制國家，單一制國家多為中央集權，然而中央集權現象並非單一制國家權力，即如聯邦制的美國也會發生，癥結就在「財政」的消長，只要中央財政權力增加，就會形成所謂的「財政聯邦主義」（fiscal federalism）」，削弱地方政府自主性，所以美國各州與中央的權力互有變化，也相互重疊。我國中央與地方在統籌分

配稅款、財政收支劃分及繳納健保費案上亦是如此，只要中央財政力量增加，掌握資源分配的實權，就會削弱地方政府自主性，既然國家權力依附「財政」呈現動態過程，就不難想像何以中央必須掌控地方財政。

伍、結語

本案健保補助費計算基礎爭議，僅為問題之一角，從治理面言，可以有下列三個面向的探討：

一、持續調降直轄市分配稅款比例的適宜性

2002 年中央為民進黨執政，以縮短南北差距比例為由，調降了直轄市的統籌分配稅款比例，行政院推動南北差距的做法故有其中央整體施政考慮，但有兩個角度是當時執政者應注意的，首先，「權錢下放」及「夥伴關係」已為當時中央處理與地方關係之原則[9]，持續調降的作為已使前述治理原則淪為口號。其次，調整的時機點為 2003 年 7 月，雖說受影響的北、高二直轄市長分屬國、民兩黨，看似無政黨考量，但當時國民黨籍的台北市長有「政治明星」的光環，看似政策決策，卻易產生其他迴響，尤其在台北市以健保費補助的計算基礎質疑，採取欠繳健保補助費方式作為中央調降統籌分配稅款的回應，部分輿論即導向政黨對立面的探討，持續調降直轄市分

---

[9] 2000 年 5 月陳水扁總統就職演說提及「同樣的夥伴關係也應該建立在中央與地方政府之間。我們要打破過去中央集權又集錢的威權心態，落實『地方能做、中央不做』的地方自治精神，讓地方與中央政府一起共享資源、一起承擔責任。」據此，2001 年 2 月行政院召開「全國行政革新會議」獲致「落實中央與地方的夥伴關係」的結論。參見行政院研考會 2001 《2001 年全國行政革新會議議題報告》，臺北：行政院研究發展考核委員會。

配稅款比例的適宜性確有討論空間。

二、中央的稅收支配權優勢

營業稅向為直轄市稅收大宗，中央收回原屬地方稅收的營業稅自有其財政統籌運用考量，地方政府雖有不滿也曾表示不同意見，然最終仍依此遊戲規則定案，凸顯中央在稅收支配上的優勢。稅收重新劃分的政策結果，已與推動地方自治治理規劃相衝突，然而中央長期位於稅收支配權頂端，長時間的財政獨享難放低身段與地方政府分享，大法官解釋雖已點出涉及地方財政改變的處理方式，現行體制下中央稅收支配權仍占有絕對優勢。

三、直轄市地位提升實質卻更依賴中央

地制法於 1999 年 1 月 25 日公布施行，同時間中央亦公布財劃法修正案，將營業稅改為國稅，地制法正式實施被視為推動地方自治進步的指標，亦使地方有機會自主自治，亦有助於府際間的合作治理。然而財劃法的修正公布卻反使地方政府尤其直轄市陷入財政稅收短缺的困境，地方自治實施須有稅收支撐，部分地方稅收改歸中央，形同限縮了地方財政權限，市政推動自受影響，往後推動市政勢必更仰賴中央，形成地制法公布後，直轄市地位形式上提升，實質上卻更依賴中央情形，至今六個直轄市經費依賴中央情形依舊，實不符地方自治精神。

第二節　里長延選個案分析

台北市里長延選案發生時間為 2002 年，當年 6 月底里長任期屆滿，台北市政府原定 6 月 8 日舉行里長選舉，配合里區域調整於 9 月 1 日生效，將里長選舉延後至 2003 年的 1 月 4 日，選出 449 位里長，較現任多出 13 席[10]，由於里長業務涵蓋「里年度工作之策定及執行、召開各項里鄰會議、民情反映、里內公共建設之推動及緊急災害之反映及應變等里公務事項」[11]等項，為第一線與市民直接接觸之公務員，具選舉影響力，素有選舉樁腳之稱。故而當台北市提出此案，與中央檯面上下的衝擊力明顯。本節將以個案緣由、過程、中央與地方爭議點、里長延選個案的理論檢視等面向論述之。

壹、個案緣由

2002 年 4 月台北市政府以里界調整為特殊事故，公告延期辦理里長選舉，行政院於 5 月 3 日函復台北市政府，撤銷台北市政府延後辦理下屆里長選舉案之決定。

一、北市府提升為憲法層次

由於憲法於第十章雖詳列中央與地方之權限，除已列舉事項外，於未列舉事項部分，則於憲法第一百十一條明定，其事務有全國一致之性質者屬於中央，有一縣性質者則屬於縣。惟在憲法權限

---

[10]　「臺北市第五期里區域調整方案」，於 2002 年 5 月 14 日經台北市政府第一一六三次市政會議審議通過，審議結果預計增加 13 里、減併 5 里，里鄰界調整計 51 里，合計變動 69 里。參見台北市政府新聞處新聞稿「臺北市第五期里區域調整方案今日順利通過市政會議」2002-5-14。

[11]　參見「臺北市里鄰長服務要點」。

劃分之相關規定裡，並未對自治監督之根本原則有所釐清。而實施不久的地方制度法，對於自治監督規定規範未周全，不足以因應中央與地方治理權限之爭議。台北市政府決將里長延選案提升為憲法層次，於同年 5 月 8 日聲請司法院大法官會議解釋，意藉由釋憲釐清中央撤銷北市里長延選公告，是否侵犯北市地方自治權。

二、大法官解釋未實質解決

惟大法官最終解釋，雖釐清部分憲政問題，但對個案本身並未實質解決，仍有引發同性質業務治理之紛爭，大法官釋字五五三號解釋指出，「里長選舉既屬地方自治事項又涉及不確定法律概念，上級監督機關為適法性監督之際，固應尊重該地方自治團體所為合法性之判斷。」似已認同本案屬地方自治團體所為之合法性之判斷；但解釋文又但書「如其判斷有恣意濫用及其他違法情事，上級監督機關尚非不得依法撤銷或變更。」形成中央與地方都有可自行議論解讀之空間。此種爭議涉及府際間之治理權限，對台北市言，確認屬於自治事項有助於地方自治事項的推動，屬地方自治治理一環；對中央言，地方不得破壞治理權規範，以維持中央的權威高度。

貳、個案過程

本案過程將先說明台北市推動里長延選理由，接著就行政院及中央選務機關立場闡述，再論述學界對里長延選意見、利益團體及社會輿論等民間看法，最後並就司法院大法官會議解釋結果仍未解決治理爭議暨北市府申請釋憲等過程述之。

一、推動里長延選

本案為台北市政府主動，除由台北市長與國民黨籍議員會餐時提出外，並就其調整理由、法源依據等對外召開記者會正式宣布，說明如下：

（一）台北市政府宣布當屆里長延選

台北市里長任期將於 2002 年 6 月底屆滿，市府原定 6 月 8 日舉行里長選舉，但因各里行政區域即將進行調整，使得里長選舉是否延後舉行，受到外界關注。台北市長馬英九於 2002 年 1 月 11 日與國民黨籍議員會餐時，透露市府正審慎評估延後里長選舉的可行性，台北市政府民政局隨後對外正式宣布將辦理里長延選。

1.辦理里鄰調整案理由

台北市已十二年未調整里鄰界[12]，有礙市政推動，里鄰區劃調整若不能在市議會及時通過，則可能再拖四年。此為台北市對外宣布里長延選理由。

2.法源依據

台北市民政局對外表示，依地方制度法規定，直轄市政府得因「特殊事故」延後里長的選舉。以往台灣省各縣市就曾有延後舉辦村里長選舉的前例，台北市不排除在里的行政區域調整尚未定案之前，延後舉行里長選舉。議會曾要求市府進行里的行政區域調整，市府已將「台北市行政區域劃分及里鄰編組自治條例」草案送抵議會審議。

---

[12]　台北市區里調整在改制為直轄市後計有民國 72 年、75 年、79 年及 91 年等四次，其中 79 年距 91 年間隔 12 年。參見曾迺碩「台北市誌」卷三政制志行政篇，台北市文獻會，1987：102。

3.對外說明

①台北市政府由新聞處長、民政局長和法規會主委三首長聯袂對外界說明行政區劃里鄰調整的急迫性，同時請來三里長，分別說明里鄰劃分不當對地方的影響，因此重新依社會現況修訂自治條例，以減少政府財政衝擊。

②台北市民政局長強調，這次的爭議不在選務問題，而是中央與台北市對地方自治權限的界定問題。民政局認為過去確實有因合併選舉構成特殊理由而延選的慣例、通例，但行政區域調整絕對不是慣例或特例。

③台北市法規會主委表示，台北市政府的主管監督機關是行政院，所以內政部的反對意見只是參考，不具拘束力，而且目前行政院始終沒有表態，且未依地制法第七十五條廢止台北市執行延任案，因此台北市政府仍將依既定方向而行。

二、行政院立場

台北市將里長延期選舉，適逢年底市長選舉的敏感時刻，行政院於本案立場如下：

（一）行政院長與台北市長的互動

行政院長游錫堃於 2002 年 4 月 26 日接見台北市長馬英九，雙方就有關台北市里長選舉案交換意見。

1.會後行政院對外表示

（1）將在聽取內政部長余政憲報告說明後於一週內正式回應北市立場。

（2）依憲法規定，政府機關之間如果對法律有不同看法時，可

以透過大法官會議解釋解決。

2.雙方互動態度

行政院表達希望用「以和為貴、依法行政」的態度解決問題，台北市強調這也是北市態度，整件事情北市並沒有要向中央挑戰的意思，只是希望不管違不違法，行政院能儘快告訴台北市政府。

（二）否決台北市里長延選案的治理權限

行政院雖以否決方式不認同台北市里長延選決定，但就現有規範而言，仍無法達成停止台北市的延選動作。

1. 撤銷台北市政府執行里長延選案

行政院長在與台北市長交換意見後，同意內政部呈報建議，5月3日撤銷台北市政府執行第九屆里長延選案。這項舉措除了創下台灣地方自治史上，中央政府撤銷地方政府行政作為的首例，也否決了台北市的治理權限。行政院撤銷原因如下

（1）解釋權不在地方在中央

行政院認為，作為自治事項依據之法律，其解釋權在中央。事務被列為自治事項之後，並非意味地方自治團體就該事項之實施，具有就所有層面均得為最終決定之全權。相反地，地方自治團體就自治事項之實施，不但必須接受自治監督機關之合法性監督，就該自治事項如有中央法律存在（通常均有之），以提供全國一致性的基準者，則地方自治團體亦須受此種法律之拘束；而就該中央法律之統一解釋權，亦均由各該法律之中央主管機關行之。

（2）「特殊事故」應從嚴解釋

地方制度法第八十三條第一項條文既規定為「特殊事故」，則其

解釋即受法條文義之客觀拘束，以及前述「例外從嚴」原則之限制，因此必須確有一事故發生，且該事故確屬「特殊」，方得為里長延選、延任之依據。而所謂之特殊，應為一種事前難以預期且不能改變之情事變化，而具有例外、迫不得已之性質者，方足當之。

（3）區里調整非重大公共利益

調整方案，可能被減併者不過五里，僅略多於全市 435 里之百分之一，縱如聲請書所言「將侵犯里民享受里長服務之權益」，其人數亦僅七千餘人，相對於全市 263 萬居民，尚不及千分之三。據此極不成比例之影響而延 435 里的里長任期，侵犯二百多萬居民依法如期行使投票權之參政權，顯不符合聲請書所稱之「成本效益分析」，更係以輕微利益而妨礙重大公共利益。

2.台北市仍可達成延選目的

避免大法官會議解釋前的不確定關係影響行政機關作為，依地制法第七十五條第八項「在司法院解釋前，不得予以撤銷、變更、廢止或停止其執行」，因此，在大法官會議做成解釋以前，台北市仍可達到形式上凍結里長改選的目的。

三、選務機關中選會立場

中央選舉委員會（以下簡稱中選會）為國內最高選務機關，本案在行政院與台北市爭執過程中，中選會態度亦成為雙方論據依據，中選會於本案態度如下：

（一）態度傾向認同中央

1.中選會認為台北市里長延任與否由市府決定，但如果內政部或行政院認為市政府的決定不合法，將予以撤銷。

2.希望各項選舉都能按照時間進行，因為選舉有期約的限制，不能隨便延任。

3.依據地方制度法、大法官解釋令，所謂「特別事故」可以延任的規定，解釋權責在內政部，中選會不便干預業務，只要內政部或行政院認為市政府的延任決定不合法，並予以撤銷，延任的理由消失，中選會將去函要求北市選委會依法辦理選舉。

（二）里長延選案　中選會不備查

中選會認為里長延任案的爭議，在於台北市政府與中央對地方制度法的治理權限見解不同，雖然台北市政府堅持他們在里長選舉延後辦理上有權限，但是延期理由是否有正當性，是否符合地方制度法第八十三條有關特殊事故規定，爭議並沒有解除。中選會基於該案法律適用尚有爭議，中選會「不便備查」，希望內政部與台北市儘速解決爭議，依選罷法規定，應在里長任期屆滿四十天前辦理公告，只要 5 月 20 日以前解決問題，仍可辦理里長改選。

四、學界對里長延選意見

學界對此案看法不一，支持中央論點部分包括黃昭元、陳銘祥、洪貴參等，支持台北市政府論點部分則包括蘇永欽、董保城、法治斌、紀俊臣等，專業領域涵蓋法律與政治，意見內容摘要整理如下：

（一）支持中央政府立場部分

1. 認為北市應受撤銷行為拘束，北市府如有不服，應循訴願及行政訴訟爭執之，而不是逕自聲請司法院解釋。（黃昭元，2002：9）

2. 認為行政體不可因為自己的怠惰或故意造成遲緩、遲延的狀

態等作為理由主張「特殊事故」。(陳銘祥，2002：179)；

　　3.認為地方行政機關適用法律條文對不確定法律概念，仍應受中央主管機關意見之拘束，中央政府對地方辦理自治事項，可行使「合法性監督」[13]。

　　(二) 支持台北市政府立場部分

　　1.認為解釋地方自治還要以整體性為依歸，違背大法官所說的地方自治制度性保障意義，且法律秩序非統一在中央主管的令箭下（蘇永欽，2001年：12）

　　2. 認為內政部法律監督依據須立法院制定的法律或立法院授權行政機關所頒布的法規命令（董保城，2002：12）

　　3.認為中央對「特殊事故」一詞之解釋，應尊重地方政府之權限，不宜越俎代庖或頤指氣使（法治斌，2002：22）

　　4. 地方制度法對村(里)長之延選，如須上級自治監督機關核准者，均予明確之規定。至於直轄市之里長延選案，則以其事屬自治事項而未加規定，當可依法理逕行認定為直轄市之裁奪權責，所謂知照上級機關莫非是備查性質，上級監督機關以不介入為宜（紀俊臣，2002）。學者對里長延選立論重點及內容如表5-3。

---

[13]　參見洪貴參，自由時報（2002 /5/ 3，第 5 版）。

表 5-3 學者對里長延選立論重點及內容

立場	立論重點	立論內容
支持中央論點	北市應受撤銷行為拘束	「行政院對於市府延選決定所為之撤銷屬於訴願法第一條第二項之行政處分，在經權責機關依法撤廢之前，乃是一有效處分，北市應受拘束，因此，北市府如有不服，自應循訴願及行政訴訟爭執之，而不是逕自聲請司法院解釋。
	不可因己不當形成之狀態作為理由主張「特殊事故」	行政體不可因為自己的怠惰或故意造成遲緩、遲延的狀態，利用此狀態、作為理由主張「特殊事故」
	地方行政機關適用法律文，仍應受中央主管機關意見之拘束，中央政府對地方辦理自治事項，可行使「合法性監督」。	地方行政機關在適用法律條文中對不確定法律概念，唯有其解釋判斷空間，但仍應受中央主管機關意見之拘束。為確保法律秩序之統一性，中央政府對地方辦理自治事項，本可行使「合法性監督」，是否符合法律規定。
支持台北市政府論點	1.違背大法官所說的地方自治制度性保障意義 2.法律秩序非統一在中央主管的令箭下	地方制度法本身就是劃分整體性與定制宜性的機制，如果解釋地方制度時還要以整體性原則為依歸，大法官所說的地方自治制度性保障又將置於何處？至於法律秩序

		統一性，則是法治國家的必要原則，但絕不是統一在中央主管的令箭下」
	內政部法律監督依據須立法院制定的法律或立法院授權行政機關所頒布的法規命令	中央對台北市有監督之權，這種監督的關係在法律上稱為法律監督或是合法性監督。內政部法律監督的依據，必須是根據立法院制定的法律或是立法院授權行政機關所頒布的法規命令作為依據
	中央對「特殊事故」一詞之解釋，應尊重地方政府之權限	特殊事故一詞之解釋，於自治事項之領域，中央似應尊重地方政府之權限，不宜越俎代庖或頤指氣使
	地制法法理上認定里長延選屬直轄市之裁奪權責。	地方制度法第八十三條第一項，將地方行政首長、民意代表及村(里)長之延選，如須上級自治監督機關核准者，均予明確之規定。至於直轄市、省轄市之里長延選案，則以其事屬自治事項而未加規定，當可依法理逕行認定為直轄市或省轄市之裁奪權責，所謂知照上級機關莫非是備查性質，上級監督機關以不介入為宜。

資料來源：本研究整理

五、利益團體及社會輿論意見

相關的利益團體、民調及媒體於本案進行中，均有表達看法，對當時行政院及台北市的決策走向起參考作用，本部分即以利益團體及輿論兩部分說明：

（一）利益團體

針對里長延選有部分團體共同組成「專業里長連線」，參與組織包括綠黨、專業者都市改革組織、崔媽媽基金會等團體，該團體認為，里長延選明顯偏袒現任里長，所持理由為若將里長選舉延到2003年1月舉行，將與市長、市議員大選分開舉辦，投票率將和四年前（1998）一樣低落，現任里長當選機率極高原有生態不變，影響「專業里長」的成效。

（二）輿論部分

輿論對本案的態度主要反映在民調與媒體的報導上，述之如下：

1.民調結果分歧

聯合報系民意調查中心於2002年5月2日，就里長延選案針對戶籍設於台北市具投票權市民做民意調查，調查結果顯示，臺北市政府以「里鄰調整」為由，延後里長選舉日程，可接受者有四成一民眾，不能接受者三成三，另二成五無意見。其中政黨屬性部分，民進黨支持者超過六成不能接受，國民黨支持者近六成可以接受，親民黨支持者七成四接受。

至於行政院撤銷臺北市政府里長延選決定，民眾看法較為分歧，三成七支持行政院的撤銷決定，三成三反對，二成九無意見。另有四成六民眾希望爭議到此為止，臺北市政府如期舉辦里長選

舉；三成主張繼續堅持延後里長選舉，二成三無意見。[14]

2.媒體著重正當性看法

中國時報曾針對延選案發表社論表達報社立場，延選或不延選為民主正當性問題，沒有契約正當性的民主，不論多麼符合法律的規定，都不是民主。里界的調整，行政區的重劃，選舉周期的改變，乃至鄉鎮長或代表會的選舉是否取消，都是可以公開討論的。但其論述的焦點應該是民主正當性的確立，而不是行政上的便宜之計[15]。

自由時報所屬自由新聞網則於 2003 年 5 月針對里長延選監察院調查結果刊出報導：「顯見台北市政府捨行政救濟聲請釋憲，以達到實際延選目的，後來就算聲請釋憲結果出爐，卻無意續行救濟爭訟，有違踐行正當法律程序常規，造成不良示範之虞。」[16]

六、北市府聲請釋憲

台北市政府提出釋憲前，「台北市行政區域劃分及里鄰編組自治條例」已由議會於 2002 年 4 月 3 日先行通過，並於 9 月 1 日生效，由於中央和地方對該案出現相當大歧見，北市府遂於 5 月 8 日聲請大法官會議解釋，將該案提出由司法院大法官會議做最後的裁決，回歸憲法仲裁的程序。

北市府提出的釋憲針對三個標的：其一，對於地方制度法規定的「特殊事故」中央和地方認定不同，所以聲請統一解釋；其次，

---

[14] 參見聯合報系民意調查中心「撤銷延選北市民眾看法分歧」。聯合報，民 2002 年 5 月 3 日。

[15] 參見中時社論，2002 年 4 月 16 日。

[16] 參見自由時報，「里長延選案　監院糾正北市府」
http://old.ltn.com.tw/2003/new/may/22/today-p4.htm，2003 年 5 月 22 。

對於市府以「里界調整」作為延選的決定，是否違法的解釋；最後，則是對行政院「撤銷北市延選」決定，是否逾越權限，違背憲法保障地方自治權的解釋。

七、司法院大法官解釋結果仍未解決治理爭議

司法院大法官於 2002 年 12 月 20 日針對台北市政府的里長延選做出五五三號最終解釋，行政院認為依據大法官解釋的意旨，臺北市政府恣意延期辦理第九屆里長選舉多項違法與錯誤已極為明顯，臺北市政府應負起違法失職的「法律責任」與「政治責任」。臺北市政府則認為大法官的解釋全面支持臺北市政府看法[17]。

司法院大法官的解釋似讓中央與台北市政府都成了贏家，但爭議並未解決。大法官會議解釋內容主要分三部分：

（一）「特殊事故」認定部分

大法官對「特殊事故」的認定，認為概念上無法以固定之事故項目加以涵蓋，係泛指下列二種情況而言：首先為不能預見之非尋常事故，致不克按法定日期改選或補選，其次認為若如期辦理有事實足認將造成不正確之結果或發生立即嚴重之後果或將產生與實現地方自治之合理及必要之行政目的不符等情形者而言。

---

[17] 「憲法設立釋憲制度之本旨，係授予釋憲機關從事規範審查（參照憲法第七十八條），除由大法官組成之憲法法庭審理政黨違憲解散事項外（參照憲法增修條文第五條第四項），尚不及於具體處分行為違憲或違法之審理。」參見司法院大法官 553 號解釋文。本案審查即無法處理里長延選個案行為是否違憲或違法之認定，以致解釋文形成中央與台北市各自解讀結果。

（二）「重大利益」認定部分

大法官對於特殊事故的重大利益認定，認為不以影響及於全國或每一縣市全部轄區為限，只要符合比例原則之考量，就算是僅於特定選區存在之特殊事故，亦屬之。

（三）監督屬性暨「法律解釋權」認定部分

大法官認定上級監督機關若為適法性監督，即應尊重該地方自治團體所為合法性之判斷。但若地方自治團體的判斷有恣意濫用及其他違法情事，上級監督機關仍可依法撤銷或變更。

參、中央與地方爭議點

行政院與台北市於本案顯示的爭議點有「特殊事故」及「重大利益」的認定，以及對「中央監督屬性暨解釋權」的看法等三項，於下分別析述之：

一、里界調整是否為「特殊事故」看法迥異

分別就雙方意見陳述如下：

（一）台北市政府認為「里界調整」即為「特殊事故」

提出里長延選依據，為地方制度法第八十三條第一項「村（里）長改選或補選，如因特殊事故，得延期辦理改選或補選。」北市府認為「里界調整」即為「特殊事故」。

（二）中央認為不符合「特殊事故」認定

地方自治主管機關內政部對地方制度法第八十三條「特殊事故」之認定，則認為僅以兩種情形為例外。即：

1.重大之災害、變故或其他不可抗力事件，足以影響改選事宜者。

2.單一種類選舉之辦理，所費甚鉅，而有與他種選舉合併辦理之可能，不予合併足以造成社會資源重複浪費情事者。

二、重大利益認定不同

重大利益認定雙方看法不同，述之如下：

（一）台北市政府認為屬重大利益

台北市認為里界調整後可較現任多出十四席，而長達十二年未調整里鄰界，有礙市政推動，調整後可減少政府財政衝擊。

（二）中央認為非屬重大利益

行政院認為相對於全市 263 萬居民，影響尚不及千分之三，減併里數量不到全市里百分之一，顯非重大利益。

三、監督屬性暨解釋權歸屬看法不同

台北市與行政院對屬於適當性或合法性監督看法不同，自然解釋權限所屬即不同，雙方意見看法：

（一）台北市認為中央不得對適當性作為行使監督權

1.地制法第八十三條之「特殊事故」為一不確定法律概念，台北市政府僅是和內政部法律見解不同，法律見解不同，不當然構成違法（陳清秀，2002：180-182）。

2.另援引訴願法第七十九條第三項規定，「訴願事件涉及地方自治事務者，其受理訴願之上級機僅就原行政處分之合法性進行審查

決定之」，強調上級機關僅能進行「合法性審查」，亦即當其屬適當性作為時，中央即不得行使監督權。

3.地方制度法第十八條規定，直轄市的自治事項包括公職人員的選舉，里長即為直轄市公職人員，因此，里長選舉為地方自治事項，中央無權以法律解釋干預地方自治事項，直轄市里長延選之核准權及「特殊事故」解釋權歸屬自屬直轄市政府。

（二）中央認為可行使監督性作為

內政部援引司法院 2001 年 7 月 27 日一一七一次會議決議「……中央法規之解釋，原則上應以中央主管機關之見解為準，地方機關之法律見解與中央主管機關有異時，應受中央主管機關見解之拘束。」[18]駁斥台北市政府所主張之法律解釋權。自治事項有中央法律存在，以提供全國一致性的基準者，則地方自治團體亦須受此種法律之拘束。

有關台北市政府立場、行政院態度、大法官會議里長延選見解爭議如表 5-4。

---

[18] 1171 次會議決議該段全文為「查地方公職人員應否停止職務，係聲請機關適用中央法規（地方制度法）應行辦理之事務，非屬該地方團體之自治事項（參照本院釋字第五二七號解釋理由書末段），且中央法規之解釋，原則上應以中央主管機關之見解為準，地方機關之法律見解與中央主管機關有異時，應受中央主管機關見解之拘束，其聲請統一解釋，核與司法院大法官審理案件法第七條第一項第一款及第九條之規定不符，應不受理。」參見司法院大法官官網最新訊息，大法官書記處「第 1171 次大法官會議不受理案件」案六，2001/7/27。http://www.judicial.gov.tw/constitutionalcourt/p10_02.asp?id=377.

表 5-4 里長延選案見解爭議

	台北市政府立場	行政院態度	大法官會議見解
「特殊事故」認定	北市府認為「里界調整」屬地制法八十三條「特殊事故」之認定。	地制法第八十三條第一項條文既規定為「特殊事故」，則其解釋即受法條文義之客觀拘束，以及前述「例外從嚴」原則之限制，因此必須確有一事故發生，且該事故確屬「特殊」，方得執為里長延選、延任之依據。	概念上無法以固定之事故項目加以涵蓋，而係泛指不能預見之非尋常事故，致不克按法定日期改選或補選，或如期辦理有事實足認將造成不正確之結果或發生立即嚴重之後果或將產生與實現地方自治之合理及必要之行政目的不符等情形者而言。
「重大利益」認定	調整後較現任多出十四席。十二年未調整里鄰界，有礙市政推動，調整後可減少政府財政衝擊。	非重大利益（減併里數量不到全市里百分之一，影響居民數僅全市居民的千分之三。）	特殊事故不以影響及於全國或每一縣市全部轄區為限，僅於特定選區存在之特殊事故如符合比例原則之考量時，亦屬之。
「監督屬性」暨「法律解釋權」認定	里長為地方制度法第十八條規定之直轄市公職人員，因此，里長選舉為地方自治事項。中央僅能合法性監督，無權以法律解釋干預地方自治事項，直轄市里長延選之核准權及「特殊事故」解釋權歸屬自屬直轄市政府。	自治事項有中央法律存在，以提供全國一致性的基準者，則地方自治團體亦須受此種法律之拘束。地方自治團體既須受此種全國一致性的基準法律拘束；該中央法律之統一解釋權，自應由各該法律之中央主管機關行之。	里長選舉既屬地方自治事項又涉及不確定法律概念，上級監督機關為適法性監督之際，固應尊重該地方自治團體所為合法性之判斷。如其判斷有恣意濫用及其他違法情事，上級監督機關尚非不得依法撤銷或變更。

資料來源：本研究整理

肆、里長延選個案的理論檢視

本案嘗試以 Rhode 政策網絡模型、府際治理模式及垂直分立政府等理論檢視如下：

一、網絡類型決定政策影響力

個案涉及的行動者包括中央政府、台北市政府、台北市議會、台北市政府民政局、各區公所及里長等，至於學者與媒體雖在政策過程中無法舉足輕重，卻也扮演著振聾發聵的功能。以 Rhode 政策網絡型態特性分類，各個行動者的網絡型態可分為下列三類：

（一）政策社群

中央政府與台北市政府，里長延選由台北市政府啟動，中央政府行使撤銷的行動，使得個案爭議主要在府際間延續，不論網路穩定性或是資源分配等因素，都屬於高度整合的政策社群（policy community），兩者都有主導能力，故就政策的影響力而言，此網絡型態較諸其他網絡類型更為明顯。

（二）府際網絡

台北市政府民政局為個案主管機關，各區公所為其所屬，里長部分則由其直接督導管理，個案進行時，雙方維持府內互動關係，連同府外的台北市議會，均歸類為「府際網絡」類型，有上、下層級的網絡互動，例如民政局與區公所間，也有平行的互動關係，例如北市與北市議會間，府際網絡對政策影響力次於「政策社群」。

（三）議題網絡

學者、媒體及「專業里長連線」等，在個案中成員雖多，但來

來去去，無法呈現成熟而穩定的網絡組織；水平的意見雖未受限，惜意見未整合，無法形成堅強的網絡系統，歸類於「議題網絡」類型，政策影響力相對處於弱勢。里長延選網絡單位及政策影響力如表 5-5

表 5-5　里長延選網絡單位及政策影響力

網絡類型	單位	網絡特徵與政策影響力
政策社群	中央政府、台北市政府	1.網路穩定性、資源分配等均屬高度整合的政策社群。 2.政策影響力大。
府際網絡	台北市政府民政局、各區公所、里長	1. 地方政府府內、外間，代表性的組織所構成的網絡關係，成員具有相當的限制性。 2.政策影響力次於政策社群。
議題網絡	學者、媒體、專業里長連線	1.不穩定、低度整合的網絡，成員來來去去，無法呈現成熟穩定的網絡組織；垂直的互賴關係受到限制，水平的意見表達雖然並未受限，但意見未整合，未形成堅強的網絡系統。 2.政策影響力相對較低。

資料來源：本研究整理

二、雖傾向集權卻又對抗的府際治理模式

我國地制法公布時間為 1999 年 1 月，其實施精神在於落實地方自治，個案雖發生於地制法實施之後，然從全案觀之，我國地方政府治理仍非完全的「地方自治」，中央並未完全將政策權力下放地方，中央與直轄市運作仍屬中央權力下放三種方式之一的「地方分權」（decentralization），個案中，中央認定有法律的最終解釋權，認為里長延選的法律見解爭議，最後都應以中央解釋為準，傾向於中央集權的治理模式。本案於地制法實施後發生，其府際關係在各自擁有資源、優勢及執政理念因素下，形成兩者之間的抗衡態勢。

三、垂直分立政府使爭議加劇

垂直分立政府因政黨不同，易產生分歧對立，加上意識形態常決定政黨走向，使不同政黨執政自然易形成對峙情形，本部分即以政黨對立認知分歧及意識形態決定認同等二面向解釋：

（一）政黨對立認知分歧

2000-2008 年中央政府與台北市長分屬不同政黨，形成「垂直式分立政府」，此種垂直分立政府現象，使中央與台北市政府間產生不同認知與需求的施政作為，此種分歧情形，已呈現政黨對立情勢，使處於分立政府環境的里長延選案，導向了研究文獻所提醒的「政策滯塞」（policy gridlock）、「停頓」（deadlock）、「缺乏效率」（inefficiency）「僵局」（stalemate）與政策方針混淆等現象。

（二）意識形態決定認同

由於中央執政的民進黨與台北市執政的國民黨，不論政黨思想

或信仰彼此不同，處於垂直分立政府環境，常有扞格不入情形，中央與台北市政府對里長延選看法可能都認為理所當然，如同D.Easton的「政策」分岐的「黨派的意識形態」（partison ideologies）觀點，這些意識形態觀點涉及政治領導之間，相互爭奪統治地位，對立的信仰則助長了分裂力量，間接影響成員對威權和典範的信任。個案中里長若以選舉「大樁腳」角色賦予亦不為過，所以在台北市政府推動里長延選後，中央認為是屬於政治性動作，雙方難以客觀的公共治理角度觀之。

意識形態亦可加強人民對政權的認同，使受訪人民調易受政黨屬性影響，此次對里長延選看法會出現民進黨支持者超過六成不能接受，國民黨支持者近六成可以接受，親民黨支持者七成四接受的情形，就說明了民眾的政黨屬性決定了本案民調結果。

伍、結語

里長延選案被視為政治性濃厚的議題，在於當年底的 12 月 7 日為直轄市長第二屆選舉，里長選舉延後至台北市長選舉後，中央認為有操弄痕跡，台北市與中央在里長延選案中除了要爭主導權，台北市爭的更是地方自治自主權，而中央爭的則是維護中央對法律的最終解釋權，在大法官會議解釋後原爭議重回原點，更凸顯了議題本身極具有的政治性。

本案最終仍由台北市的選舉規劃，將里長選舉順利延至第二年的 1 月 4 日，台北市可謂面子裡子全贏，然而誰贏誰輸並非重點，個案主要顯示的兩個問題如下：

首先，法律再周詳，都有其無法顧及點，但是當法制規範不夠

明確時，除了修法一途外，似無更好的機制能在下次爭議中扮演解決的角色。

其次，地方自治精神的界線在哪裡？如果最基層的里長選舉，直轄市本身仍無法自主處理，算不算是完整的擁有地方自治權力？

自地制法公布至今，地方自治已實施十六年，里長延選這一議題未再發生，看似問題自然解決，其實不然，其對府際治理的後續影響深遠，此部分將於下節討論。

第三節 自治事項個案對府際治理影響

里長延選及財政權益兩個案於當時雖隨著事件發展暫時平息，但留下的問題卻仍影響著中央與直轄市的互動；也影響著雙方的治理合作，在里長延選部分府際間對里界調整是否為「特殊事故」看法迥異、重大利益認定不同、監督屬性暨解釋權歸屬看法不同，在經過大法官會議解釋後中央與台北市均認定解釋對其有利，就在於其中的「特殊事故」認定部分，大法官並未明確釐清。而財政權益個案的健保費爭議雖經大法官釐清，但造成個案爭議的兩個因素，包括財劃法修正減少台北市稅收及中央調降台北市統籌分配稅款等衍生與其他直轄市財政權益息息相關等問題，仍懸而未決。兩個案對爾後影響其中里長延選個案著重於政治效應、府際機制、府際互動、府際分工及府際合作等面向探討，而財政權益個案則專於府際財政面向深入探究，其對日後府際治理可能影響論述如後。

壹、政治效應影響

里長延選對日後影響包括產生的政治效應，在中央與直轄市對

「特殊事故」部分未能釐清前，直轄市仍可在選前進行前述里長事務的調整[19]，但可能會出現兩種考量結果：

其一，若確以里鄰事務為考量須推動的自治事項，受此案件影響後，直轄市考量政治效應影響下，反而裹足不前，結果形成政治影響了自治事項的治理推動。

其二，主事者專以政治動作進行，藉改革里長事務之名行選舉操弄之實，尤其政黨分立情形已成常態下，以事物治理操弄選舉的手段有可能會被列入選項考慮。

貳、府際機制面影響

本案發生已十餘年，中央與台北市間相互維護和諧的做法值得肯定，雙方雖記取衝突的教訓，但是執行政策的是人，若無法定機制的維護，充其量也只是「人治」，靠人的智慧在維護著，碰到不同想法或是不同政黨執政，就難奢望關係的維持，直轄市地位已提升，中央針對直轄市治理需配合的業務，在協調機制上未將之列入法的層面規範，由於法制化的不足，極易流於人治而產生「人亡政息」的效應。

參、府際互動面影響

里長延選權衍生的部分權限究屬中央或地方莫衷一是，但在互

---

[19] 距上次 2002 年 9 月 1 日調整里界至今已逾 13 年，若以改制後歷次調整里界時間間隔觀之，本次已超過前幾次調整時間間隔。依「臺北市行政區劃及里鄰編組自治條例」第四條規定：里、鄰有下列情形之一者，得調整其區域：一、原有界域爭議不清者。二、區域參差交錯或地形特殊，影響自治業務推行者。三、因都市發展需要調整者。四、有其他特殊情形者。

動中確實感受到府際雙方的負面效應，直轄市於選舉前端出政治性濃厚的里長延選，理由看似充分，惟時機點確實易讓中央有不同聯想，而中央亦跳脫不出集權框框的思維，雙方無交集的形諸於行政法院、大法官會議解釋來解決，讓原已複雜的府際衝突處理更添難度，衝突的檯面化讓雙方互動溫度降到冰點。時至今日，影響所及選舉期間可能牽動府際雙方互動的議題未再產生，並非問題已解決，而是府際雙方皆習得技巧地規避了類似公共事務議題的提出。

肆、府際分工面影響

有關直轄市權限里長事務部分除地制法第十八條規範的選舉、罷免之實施，尚包括第六條的村里名稱變更及第七條的里的編組及調整辦法的訂定。依地制法規定前述事物均為直轄市自治事項，屬直轄市權責，惟中央對實施過程中某部分解釋權的介入，影響了地方自治實施的完整性，爾後直轄市在推動其他里長事務，若逢選舉期間極可能有一半機率會被解讀為政治性操作，現有府際分工下的權限配置將再次受到挑戰。

伍、府際合作面影響

府際合作最重要的是彼此信任度，影響彼此信任的就在重大事件的發生又未妥善處理，雙方互不信任將之檯面化的時間點還是在2000 年後，2000 年前垂直府際分立現象於國內尚屬理論層次探討範圍，雖有零星案例但未引起廣大迴響，國內因府際分立環境，影響府際治理個案的「量」與「質」皆在 2000 年後明顯增加，尤其屬於府際治理大型衝突的里長延選案與財政權益個案，不但時間點發生

最早，且分屬地方政府重要的「人事」和「財政」兩大重要區塊，均在中央的介入後使府際雙方關係急速變化，然而自 2002 年後政黨分立現象經由里長延選及財政權益案後，已由理論進入實證，未來政黨分立現象即使不成為府際合作的主要阻礙，也會成為影響府際合作的變項之一。

陸、府際財政影響

　　財政權益個案衍生的統籌分配稅款問題，中央曾將相關財源及統籌分配稅款提撥部分合計編列納入「一般性補助款」，讓地方政府自行運用。分配方式則依各地方政府轄區人口、土地面積、財政收入等指標客觀計算。並依據公式優先補足地方政府的收支差短數，補助條件則依各地方政府基本財政需求，與基本財政收入之間的財政收支差短。此一方式雖有其理想，也是「縮短南北差距」的具體實現，但台北市與中央初次面臨府際分立環境，前述分配府際財政產生影響如下

　　一、形式公平但直轄市財政補助不增反減

　　2000 年新政府執政後，推動的財政變革，雖符合中央所預期的符合各縣市公平原則，也可讓地方政府財政自主，但由於餅並未做大，依地方政府財政收入等個別的財政條件作為補助條件，由於直轄市財政資源與縣市不同，對直轄市而言，補助條件永遠落於一般縣市之後，財政補助相較於前不增反減。

　　二、未注重執行效率

　　補助款到底能達成多少效率，中央政府自 2001 年起至今均未正

視，換言之，經費撥下才是重點，至於款項撥下後的執行效率[20]中央多不過問，由於此，使直轄市與中央間僅存在於經費支援關係，執行中央經費僅著重完成工作，而不過問扣除有形、無形成本後的實質效率，如此，不論執政者為誰，府際雙方的撙節支出、提升效率的施政原則，多半淪為宣示性大於實質性的口號。

---

[20] 執行效率須扣除資源消耗和環境污染的負的成本。依 2014 年國際管理學院(IMD)世界競爭力評比，我國在基礎建設尚須改進部分包括能源與環境汙染等問題。參見經濟部全球台商服務網，2014.10.20。

第六章　公共事務六都與中央治理個案

　　本章探討的公共事務個案，為亢旱期台北市與中央調水權限的「水權爭議」及同時影響六都的「就業及勞檢主導權」等二案。前案發生時間點在中央第一次政黨輪替期間，涉及六都的個案則發生於 2010 年五都選後，其後每遇重大事件就被提出，近期則為台中捷運工安事件[1]，個案影響仍持續發酵中，個案著重府際治理下的互動及爭執重點所在，提出結論後作為爾後府際治理方向參考。

第一節　水權個案分析

　　本節分從個案發生緣由、大台北地區抗旱過程、研究察覺、中央擴增權限、水權爭議個案的理論檢視等四個面向，析述如下。

---

[1]　2015 年 4 月台中捷運鋼樑倒塌砸死 4 人的重大工安事件，引發各界質疑勞檢未落實。勞動部長陳雄文表示，勞動部已逐漸將勞檢授權給地方，目前台中市預定 5 月 1 日下放約七成勞檢權責，新北市也即將授權，在六都中尚有台南與桃園的勞檢權責仍歸屬中央。參見大紀元電子報，莊麗存「勞檢權下放直轄市　勞動部：台南桃園仍歸中央」2015.4.13

壹、個案緣起

　　我國目前自來水事業機構有二個，一為台北市政府所屬之台北自來水事業處（以下簡稱北水處），一為經濟部所屬之台灣自來水公司[2]，其營運管理及監督之機關均規定於自來水法，其中北水處上游水源來自翡翠水庫，由台北市政府台北翡翠水庫管理局（以下簡稱翡管局）營運管理，該法自公布實施後歷經多次修正，其中權力改變最大的就屬 2002 年，將跨二縣市之水權管理及亢旱期間之用水調度改回中央，使中央與台北市水權爭議檯面化，當時所處環境為中央與台北市分屬不同政黨執政，當年底又逢直轄市長選舉，亢旱水權調度充滿了政治因素。

　　提供質優量豐的水源為翡翠水庫興建目的，也是營運管理的理想目標，平時用水正常難以想像沒水的情景，當遇乾旱水庫見底，更讓我們難以想像與承受，2002 年北部地區發生乾旱，桃園以北兩座主要水庫「翡翠」與「石門」枯旱異常；尤其是翡翠水庫已近呆水位[3]，除影響大台北地區民眾飲用水，也影響經濟發展，此次抗旱過程涉及中央與地方的應變組織，包括院級的「旱災中央災害應變中心」，部級的「經濟部暨水利署旱災緊急應變小組」及台北市政府的緊急應變小組暨所屬翡管局、北水處的緊急應變等組織，同時也記錄了實際應變過程、應變措施及應變機制等執行成果，由於水利

---

[2]　1974 年至 1999 年為台灣省屬事業，屬於地方政府所管轄，1999 年精省實施後，臺水改隸經濟部，2007 年董事會通過決議將臺灣省自來水公司更名為「臺灣自來水公司」成為中央管轄之國營事業。

[3]　參見台北翡翠水庫管理局 91 年年刊第九頁…「翡翠水庫的『呆水位』為標高 110 公尺，係水庫興建時所設計的自來水最低取水位。」

主管機關仍將此次抗旱經驗，列為經濟部緊急應變實例，所以本案例必須還原該次權限爭議過程，包括抗旱後檢驗，以重新檢視中央與台北市的水權爭議。

貳、大台北地區抗旱過程

　　國內水庫一年四季裡擁有程度不等的雨量季節，其中翡翠水庫得天獨厚，除一般水庫所擁有的春雨、梅雨、颱風豪雨外，尚有東北季風帶來的雨水挹注，為其他水庫所無之條件。2002 年枯旱當年的 1 月 1 日，翡翠水庫水位達 161.99 公尺，較歷年同日水位 161.74 還高，但前一年底的東北季風雨水並不豐沛，接著次年春雨亦不如預期，翡翠水庫在 2002 年 1 至 2 月降雨量已看出枯旱徵兆。

　　一、台北市的抗旱因應

　　以下就翡翠水庫雨量進流量水位等情形，及台北市政府抗旱因應處理情形說明之：

　　〈一〉雨量與進流量異常水位下降

　　由於東北季風與春雨的雨量不顯著，不論水庫集水區降雨量或是進流量，在 1、2 月顯示的數據都不到前一年同期的一半，（降雨 48％，進流量 45％），東北季風與春雨皆不如以往豐沛，在大台北地區民眾每日用水下，水庫呈現只出不進狀態，水位持續下降[4]。2002

---

[4]　翡翠水庫水位在 2002 年 1 月 1 日尚維持 161.99 公尺，較歷年同日平均水位 161.74 還高出 25 公分，惟其後水庫水位下降明顯，至 1 月 31 日止水庫水位為 156.08 公尺，平均每日下降約 20 公分，下降幅度較之前 1988、1989、1991 及 1993 等枯旱年為快。參見翡翠水庫 91 年抗旱四月紀實報告，「91 年水庫水位與歷史枯旱年比較圖」（2002：21）。未出版。

年 1 至 2 月翡翠水庫降雨、進流量及放流量運轉資料詳如表 6-1。

表 6-1 2002 年 1-2 月翡翠水庫降雨、進流量及放流量運轉資料

	降雨量		水庫進流量		水庫放流量	
	公厘		萬噸/每日		萬噸/每日	
	歷年平均	2002 年	歷年平均	2002 年	歷年平均	2002 年
1 月	232.1	117.5	2,041,767	820,321	2,119,565	2,347,579
2 月	249.4	114.5	2,552,849	1,222,376	2,386,232	2,043,483
合計	481.5	232（48%）	4,594,616	2,042,697（45%）	4,505,797	4,391,062（97%）

資料來源：台北翡翠水庫管理局 91 年刊（2002：27-28）。

（二）警訊處理

由於旱象持續，翡管局於二月間研判可能發生乾旱危機，市長當時人雖在國外，翡管局仍把握時間於 2 月 27 日將上情簽報台北市政府[5]，並陳述若降雨持續偏低，水庫水位將有可能低於運轉規線下限，除視情況與第一線供水的北水處協調外，並建議透過媒體呼籲民眾節約用水，翡管局亦與北水處溝通採取因應措施。當時台北市長人在澳洲，獲悉大台北水情嚴峻狀況後，於 3 月 4 日越洋電話指示供水的北水處長及負責翡翠水庫管理的翡管局長及早研擬因應措施（姚祥瑞，2012：60）。

---

[5] 2 月 27 日簽報市長當時水庫水位已降至 153.45 公尺，水位同上註四個枯旱年比較，已屬同期最低。

（三）初期節水措施

台北市政府針對旱象，已由相關單位偕同採取節水措施，包括三月五日召開記者會呼籲民眾及各機關節約用水，推動各機關學校換裝省水器材等措施，同時提供節水三十六計，供民眾參考。為持續擴大宣導，台北市府又於 3 月 12 日至 4 月 23 日間，舉行四次市政記者會，提供水情即時資訊。翡管局則協助媒體進行水庫乾旱情形拍攝宣導，並於局網頁上登載水庫乾旱照片與警語、北水處 3 月 5 日亦發布「水處呼籲珍惜水資源共度水荒」之新聞稿，與此同時，三、四月份又創下水庫完工來之月最低降雨紀錄，對翡翠水庫的蓄水量及可供應時間猶如雪上加霜。總計自 3 月 5 日起的初期節水措施發揮預期效果，截至 4 月 30 日止，與去年同期比較，北水處服務轄區用水量，總共節省 1308 萬立方公尺，平均每日約節省 23 萬噸立方公尺，相當減少用水量的 8.5％[6]，對度過旱象發揮一定功能。

（四）分階段限水及水情掌控

台北市政府於 4 月 23 日正式提出「因應九十一年度乾旱時期緊急應變計畫」，此計畫共分三個階段：

第一階段採行節水措施，實施要領係透過各種管道宣導節約用水，並要求北市機關學校全面換裝省水器材，及減少公園澆灌及灑掃路面用水以減少用水量。

第二階段採行限水措施，實施要領為停止自來水澆灌、洗街、噴水池、大樓清洗。並停止游泳池、三溫暖、水療館、洗車及遊樂

---

[6] 參見台北自來水事業處「抗旱四月實錄」(2003：39)。

性等用戶供水。並對每月用水超過一千度以上用戶減量供水。

　　第三階段採行輪流分區供水措施，實施要領為依供水區域分為五區，實施每五天供水四天，停水一天之分區供水措施。

　　各階段又分不同步驟，期使節水達到因應乾旱效果，各階段實施要領暨不同步驟如表 6-2。

表 6-2 乾旱時期緊急應變計畫三階段

階段	採行措施	實施要領	步驟
第一階段	節水	透過各種管道宣導節約用水，並要求北市機關學校全面換裝省水器材，及減少公園澆灌及灑掃路面用水以減少用水量。	一、宣導節約用水。 二、轄區各機關學校五月二十三日前換裝省水器材
第二階段	限水	停止自來水澆灌、洗街、噴水池、大樓清洗。並停止游泳池、三溫暖、水療館、洗車及遊樂性等用戶供水。並對每月用水超過一千度以上用戶減量供水。	一、市政單位停止自來水澆灌花木、洗街、噴水池與大樓清洗外牆用水。 二、泳池三溫暖水療館洗車遊樂性公水等停止。 三、公家、軍事機關、量販店、百貨公司、飯店、加油站、學校、公營事業、大型公司行號、寺廟等每月用水度數超過一千度以上用水大戶，減量供水 20%。此階段原定五步驟，復因旱象嚴峻直接跳過第四、五步驟。故實際僅實施三步驟。
第三階段	輪流分區供水	依供水區域分為五區，實施每五天供	一、5 月 13-6 月 16 分區供水四天停水一天。

		水四天，停水一天之分區供水措施。	二、6月17-7月1日改為供六停一。

資料來源：1.台北翡翠水庫管理局91年刊（2002）。
2.台北自來水事業處抗旱四月實錄（2003）。

1.限水作為

　　旱象惡化持續，召開防旱小組會議因應刻不容緩，台北市政府於4月30日成立抗旱小組[7]，並進行第一次抗旱小組會議，宣布自5月1日開始實施「因應九十一年度乾旱時期緊急應變計畫」第二階段限水措施，此階段原分三步驟，第一步驟自5月1日至5月8日停止市政自來水澆灌花木與洗街、一般大樓外牆等用水，5月9日至12日止，則針對每月用戶超過1000度以上的游泳池、三溫暖、水療館、洗車及其他遊樂性等非民生用水用戶減量供水。由於旱象並無緩和跡象，台北市政府決定自5月13日直接啟動第三階段分區輪流供水措施，5月13日至7月5日期間實施了兩種輪流供水方式，5月13日至6月16日為「供四停一」；即供水4天停水1天。經檢討後改為以一星期7天為基準，市民較易記得的供水方式，期間為6月17日至7月5日，即供水6天停水1天。總計台北市政府自成立抗旱小組起至解除民生用水限制止，共計發布新聞稿60則，召開因應會議13次[8]。

　　2.依水情提供市府決策依據

---

[7] 抗旱小組重要水情資料來源的主要機關為管理水源的「翡管局」及供應民眾原水的「北水處」，其中翡管局又為關鍵，抗旱小組歷次會議需提出水庫降雨量、進水量、蓄水情形，並對各種可能降雨情況預估研判，除作為水庫抗旱期運轉依據，亦提供抗旱小組詳細資訊。

[8] 參見台北自來水事業處「抗旱四月實錄」（2003：42-48,157）。

　　翡管局管理之翡翠水庫為大台北地區用水之主要水源，此次亢旱危機的操作運轉關係到下游旱象調度，翡管局雖於 5 月 7 日成立抗旱應變小組，但相關因應作為早已啟動，包括邀集北水處與台灣自來水公司及其他相關單位研商水源調度，並負責提供翡翠水庫最新水情資訊，小組成立後每日上午固定召開會議，對於面臨之各種降雨狀況推算水庫供水時程，提供市府決策依據[9]。

二、中央的亢旱因應

　　經濟部於 2002 年 3 月 1 日，先成立經濟部旱災緊急應變小組，主要針對台北市以外之北部旱象地區，爾後於 5 月 1 日奉行政院游院長指示，於當日上午 11 時成立「旱災中央災害應變中心」，並指派行政院政務委員郭瑤琪擔任應變中心指揮官，旋即於當日 11 時由經濟部通知內政部、國防部、教育部、交通部、行政院新聞局、行政院衛生署、行政院研究發展考核委員會、行政院農委會、台北市政府（台北翡翠水庫管理局、台北自來水事業處）、經濟部水利署北區與中區水資源局、臺灣省自來水公司等機關或單位進駐，並召開籌備會議完成各項準備工作。台北市旱災應變體系自然由中央的災害應變中心統籌，此時中央成立應變中心確較台北市為晚，原因在於其開設時機係依「中央災害應變中心作業要點」中旱災開設時機之規定，該規定有下列情形之一，且旱象持續惡化，無法有效控制者始成立災害應變中心：

9　　參見台北翡翠水庫管理局 91 年刊（2002：6）。

（一）自來水系統給水缺水率高於 30％者。

（二）水庫、水庫與埤池聯合灌溉系統缺水率達 50％以上者。

（三）埤池灌溉系統缺水率達百分之 50％以上者。

（四）河川或地下水灌溉系統缺水率達百分之 40％以上者。

前述規定即使旱象持續，根據經濟部所統計之前項缺水率，均仍未到達一級開設條件[10]，行政院仍於 5 月 1 日先成立旱災中央災害應變中心。中央成立應變中心後台北市水權調度仍由台北市政府主導，直至 6 月 20 日召開第九次會議時，中央鑒於其他考量始統籌台北市水權調度。中央抗旱期間內共計運作 66 日，召開 29 次工作會議及 11 次「枯旱因應對策會議」[11]。

三、限水措施解除

台北市政府 3 月 5 日抗旱至 6 月底止已長達 118 天，調水主導權主要在台北市政府，中央則於後期統籌調度，7 月 3、4 兩日受雷馬遜颱風影響，翡翠水庫集水區明顯降雨，水庫水位回升超過海拔 130 公尺，7 月 5 日市府「防旱小組」會議決議，解除民生用水限制，但因尚未達下限 141 公尺，故游泳池、洗車業等次要民生用水仍受限，僅恢復至 80％供水量。7 月 5 日市府「防旱小組」會議決議如下：

（一）水位回升至 135 公尺，則對民生用水的限水措施完全解除。

10　參見旱災應變中心總結報告（2002：1-2）。

11　同上註（2002：4）。

（二）如中央同意台北市將目前支援板新水廠之水量恢復至往年正常水準（約 11 萬噸），即可每日減少近 30 萬噸的供水負荷時，則以目前水位 132.67 公尺狀況，亦可不必再實施目前供六停一限水措施。

（三）由於翡翠水庫水位尚未回升至下限值（141 公尺）以上，對非民生用水部分，如游泳池、水療業、三溫暖、洗車業者雖均同意開放，惟比照大用戶仍採 20% 減量供水方式限水。

（四）市政用水的限制暫不解除。

（五）7 月 7 日至 13 日，因預期南勢溪水量仍足以供應所需，供六停一措施暫不實施。

　　第二個颱風娜克莉於 7 月 9、10 日到來，水庫水位大幅回升，並於 9 日晚上九時水位一舉突破 141 公尺下限，台北市長遂於是日晚間宣布解除了所有限水措施。台北市防旱小組 7 月 5 日逐步解除限水標準之決議另以表 6-3 呈現。

表6-3 7月5日宣布之逐步解除限水標準

限水事項	條件	備註
限水措施解除條件	水位回升至135公尺	
停止供六停一限水措施	支援板新水廠恢復往年約11萬噸正常水準	每日減少近30萬噸的供水負荷
非民生用水正常供水	翡翠水庫水位回升至下限值（141公尺）以上	游泳池、水療業、三溫暖、洗車業者比照大用戶仍採20%減量供水方式限水
供六停一措施暫不實施	預期南勢溪水量仍足以供應所需	預期時間為7月7日至13日

資料來源：本研究整理

三、台北市與中央之互動

台北市與中央抗旱時期互動初期良好，雙方相互協助外亦能共商用水調度，說明如下：

（一）中央協助台北市

旱象期間民眾生活不便、各行業叫苦，解決旱象已成為中央與台北市政府首須解決之民生問題，人造雨作業可增加水庫集水區的降雨機率，空軍氣象中心配合鋒面條件分別於3月15日、16日，5月16日、17日、22日、23日等六日共計派遣18架次C-130運輸機實施空中人造雨作業[12]。台北市政府所屬之翡管局亦配合經濟部水利署於烏來的信賢、孝義、福山三個派出所及烏來汙水處理廠等地設置四站地面人造雨站。後因南部地區旱象獲得紓解，翡管局再協

---

[12] 由空軍氣象聯隊實際負責作業，作業時空軍同時派員至翡管局綜合氣象站掌握現場資訊與造雨情況。

調該署，將南部地區的地面人造雨設備移設置翡翠水庫集水區內，6月 12 日在坪林的漁光、石嘈、金溪等三個派出所、坪林汙水處理廠、翡翠水庫辦公室及翡翠大壩等增設六站地面人造雨站[13]。另翡管局配合中央氣象局通知，在 5 月 16 日、17 日、23 日、31 日，6 月 4 日、6 日、12 日、13 日、14 日、17 日及 19 日等共計實施 11 次的地面人造雨[14]。

（二）台北市支援中央

　　大台北地區供水分成兩個區域，一為石門水庫供應的板新水廠，由經濟部水利署北水局管轄，轄區為臺北縣（即今新北市)板新地區，並由翡翠水庫支援用水，方式為經由翡翠水庫下游之北水處，平時正常時期每天供應量為清水十餘萬噸，旱象最嚴重時，每天則較往常增加供水二十餘萬噸清水。亢旱期間 5 月 13 日起至 6 月 16日實施分區供水四天停水一天，每日平均支援台水公司 30.7 萬立方公尺（噸），6 月 17 日至 7 月 1 日改為供水六天停水一天，每日平均支援 30.1 萬立方公尺（噸），最高曾達每日支援用水近 40 萬噸清水，以致石門水庫得以減少供水量；若無翡翠水庫增加這些支援供水，石門水庫恐於 5 月中旬即降至呆水位。翡翠水庫於當時亦處於「乾渴」狀態，惟體認水資源屬國家所有，在極吃力情形下，仍調度供應板新供水區域用水，協助解決其水荒，發揮共患難精神。(姚祥瑞，2012：63）

---

[13]　參見台北翡翠水庫管理局 91 年刊（2002：7)。
[14]　參見翡翠水庫 91 年抗旱四月紀實報告（2002：7)。

（三）共商用水調度

　　台北市民自 5 月 13 日至 6 月 16 日止，配合實施「供四停一」限水措施已超過一個月，此時期翡翠水庫仍支援台北縣用水，最多曾高達 38 萬立方公尺，6 月 10 日石門水庫供水區降雨量較為充沛，缺水危機趨於緩和，石門水庫亦減少對板新水廠之供水量，相對而言，翡翠水庫集水區降雨量反而較少，6 月 14 日，台北市防旱小組會議決議以總量管制支援台北縣水量，台北市副市長歐晉德 6 月 16 日邀集經濟部水利署副署長、北水局長、省水公司副總經理、北水處長、翡管局長等至北水處交換意見，經與會代表協調溝通後，同意支援板新總供水量，每日以 30 萬立方公尺為原則，以支應各該次要民生用水[15]。

四、中央與台北市的分歧癥結

　　針對台北市政府與相關單位的供水調度決議，中央有不同意見，甚而表示對此決策之不滿，說明如下：

（一）中央認為台北市擁水自重

　　旱災中央應變中心對前述台北市政府與經濟部水利署暨所屬單位代表的決議不以為然，其後在中央的「旱災中央災害應變中心總結報告」中曾提及（2002：13）

　　「……六月十四日台北市政府防旱小組以近日石門水庫集水區降雨較多，水庫水位已上升，三峽河及鳶山堰川流量豐沛為由，決議：自六月十七日起台北自來水事業處支援台灣省

---

[15]　參見台北自來水事業處「亢旱四月實錄」（2003：130）。

自來水公司水量採取總量管制方式每日不超過二十萬噸，頓
時造成石門水庫供水陷入吃緊狀況，雖經經濟部水利署陳伸
賢副署長率北水局李鐵民局長、省自來水公司謝啟男副總經
理等赴台北市政府與歐晉德副市長、翡翠水庫管理局長郭瑞
華、北水處處長蔡輝昇等人協商，台北市政府仍維持支援省
水公司水量每日以三十萬噸做總量控制，倘石門水庫水位下
降時再由水利署與台北市政府協調增援供水⋯⋯」

　　隔日旱災中央應變中心不滿，聲稱將收回「調水權」[16]。台北市
政府亦於同日同意自即日起（6 月 20 日）恢復每日供應台灣省自來
水公司 38 萬噸清水。旱災中央應變中心在抗旱任務結束後，於 7 月
10 日向行政院報告抗旱成果中，提及「這次旱象因為板新用水，而
發生擁水自重及南勢溪水權爭議」。7 月 16 日「旱災中央災害應變
中心總結報告」中，亦再次提及台北市抗旱應變中心宣布減少對台
北縣支援用水擁水自重說法如下

「⋯⋯有些地區例如板新、淡水等地區仍需藉由省水公司與
北水處購水才能滿足地區用水需求。特別是這次旱象這麼嚴
重，卻因為板新用水，而發生「擁水自重」的現象以及「南
勢溪水權」爭議。建議經濟部應根據這次的抗旱經驗，除應
優先檢討南勢溪水權，載水權狀上明訂清楚權利與義務外，
對於「管網連通」及「加壓站整體規劃」等，均應儘速邀集
省自來水公司及北水處等單位協調，以達成「大家都有水用」

16　參見同上（2003：102）。

的目標。」[17]

中央認為台北市政府在調度水權的決策上，影響中央水資源調配及限水措施，並損及台北縣民權益。

（二）水權年限逾期爭議

中央雖於 5 月 1 日成立應變中心統籌北台灣單位抗旱，但在 6 月 16 日前，台北市所轄供水區調水權實際狀況是中央並無權置喙，最多僅在抗旱小組會議上建議，蓄積已久情緒，使支援台北縣採總量管制減量之決議，成為旱災中央應變中心 6 月 17 日聲稱收回「調水權」之導火線，並認為北水處對南勢溪水權使用有爭議[18]。經濟部水利署於同日提出質疑，認為北水處水權使用年限將於 2002 年 6 月 30 日到期，依規定應於到期前一個月申請展延，也就是 5 月底前即應提出申請，中央認為北水處並未依法取得水權，同時台北縣政府亦加入爭取南勢溪水權登記之爭議。

（三）發電放水造成缺水部分

2002 年 5 月中旬抗旱如火如荼時，質疑翡翠水庫用水調度聲音亦時有所聞，主要認為大台北地區缺水天候因素只是其一，主因還是台北市政府對翡翠水庫的水資源調配及管理局估算翡翠水庫可用水量時不確實，質疑者認為翡翠水庫營運以來與台電訂有契約，平時就以發電方式賺錢充實市庫，卻造成水資源浪費，導致一年有十餘億噸的水在發電後流入大海，影響台北市民用水權益等，主事者

---

[17]　參見旱災中央災害應變中心總結報告（2002：58）。

[18]　所謂「水權」為依法對地面水、或地下水取得使用或收益之權，此於水利法十五條明載，而水權之取得、設定、移轉、變更或消滅等非依該法登記不生效力。

應負起責任。前述質疑亦引起立法院台聯黨團二度到翡管局關心，其中 5 月 22 日不歡而散，當日國內媒體關注，電子與平面媒體，無論有線或無線台，SNG 車幾全員齊聚翡翠水庫，簡報開始後針對翡翠水庫管理，台北市政府與立委雙方立場迥然迥異，無法交集，加上出席的台北市議員認為地方政府應由地方議員監督，台聯立委無權質詢市府官員，最後話不投機，現場在吵雜混亂中草草結束。

參、研究發現

經由前述過程，本文研究察覺有幾項癥結需做進一步探究，其中台北市亢旱水源調度過程中引領中央的現象，反成雙方治理過程中的負面影響，以下說明之。

一、分歧癥結探究

本部分主要在擁水自重衝突、水權年限逾期爭議及發電放水造成缺水等部分析述，並就中央總結報告未釐清水權爭議等分析，有關癥結分析探究如下：

（一）擁水自重衝突部分

北部地區亢旱水量調派考慮因素，主要在於石門和翡翠兩個主要水庫的降雨情形，石門水庫供水區若降雨量豐沛，缺水危機趨於緩和，則石門水庫自然會減少對板新水廠的供水量，旱災中央應變中心對台北市重話『擁水自重』，肇因於台北市抗旱小組 6 月 14 日決議以總量管制支援台北縣水量。而根據石門水庫 6 月 10 日的資料顯示，該水庫供水區確實降雨量較為豐沛，同時間翡翠水庫集水區降雨情形反而較少，在決議後台北市政府代表與經濟部水利署、台

灣省自來水公司、石門水庫代表等交換意見後[19]，在充分協商彼此同意的共識下，達成供水總量以每日 30 萬立方公尺（噸)為原則，且翡翠水庫平日操作供水從 1988 年翡翠水庫興建時，供給台北縣的水從 22.4％，到 2002 年抗旱時增加到 44％來看，只要供水狀況允許下，數據應可說明北市並無不配合情形，若仍認為台北市『擁水自重』說法恐有失公允。

（二）水權年限逾期爭議部分

北水處取水口直潭壩、青潭堰上游有三條溪，有位於烏來下游之「南勢溪」、坪林下游經翡翠水庫攔蓄之「北勢溪」及二溪交會後稱之的「新店溪」，由於溪流匯聚後的新店溪再到下游的北水處取水口，涉及之水權涵蓋此三條溪流，分別說明其水權情形：

1.翡管局取得水權

由於翡翠水庫攔蓄北勢溪，與南勢溪天然流量合併運用，當南勢溪每日天然流量不足，即由翡翠水庫攔蓄的北勢溪放流補足，故而水權由「台北翡翠水庫管理局」取得，其使用方法亦記載「調蓄北勢溪流量、另與南勢溪發電尾水及天然流量合併運用。」故南勢溪水權併入翡翠水庫水權狀內，使用年限同樣至 2003 年 6 月 30 日。

2.北水處取得水權

---

[19] 6 月 15 日上午台北市代表歐晉德副市長、北水處蔡輝昇處長及翡管局郭瑞華處長等，由台北市歐副市長邀集經濟部水利署陳伸賢副署長、北區水資源局（石門水庫）李鐵民局長、省水公司謝啟男副總經理等齊至北水處研商，經過水情分析與協調溝通後，同意減供板新部分水量以支應該次要民生用水。同時鑑於梅雨使石門水庫水位亦回升至 EL203.28 公尺，有水量增至 1684 萬立方公尺，尤其其集水區面積大、民生用水小，恢復能力為翡翠水庫的四倍以上，應可減少對翡翠水庫的依賴。參見同註 14（2002：6）。

至於北水處有無水權爭議，以中央提出的「是否合法」及「有無逾期」二部分說明如下：

（1）是否合法問題

有關水權的分配，早在 1994 年 5 月 26 日由自來水事業主管機關經濟部召開的會議中即有結果，該會議中有關北水處「水權」結論為[20]：

「台北翡翠水庫之興建及功能主要為滿足台北地區公共給水之需要水量，台北自來水事業處申請直潭壩之水權，應在臺北翡翠水庫管理局已取得之水權內。」亦即當時翡管局已因管理水庫而取得水權，北水處的水權自是涵蓋在翡管局取得之水權內，此為北水處取得水權之依據，依此結論，北水處對翡翠水庫所放流之水與台電公司桂山電廠處理後之尾水及天然流量，有權取用及合併運用提供公共給水，故而北水處取用北勢溪與南勢溪匯流後新店溪之水源，有合法正常之水權。

（2）有無逾期問題

至於有無逾期部分，依水利法第四十條規定，水權期限屆滿三十日前應提出申請，由於翡管局對翡翠水庫的水權期限為 2003 年 6 月 30 日，故無逾期申請問題，次年，也就是 2003 年 4 月 30 日，北水處亦依法提出水權申請。

---

[20]　參見經濟部 「協商臺北自來水事業處申請直潭壩水權取得登記事宜會議」1994.526.

（三）發電放水造成缺水部分

經研究發現，降雨及進流量稀少為缺水主因，至於發電則為水資源運用一環，發電亦兼顧大壩安全，以下即從此三部分說明。

1.降雨及進流量稀少為缺水主因

台北市政府抗旱至 5 月，中央民代質疑翡翠水庫因發電放水才是造成缺水真正主因，根據資料顯示，2002 年枯旱主因為北部天候乾旱，降雨量稀少所致，翡翠水庫 1 至 4 月累積降雨量為 405 公厘，較往年同期平均雨量 885 公厘少了 54％，進流量則為 323 萬 3972 立方公尺，若與歷年同期 810 萬 5860 公厘做比較，少了 60％的進水量。2002 年 1 至 4 月翡翠水庫集水區降雨及進流量如表 6-4[21]。

表 6-4　2002 年 1-4 月翡翠水庫集水區降雨及進流量

	降雨量		水庫進流量	
	公厘		立方公尺/每日	
	歷年平均	2002 年	歷年平均	2002 年
1 月	232.1	117.5	2,119,565	2,347,579
2 月	249.4	114.5	2,386,232	2,043,483
3 月	187.1	115.1	2,237,997	2,486,096
4 月	216.7	58.9	2,174,630	2,466,845

---

[21] 表 6-4 主要參考翡翠水庫 91 年抗旱四月紀實報告內的「翡翠水庫 91 年與歷年平均運轉資料統計」，統計項目為 91 年及歷年平均的降雨量、南勢溪流量、水庫進流量、水庫放流量及水庫庫存補充量等數據做比較。

| 合計 | 885.3 | 405.7（少了 54%） | 8,105,860 | 3,223,972（少了 60%） |

資料來源：翡翠水庫 91 年抗旱四月紀實報告（2002：31）。

2.發電為水資源運用

　　翡翠水庫發電有規範限制，水庫水位在下限以上，放水須先經發電利用後再經河道流經取水口取用，由於水資源寶貴，放水兼及發電即為顧及水資源能充分運用，此亦為「翡翠水庫運用規則」所規定，其目的即為提高水的使用效益，放出的水量近九成先經由發電廠發電運用，其餘約一成用於颱風洪水侵襲時之洩洪運作。亢旱期間，若南勢溪天然流量充足，則水庫不發電放流以蓄儲原水，若不足時則以電廠發電放流補充；也就是說，發電放水有其條件與目的，當南勢溪流量足或翡翠水庫水位不夠之任一情形發生，都不會有放水動作。反之，則先經由電廠發電後再放到下游取水口。此舉僅充分利用水資源，並未如爭議般的浪費水資源。

3.發電兼顧大壩安全

　　翡翠水庫蓄水同時，亦須考慮大壩安全，翡翠水庫滿水位高度與有效蓄水量均有一定限度，每年平均進水量若超過有效蓄水量部分均需放流（伴隨前述發電），否則水庫飽和致無法承載將面臨潰決危險。[22]

---

[22]　全球與翡翠水庫大壩相同類型之水庫，因洪水壓力過大致水壩潰決例，包括 1935 年義大利的 Alla Sella Zerbino Dam、1959 年法國 Malpasset Dam、1970 年阿根廷 Frias Dam 及 1979 年印度 Machhu II Dam 等，參見楊朝平，「堤壩之安全管理與監測」，經濟部水利署出版（2004：7-12）。另國內水庫安全規範之「蓄水庫安全檢查與評估辦法」暨「蓄水庫安全評估要點」亦規定「發生超高蓄水位」為須安全評估時機之一，該辦法與要點在 2003 年前仍適用。

（四）中央總結報告未釐清水權爭議

中央於統籌北部地區亢旱調水度過缺水難關後，在總結報告中並未提及抗旱過程與台北市的分歧癥結點，自然無法釐清過程中社會的疑慮，尤其水權部分，社會大眾無法從總結報告中了解真相，旱災中央應變中心總結報告裡，有關水權部分僅建議經濟部「應根據這次的抗旱經驗，優先檢討南勢溪水權，在水權狀上明訂清楚權利與義務」[23]，對當初質疑台北市水權逾期無使用權的錯誤認知未見提及，總結報告無法還原北水處已擁有合法正常水權的事實，令人不解。

二、台北市亢旱水源調度引領中央

亢旱期的供水調度，從年初發現研判後簽呈市長，並採取一系列節水措施，直至旱象嚴重時的分區供水調度，臺北市決策步伐確實快於中央，本部分從缺水危機研判及亢旱期間節水成果析述之：

（一）缺水危機研判精準

此部分以三月危機因應及缺水認知不一二方面分析如下：

1.三月危機因應

2002 年 1 月 1 日起至 2 月 27 日翡管局上簽陳市政府止，雨量約為歷年同期平均值的 45％，2 月 27 日上午八時水位為 153.54 公尺，較歷年同期平均水位 161.82 公尺低 8.2 公尺，離下限僅 4.14 公尺，為水庫完工蓄水後同期之第二低水位，翡管局認為翡翠水庫處於低水位狀態旱象漸現，2 月 27 日簽報處理，為北部地區最先研判

---

[23]　參見旱災中央應變中心總結報告（2002：58-59）。

有旱象危機之單位。從 3 月 5 日召開記者會呼籲節約用水起至 6 月 20 日中央接管台北市亢旱調水權止，台北市政府採取一系列相關節水、限水，並陸續實施三階段非民生限水等措施，若非台北市政府所屬之翡管局缺水危機研判正確而與其他市府單位提早因應，將造成台北市、縣產業損失及大台北地區民眾生活難以估計的影響。

2.缺水認知不一

前述翡翠水庫 2 月 27 日上簽陳市長時水位離下限值尚有 4.14 公尺，而經濟部所屬之石門水庫於 1 月水位卻已在下限值，且集水區降雨稀少進流量低，水位仍持續下降，直到 5 月 18 日中央始採取積極之限水措施。期間水利署提出旱災警告、農田休耕建議，均未納入經濟部或行政院討論。隨著雨量持續異常，負責板新供水水源的石門水庫水位更是降至嚴重下限以下，經濟部在主持全省用水檢討會議時，曾針對桃園地區是否進入第二階段用水討論，對石門水庫 4 月 26 日僅剩 2900 萬噸水，仍樂觀認為用水仍可穩定供應到 5 月。5 月 1 日中央成立旱災應變中心，2 日旱災應變中心會議決議停供游泳池、噴水池、沖洗街道、水溝、路面、洗刷車輛、試放消防栓、露天屋頂消暑放流及其他不屬民生之次要用水，並對已實施停供生活次要用水之板新、桃園等地區，自 5 月 3 日起實施夜間減壓供水。中央此舉相較台北市採取之第二階段限水措施時間點較慢，中央採取較積極之限水措施起於 5 月 18 日，其時石門水庫容量僅剩 566 萬噸，以石門供水區一日用供水量計算，僅剩不到四天供應量，前述顯示面對旱災處理，中央與北市啟動步調顯有落差。前述過程與翡翠水庫亢旱期間危機運作啟動期程做一比較如表 6-5。

表 6-5 石門與翡翠水庫亢旱期間危機啟動期程比較

	石門水庫	翡翠水庫
1 月	1.水位已位下限值。 2.中央未採取任何措施或提出警告	
2 月	水利署提旱災警告未被採納	2 月 27 日翡管局上簽台北市長旱象顯現及因應措施。
3 月	1.有人提出農田休耕建議未被採納。 2.石門水庫已進入嚴重下限以下	3 月 5 日台北市政府宣布呼籲節約用水及節水措施至 4 月 30 日止為第一階段措施。
4 月	1.蓄水量僅剩 2 千 9 百萬噸。 2 經濟部主持全省用水檢討會議,認為用水仍可穩定供應到 5 月。	台北市政府成立旱災應變中心
5 月	1.中央旱災應變中心成立。 2.水量僅剩 5 百 66 萬噸。(供應量不到四天) 3.5 月 3 日停供次要用水。板新、桃園等地區,自 5 月 3 日起實施夜間減壓供水。 3.5 月 18 日中央採取限水措施。	1.5 月 1 日實施第二階段第一步驟限水措施。 2.5 月 13 日實施第三階段限水,供四停一分區供水。

資料來源:1.翡翠水庫 91 年刊(2002:10)。
2.旱災中央災害應變中心總結報告(2002:6)。

（二）亢旱期間節水成果

　　台北市政府多半時間主導了亢旱期間的自來水調度,在三階段措施都已實施後,中央始將調水權收回統籌調度,自 3 月 5 日台北市政府對外記者會起,至 7 月 5 日恢復正常供水止,以 2002 年與前一年比較,水庫原水供應量節約 6300 餘萬噸;另支援省方原水量累

計約 2200 餘萬噸，兩者合計 8500 餘萬噸。以台北市供水區言可延長用水達 45 天，支援省方水量亦可延長石門水庫 45 天之供水時程。此為石門水庫於 5 月中旬即達呆水位，竟能渡過此次枯旱難關的重要因素（姚祥瑞，2012：63）；也袪除民眾限水過早之疑慮。翡翠水庫節水成果統計表如表 6-6。

表 6-6 翡翠水庫節水成果統計

	2002 年較前一年增加支援省水公司原水量	水庫節約量（每日供水 330 萬噸計）	合計節約量
3 月（5-31 日）	1,733,846	5,370,768	7,104,614
4 月	7,479,132	6,483,456	13,962,588
5 月	7,499,336	21,857,280	29,356,616
6 月	1,945,140	26,601,660	31,546,800
7 月（1-5 日）	701,985	3,146,448	3,848,433
合計	19,359,439	63,459,612	85,819,051

資料來源：1.翡翠水庫 91 年刊（2002：10）。
2.台北自來水事業處抗旱四月實錄〈2003：36,46-47〉。

肆、中央擴增權限

中央於亢旱結束後，為以後旱災發生之統籌調度供水進行權限擴增，其方式從法制面及規範地方政府旱災因應機制著手，析述如下：

一、法制面解決

亢旱期間中央與台北市步調不一，輿情多所關注，民眾亦不解

與質疑抗旱期間政府間的水權爭議，7 月 9 日全面解除限水後，中央惙思以法制面解決雙方權限問題，抗旱結束後，經濟部隨即提出「自來水法」修正[24]，與本案有關條文修正有第三條中央主管機關辦理事項、第四條直轄市主管機關辦理事項、第十條自來水質供應標準及水質標準訂定機及第十三條自來水水源劃定區域實施區域供水之權等。2002 年 12 月 18 日修正公布，自來水法修正後中央與直轄市權限消長情形如下：

（一）中央權力增加部分

中央權力增加在以下幾個方面：

1.增加「停水」及「限水」權主導權利

修正後第三條文第六項「…有關跨供水區域供水之輔導事項，以及停止、限制供水之執行標準與相關措施之訂定。」。

2.增加直轄市自來水事業事項中央指定的權利

修正後第四條文第六項「…其他有關直轄市或中央主管機關指定之自來水事業事項」。

3.訂定水質標準權利改為中央獨享

修正後第十條文「…水質標準，由中央主管機關會商中央環境保護及衛生主管機關定之」。

4.中央獨享自來水水源劃定區域實施區域供水之權

第十三條文針對自來水水源劃定區域實施區域供水之權，刪除

---

[24] 經濟部依據行政院第二七九四次院會決議「…旱災中央災害應變中心在總結報告所提檢討及改善建議，包括：統合限水步驟、區域水資源調度機制、水權管理…等相關問題，請經濟部會商各有關機關於一個月內提出具體改善措施」之紀錄辦理。

「省（市）」字樣，保留「中央主管機關」，中央形同獨享權力。另同條第二項前述劃定之區域變更權亦刪除「省（市）」字樣。

修正後條文「中央主管機關得視自來水之水源分佈、工程建設及社會經濟情形，劃定區域，實施區域供水。前項經劃定之區域，中央主管機關得因事實需要修正或變更之。」

（二）直轄市權力刪減部分

1. 第四條條文有關直轄市區域供水權刪除。

2. 第四條條文將水質標準原省（市）訂定權刪除。

3. 第十三條有關自來水水源劃定區域、實施區域供水之權刪除。

前述 2002 年自來水法修法後中央與地方水權權限消長以表 6-7 顯示。

表 6-7　中央與臺北市 2002 年自來水法修法後之權限消長

條文修正事項	條文修正重點
第三條　中央辦理事項	一、條文增加中央停水及限水權 修正後條文第六項「有關跨供水區域供水之輔導事項，以及停止、限制供水之執行標準與相關措施之訂定。」 二、條文文字修正部分 修正後條文將「省（市）」字樣均改為「直轄市」。
第四條　直轄市辦理事項	一、條文刪除直轄市區域供水權 刪除直轄市原條文第六項「有關區域供水制度之推行事項」之權。 二、條文增加中央指定之自來水事業事項 修正後條文第六項「其他有關直轄市或中央主管機關指定之自來水事業事項」 二、條文文字修正部分

	修正後條文將「省（市）」字樣均改為「直轄市」。
第十條　　自來水質供應標準及水質標準訂定機關	條文將水質標準省（市）訂定權刪除，改為中央權利 修正後條文「…水質標準，由中央主管機關會商中央環境保護及衛生主管機關定之」。
第十三條　　自來水水源劃定區域實施區域供水之權	條文針對自來水水源劃定區域實施區域供水之權，刪除「省（市）」字樣。另同條第二項前述劃定之區域變更權亦刪除「省（市）」字樣。 修正後條文「中央主管機關得視自來水之水源分佈、工程建設及社會經濟情形，劃定區域，實施區域供水。前項經劃定之區域，中央主管機關得因事實需要修正或變更之。」

資料來源：本研究整理

二、規範地方政府旱災因應機制

　　因應自來水法的修正，相關配套作業要點亦陸續修正，包括制定「經濟部水利署災害緊急應變小組作業要點」，將公共給水及農業給水依缺水程度分成三級，狀況輕微的第三級發生時規範地方政府應成立緊急應變小組因應。至於如何因應亦另發布「自來水停止及限制供水執行要點」予以規範，要點內將停水及限水分成程度不等四個階段，以往台北市政府可主導的供水區域停水限水等措施，都須由經濟部核定。中央在旱災應變的權限消長上取得主導權，包括旱災認定、停水、分區供水、啟動時機、啟動順序等等均改由中央統籌。旱災停水限水權限機制如表 6-8。

6-8　中央與地方旱災停水限水權限機制

經濟部水利署災害緊急應變小組作業要點	一級狀況 1.公共給水：缺水率 30% 2.農業給水：缺水率 50%	經濟部成立緊急應變小組
	二級狀況 1.公共給水：缺水率 20% 2.農業給水：缺水率 40% 級狀況	水利署成立緊急應變小組
	三級狀況 1.公共給水：缺水率 10% 2.農業給水：缺水率 30%	地方政府成立緊急應變小組
自來水停止及限制供水執行要點	第一階段：離峰時段降低管壓供水。	報經濟部備查
	第二階段：1. 停止供水：停供噴水池、沖洗街道與水溝、試放消防栓、露天屋頂放流及其他得停供之用水。 2. 減量供水： （1）每月用水超過一千度之用水戶。但醫療或其他因性質特殊減量供水將造成公眾重大損失之用水者，不在此限。 （2）游泳池、洗車、三溫暖及水療等。 （3）其他不急需之用水。	報經濟部備查
	第三階段：分區輪流或全區定時停止供水。	報經濟部核定
	第四階段：依區內用水狀況定量定時供水，其優先順序如下： 1. 居民維生用水。 2. 醫療用水。 3. 國防事業用水。 4. 工商事業用水。 5. 其他用水。	報經濟部核定

資料來源：1.2002 年 12 月發布之「經濟部水利署災害緊急應變小組作業要點」。
2.2003 年 3 發布之「自來水停止及限制供水執行要點」。

伍、中央集權之迷思

公共事務危機發生時，中央集權思考模式往往以中央統籌處理做為標準作業程序，故而當旱災發生中央在權力運作後發現台北市不受節制，所謂專業操作的考慮已放在其次，本部分即以修法前專業之考驗及修法後調度之檢驗探究中央集權之迷思。

一、修法前專業之考驗

翡管局業務上雖接受經濟部水利署的督導，但在行政上隸屬台北市政府，2001 年 9 月間經濟部下了一個專業性待商榷的指令，當中央氣象局預報「利奇馬」颱風預計 26 日直撲臺灣東南部，並預估北部山區雨量 400 公厘以上時，經濟部擔心釀災，由當時的水資源局（水利署前身）副局長銜經濟部長之命，要求翡管局預先放水，這道指令並未以傳真或公文方式而僅以電話通知[25]，誠如水資源局副局長電話自承這通電話不妥，但因受命不得不為。由於下列因素台北市政府並未接受這項指令：

（一）前例殷鑑不遠

氣象局預估北部颱風雨量與實際相差甚遠已有前例，且在 2000 年及 2001 年各發生一次殷鑑不遠，經驗與專業均告知預估雨量作為放水依據風險極大。

---

[25] 當時已為颱洪期，電話轉至翡管局「運轉中心」，指令於當時由操作科記錄下來，由於為內部作業文件無法引用，時筆者為機關發言人，在場人員尚有局長郭、運轉中心主任林、操作科長郭、股長王暨承辦人等，來電的水資源局則為林姓副局長。

（二）違反規則

中央以氣象局預測雨量要求翡翠水庫放水，已違反「台北翡翠水庫運用規則」及「翡翠水庫例行運轉作業規定」，不符專業。

（三）經濟部無管轄權

翡管局僅業務接受經濟部督導，非屬經濟部管轄，無抗命問題。

2001 年 9 月經濟部管轄之石門水庫接受指令預先放水，之後的 2001 年 11 月至 2002 年 4 月，石門水庫集水區累積雨量適巧為 1964 年運轉以來最低，僅達歷年平均值的百分之三十六。以致 2002 年北部遭逢抗旱，石門水庫無法倖免且旱象較翡翠水庫更為嚴重[26]。

二、修法後中央調度之檢驗

以低層放水口放水兼具排砂為水庫減緩淤積的主要方式，若錯失機會則淤沙於庫底變硬沉積，將使水庫容量減少，2004 年即發生因經濟部的指揮調度，導致石門水庫容量急遽減少情形，造成經濟部非專業性決策，主因為解決當時桃園地區民眾用水混濁問題，經濟部未採取政策說明方式，直接指示改採高層水位放水，解決了桃園地區用水問題，卻造成了石門水庫無法彌補之損害。由於排砂無法持續，致艾利颱風當次淤積量高達 2788 萬立方公尺，急速減少了百分之九的庫底容量。根據經濟部統計，石門水庫自 1963 年啟用至 2011 年 12 月止，累積 48 年淤積量為 9386 萬立方公尺，而艾利一個颱風淤積即占歷年累積量的百分之三十[27]，以犧牲水庫容量作為解

---

[26]　參見 1.台北翡翠水庫管理局 91 年刊（2002：5-26）。
　　　2.水利署電子報，2003.3.7。

[27]　資料來源：北區水資源局《石門水庫浚渫作業》，網站「水庫清淤資訊」2014.01.07。

決用水方法，時機發生在修法後，中央的指揮專業令人質疑，以每年平均淤積量換算，已讓石門水庫縮短了 10 年以上的壽命。（姚祥瑞，2014：21）修法前後中央專業與調度檢驗如表 6-9。

表 6-9 修法前後中央專業與調度檢驗

	涉及單位	事由	結果	影響
修法前中央專業考驗實例	1.經濟部 2.台北市政府	2001 年 9 月利奇馬颱風來襲，經濟部要求台北市政府所屬之翡管局提早放水因應。	翡管局未遵經濟部指令。	1.台北市政府保住水庫容量避免庫水流失。 2.避免翡翠水庫提早進入亢旱期。
修法後中央調度檢驗實例	1.經濟部 2.經濟部水利署	石門水庫因艾利颱風來襲，北水局採取低層水位放水兼具排砂措施，桃園地區民眾因用水混濁而反彈。經濟部即指示北水局改採高層水位放較乾淨之原水。	北水局遵經濟部指示。	石門水庫排砂作業無法持續致淤沙沉積庫底，使當次淤積量占歷年（1963-2011）累積量的 30%，縮短了石門水庫 10 年以上的壽命。

資料來源：
1.經濟部水利署「北臺灣嚴重旱災事件」，水利署電子報，2002.3.7.
2.台北翡翠水庫管理局年刊（2002：5-26）。
3.北區水資源局，2014，《石門水庫浚渫作業》，網站「水庫清淤資訊」01.07。

陸、水權治理個案的理論檢視

中央與台北市在水權治理爭議過程中，一面要將旱災控制，避免影響雙北地區甚而桃園地區民眾用水，一面又以權力觀點看待本身的權力消長，水權治理爭議對雙方都是場艱困的戰局，在過程探究後，本文嘗試以理論模式檢驗析述之。

一、水權治理互動模式與政策網絡類型

水權治理個案涉及中央與台北市府際間的權限治理爭議，而Wright 的府際關係模式則從權力運作的角度觀察美國中央與地方間的互動關係，Rhodes 則以治理角度運用政策網絡分析英國的中央政府與地方政府的關係，本文藉此理論解釋分析如下：

（一）涵蓋型權威模式影響水權調度的政策面向

從抗旱開始到解除，中央與台北市政府的「府際關係」就是萊特所謂的涵蓋型權威模式（inclusive-authority model），此一模式僅中央政府享有自主權限，各層級政府間自然形成「依賴」關係，其權威運作模式為典型的「科層組織」。「府際關係」則是指包含所有與此個案運作有關之中央和地方政府單位以及所有公職人員間之互動關係，由於涉及互動者的態度與行動，這些態度、作為或不作為形成的結果與影響即構成了府際關係中的水權調度的政策面向。

（二）有限競爭的政策社群

個案中，中央與台北市政府的府際關係並未形成多元競爭與議價的情形，為能與中央政府互動談判增加資源，台北市政府藉由台

北市民意多數的支持[28]，整合力量，以台北市民代言人模式，與中央政府進行談判與互動，異言之，Rhodes 的府際關係，中央與地方政府各自擁有資源、優勢及執政理念因素，形成兩者間對抗或合作的態勢，為解決抗旱問題，兩者雖同為政府立場一致，然而為求主導及凸顯各自效能，呈現如 Rhodes 所說的類似統合主義，一種有限競爭（limited competition）、具有利益中介（interest intermediation）機制的「政策社群」（policy community）。

如同 Rhodes 的「政策社群」機制般，中央政府能透過此一系絡直接控制或指揮原本隸屬於台北市政府的組織甚至取代其職能，增加了中央與台北市政府溝通協商的管道，減少了政策執行的阻力，然而，無形中強化中央集權的傾向。

（三）政策網絡五種類型行動者

Rhodes 所建構的政策網絡類型，在案例引用上，不限定僅適用一個政策網絡類型運作，Rhodes 的五種政策網絡類型可以同時存在，五種類型存在的相互運作，最終決定了政策的產出。若以 Rhodes（1986）的政策網絡（policy networks）分析本案政府間的權力影響關係，依照穩定性及資源分配等不同層級的五種型態政策網絡界定如下：

---

[28]　亢旱期間，台北市政府研考會進行三次民意調查，第一次於 2002 年 5 月 15 日至 16 日，民眾對於台北市府處理本次旱災應變能力 71.7％滿意。第二次於 5 月 27 日至 28 日進行，民眾對於台北市府處理本次旱災應變能力 72.2％滿意。第三次於 6 月 19 日至 20 日，民眾對於台北市府處理本次旱災應變能力 73.3％滿意。參見台北自來水事業處抗旱四月實錄（2003：122-123）。

1.政策社群

政策社群（policy communities）在中央與地方政府機關所執行的政策領域中，包括中央層級的行政院、內政部、經濟部、國防部、工程會、經濟部水利署、交通部中央氣象局及地方層級的台北市政府、台北縣政府（現已改制），桃園縣政府（現已改制）等，此一網絡具有高度穩定性與限制性成員，垂直性的互賴關係，是具高度整合性的政策網絡。

2.專業網絡

專業網絡（Professional networks）包括「台糖地下水保育中心」，針對深水井重新開鑿，由台北市委託評估之專業機構，以及提高有效水量委託「台灣大學」研究出水量與漏水率等問題。這種網絡具有高度穩定性與限制性的成員，形成垂直的互賴關係，主要是滿足專業的利益；但這種網絡的整合程度不如政策社群那樣具有高度凝聚力。

3.府際網路

府際網路（Intergovernment networks）在本案屬於地方政府之間，代表性的組織所構成的網絡關係，涵蓋台北市政府府內單位橫向聯繫及府外互動聯繫：

（1）府內連繫部分

台北自來水事業處負責幕僚作業，並與下列府內單位密切聯繫：

①台北翡翠水庫管理局：提出水庫即時有效蓄水量及水位資
　料，研擬建議方案，做為決策參考。

②新聞處：積極協助宣導節約用水，並連繫媒體提供最新訊息。

③環保局、消防局、公園路燈管理處：調派水車協助送水。

④台北市勞工局：謀求對策，為受限水影響行業勞工暫時性歇業問題不斷請命奔波。

⑤台北市民政局及各區公所：於分區停水初期協助分送停水通知單。

⑥台北市教育局：要求機關學校全力配合換裝省水器材。

⑦台北市衛生局：水汙染發生期間全力投入調查協助度過難關，並要求各大醫院配合減少用水。

⑧台北市建設局：主動調查開挖深井相關作業。

⑨台北捷運公司：利用跑馬燈不斷協助宣導並減量用水。

（2）府外互動部分

府外互動的地方政府包括有台北縣政府暨桃園縣政府之教育局、環保局、衛生局、勞工局、新聞室等，彼此互動協調，配合台北市政府推動節水政策[29]。

4.生產者網絡

生產者網絡（Producer networks）是基於經濟利益所構成的網絡關係，包括量販店、百貨公司、飯店、加油站、大型公司行號、寺廟、洗車業者、泳池業者、三溫暖、水療館、遊樂用戶等，網絡成員具有相當的流動性、限制性的垂直互賴關係，主要是在滿足生產者的經濟利益，當節水措施影響運作甚而生計時，難免會產生變化，但最終會因「水」的共同利益而配合。

---

[29] 台北自來水事業處供水轄區包括台北縣大部分地區，至於桃園縣部分屬於台灣自來水公司板新水廠供水範圍，亢旱期間翡翠水庫多次支援供水。

5.議題網絡

議題網絡（Issue networks）是相當不穩定、低度整合性的網路，成員雖然很多，但來來去去，無法呈現成熟而穩定的網絡組織；包括民意代表、新聞媒體、公家機關、軍事機關、學校、醫院、及受影響民眾，此外，垂直的互賴關係受到限制，水平的意見表達雖未受限，但意見並未整合，因而未形成堅強的網絡系統。

（四）政策網絡五種類型政策影響力

政策網絡的五種類型的各個行動者，都有個共識，那就是「各式各樣的行動者，對於某項政策都抱持著共同利益，也由於願意彼此交換資源以追求共同利益，故而認知合作是達成目的的最好方法，因而發展出來的一套相對穩定的非層級性、相互依賴關係」（Börzel, 1998: 254）。所以各方行動者最後能無條件配合政府階段性節水措施，雖然政策網絡五種類型的行動者，都有共識，但其對政策影響力依然有別，依 Rhodes 的說法，以中央政府及地方政府為主的「政策社群」及以地方政府之間，代表性的組織所構成的「府際網絡」，對於政策的影響力均明顯高於議題網絡的成員，在議題網絡中，同時存在著程度不等的階段限水不同意見，而以經濟利益為主的生產者政策網絡類型，因政府階段性限水影響生計，相較其他類型網絡成員，初期心裡抗拒較為明顯，惟行動上均能配合。個案所屬網絡類型、特徵及成員如表 6-10。

表 6-10　網絡類型、網絡特徵及成員

網絡類型	網絡特徵	網絡成員
政策社群	區域社群 穩定、高度限制成員、垂直相互依賴、有限水平連結	中央層級：行政院、內政部、經濟部、國防部、工程會、經濟部水利署、交通部中央氣象局。 地方層級：台北市政府、台北縣政府（現已改制），桃園縣政府（現已改制）。
專業網絡	穩定、高度限制成員、垂直相互依賴、有限水平連結、服務專業利益	台糖地下水保育中心、台灣大學
府際網絡	有限成員、有限垂直相互依賴、廣泛水平連結	府內：台北自來水事業處、台北翡翠水庫管理局、新聞處、環保局、消防局、公園路燈管理處、勞工局、民政局及各區公所、教育局、衛生局、建設局、台北捷運公司。 府外：台北縣政府暨桃園縣政府之教育局、環保局、衛生局、勞工局、新聞室。
生產者網絡	流動性成員、有限垂直相互依賴、服務生產利益	量販店、百貨公司、飯店、加油站、大型公司行號、寺廟、洗車業者、泳池業者、三溫暖、水療館、遊樂用戶
議題網絡	不穩定、眾多成員、有限垂直相互依賴	民意代表、新聞媒體、公家機關、軍事機關、學校、醫院

資料來源：本研究整理

　　我國中央與地方之互動較偏向涵蓋型權威模式，涵蓋型權威模式僅中央政府享有自主權限，各層級政府間自然形成「依賴」關係，而權威運作模式為典型的「科層組織」。另就政策影響力而言，本案「政策社群」類型（中央與地方政府），其政策影響力為五種網絡類型裡最高者。其次，包括台北自來水事業處、台北翡翠水庫管理局等具代表性機關則屬於「府際網絡」類型，其政策影響力次之[30]，惟較諸其他三種網絡類型明顯。不論國家府際運作屬於何種互動模式，Rhodes 的「政策社群」網絡類型，都扮演著政策影響力的決定性角色，個案中央及地方政府於抗旱期間水權調度均扮演重要角色，而中央政府在抗旱後期決策的制定角色上更是關鍵。府際互動模式與網絡類型政策影響力如表 6-11。

表 6-11　府際互動模式與個案網絡類型政策影響力

Wright 府際互動模式	Rhodes 網絡類型政策影響力
協調型權威模式 （聯邦與地方「對等協調」，互動是「獨立」，權威運作模式是「自主」）	
涵蓋型權威模式 （聯邦與地方自然形成「依賴」關係，而權威運作模式為典型的「科層組織」）	1.「政策社群」：政策影響力大，中央政府透過此係絡直接指揮台北市政府，較易形成中央集權。 2.「府際網絡」：影響力次之 3.「專業網絡」、「生產者網絡」及「議題網絡」：配合政府階段性限水政策。
重疊型權威模式	

---

[30] 台北自來水事業處及台北翡翠水庫管理局於抗旱期間提供水情資訊、意見，供台北市政府決策參考，決策權仍屬台北市政府。

（聯邦與地方具有交集的「互相重疊」，關係是「互賴」，其權威運作模式是「談判」）	

資料來源：本研究整理

二、單一國類型及權力委託說

水權爭議個案顯示出台北市在水權調度的自治事項上，無法自行主導，換言之，抗旱時的水權調度於中央介入後即需中央的核准而無最終決定權，甚而中央可修法將其法制化。個案顯示出，若以 Hague 的單一制國家分類，我國是介於雙元制與混合制之間，在水權調度的政務運作及自治權力上，既非雙元制亦不屬混合制，在個案中，台北市政府即使抗旱過程依法調度，從結果觀之，亦能順利讓大台北地區民眾度過乾旱，應屬有能力調度，但個案過程中，中央對台北市政府的水權調度仍可在任何階段、時期，自行決定介入指揮和監督。個案呈現之單一國類型表 6-17。

表 6-12 水權爭議個案呈現之單一國類型

單一國分類	國家	政務運作	自治權力
雙元制	英國	地方政府運作與中央政府行政系統明確區分	享有部分自治權力不受中央指揮不排除中央監督類似聯邦制
介於雙元制與混合制之間	我國	享有部分自治權力	水權調度中央有最終決定權、並主導修法法制化，將水權調度權力收回

混合制	法國	貫徹中央集權	自治事項均需上級機關核准無最後權力、並對地方首長有停職或免職之權力

資料來源：本研究整理

　　中央之所以介入水權調度之指揮與監督，主要在單一制國家府際運作中，地方政府自中央取得權力來源傾向於「委託說」之學理依據，此種權力來源均係來自憲法或法律委託（delegation），既然地方自治權力表現並非出自地方人民固有，而係國家自動讓出其部分權力於地方自治團體，故而台北市政府抗旱時的作為，中央自可監督，亦可隨時收回。水權調度權力回收中央如圖 6-1。

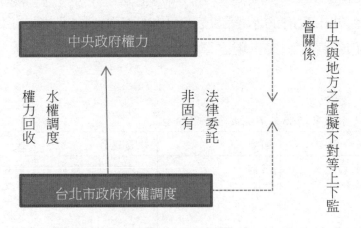

圖 6-1　　水權調度權力回收中央

資料來源：紀俊臣（2004a：114）

柒、結語

前述抗旱從應變到結束的過程中，可觀之部分因素已成為可能影響治理效果的變數，這些因素在往後治理中也可能重複出現，我們就將這些因素作為結論析述如下：

一、指揮能力捉襟見軸

中央因應旱災的應變指揮官在專業能力及協調能力上顯示出不足的窘境，由於中央與直轄市不同層級人員集中開會，指揮官專業素養未能充分展現，會中討論後之決策較少取得雙方皆滿意的公約數，由於主持人顯示的非專業性決策及協調溝通能耐的不足，未能於會中協調出專業可行之方法，致無法說服地方政府參與人員，最後形成地方政府對中央非專業決策的質疑。

二、應變失據錯失先機

經濟部所屬的石門水庫旱象徵候最早出現，中央卻未採取有效措施，即使水利主管單位提出警訊，仍無積極應變作為，平白錯失處理先機，相對於直轄市的積極作為，中央可能受限於層級而對翡管局、北水處等機構的運轉操作業務不慎嫻熟，對水情的掌控能力自不若台北市成熟。

三、中央不滿台北市獨立調度水權

亢旱期間台北市原主控大台北地區調度供水作業，中央則負責北水處供水轄區以外的區域調度供水，過程中台北市的旱災應變小組決策不但佔據媒體版面，且停水步驟台北市在前，經由媒體報導亦打亂中央應變中心既有步驟，甚而中央在其他轄區的調度表現亦

經媒體拿來與北市相比較，在政黨分立競爭情境下，中央對台北市的決策自難認同，最終於六月亢旱近尾聲時，中央接收水權調度，展現了中央以上對下集權思維的一面。

四、權責未能分明

地方政府原居第一線的旱災應變業務，但中央將調水權收回後即面臨旱災期間應統籌調度供水的權責問題，遇旱災時中央即需擔負第一線的救災工作，救災不力也須負其責任，但時至今日中央水利主管部門的旱災施政方針，仍定位地方政府負責執行，而中央政府僅屬支援性質，如此中央又退居二線，無形中避開執行責任，施政推動的矛盾導致權責未能分明，地方政府自是不服。

五、府際治理的干擾

政黨競爭因素再次形成本案府際治理最大的干擾，處於年底市長選舉環境，極易因缺水議題，被無限上綱到任由政治力干擾公共事務，所幸大台北地區民眾安然度過旱象危機，過程呈現出政黨競爭多於府際共治，未來國內政黨輪替成為正常現象，類此台北市與中央政黨分立情形仍會發生，主政者究以何種視野看待公共議題，端賴主政者的高度。

第二節　就業及勞檢主導權個案分析

相較於前述個案，本案發生時間相距十一年，個案領域雖不同，但仍為中央與直轄市間的府際治理互動，經過時間流水的洗滌，府際治理互動是否已產生變化，歷經多年磨合後是否已趨成熟，皆可藉此個案做一檢視。本案中央主管機關為勞動力發展署及職業安全

衛生署，兩者配合行政院組織改造，於 2014 年 2 月 17 日同時成立隸屬於勞動部[31]，其中前者負責統籌政策規劃並執行職業訓練、技能檢定、就業服務、創業協助、技能競賽與跨國勞動力聘僱許可及管理等業務，後者主管安全衛生政策規劃與執行、職業傷病診斷、職業病調查鑑定、職業災害勞工補助及重建等職業災害勞工保護業務。有關本案探討部分涉及前者為就業服務，後者則為勞動安全檢查，以下分別就個案緣起、過程、就業服務與勞動檢查現行規範、實務運作、就業及勞檢主導權個案理論檢視及結論等論述之。

壹、個案緣起

　　就業服務依其性質屬於社會福利事項，亦屬於直轄市地方自治事項，規範於我國地方制度法第十八條屬於社會服務事項的「直轄市社會福利」。而勞動檢查現行條文則由中央授權地方辦理，惟自 2010 年起，新北、台中、台南及桃園等四直轄市相繼升格，連同台北與高雄二市，已形成六個直轄市現況，就業服務與勞動檢查因涉市民就業及就業安全，關係市民權益，也是直轄市政府與市民直接接觸之橋梁，在第六都桃園市形成前，即已屢生爭議，而新任桃園市長於 2014 年底的選舉政見，即是於升格後成立「勞檢處」與「就業服務處」兩個二級單位，專責勞工安全與求職事項。若升格為直轄市後「權力」與「經費」未同時增加，就將成為中央與直轄市間爭議焦點。

---

[31]　勞動部前身為行政院勞工委員會，本案發生時間點跨及組織改造前後機關。

貳、過程

本過程部分將以直轄市權益爭取緣由、中央承諾之勞動檢查權未兌現、直轄市質疑與回應及勞委會態度等析述如下：

一、直轄市權益爭取緣由

我國就業服務體系歷經幾次修正，受地方制度法制定實施的影響，地方自治有法源依據，使就業政策逐漸從中央統籌導向地方分權，而地方分權政策推動關鍵劃分點則在 2002 年，在之前由中央統籌制定就業政策，之後以「分權化」為改造方向，同意縣市政府設置公立就業服務機構，擴充就業服務站據點，以執行就業服務事項，中央政府角色改以協調地方政府，負責執行公共就業服務。當時公共服務體系雖採分權化走向，但畢竟實際情形無法經由法律規定的鉅細靡遺，實務運作仍有法令無法涵蓋的模糊空間，中央仍掌有「權」的主控與「錢」的分配的實際主導權。導致國內行政區域因新北市、台中市及台南市於 2010 年 12 月 25 日紛紛升格形成五個直轄市後，職掌業務擴增，推動業務所需的預算卻未同時增加，升格的直轄市長紛紛以大動作爭取自身權限。

攸關直轄市政府施政的「就業服務法」（簡稱就服法）及「勞動檢查法」（簡稱勞檢法）分別於 2013 年 12 月 25 日及 2015 年 2 月 4 日修正公布，由於「就業服務法」與「勞動檢查法」規範之就業服務與勞動檢查業務，均為直轄市政府直接與民眾互動的管道，關乎市民權益，市民對直轄市政府施政滿意度直接顯現在就業服務與勞工安全施政成果上，成為直轄市向中央爭取下放之重點業務。中央在 2010 年底曾由行政院秘書長釋出善意，願將「錢」與「權」下

放地方，理由即認為縣市合併升格後，必須概括承受原本縣市政府的債務；並願公平合理分配「財政統籌分配稅款」及「地方補助款」，以免影響其他縣市財政[32]。

二、中央承諾之勞動檢查權未兌現

2010 年底五都選後，中央並未兌現選前的權限下放承諾。勞委會（勞動部前身）因勞檢人力有限，過去已授權北、高兩市勞動檢查，但就在五都升格，新北、台中、台南也希望勞委會授權勞動檢查權，不料中央卻不同意。新北市則針對勞動檢查業務甚為積極，當時勞委會雖未授權，卻已成立檢查處，並開始執行新北市的安全衛生檢查。新北市在中央表明人力、經費均不支援下，採取自行籌錢找人方式。至於原直轄市的高雄市，原本即執行高雄市轄區勞檢，在高雄縣市合併後，面臨勞動檢查應納入高雄縣轄區問題，但勞委會亦未同意。且有意修法朝中央組織「體系一元化，服務地方化」的方向研擬，以期使勞動力充分運用、永續發展[33]。若修法成功，則連同台北與高雄原有的就業服務權力將同時收回，縣市升格後的直轄市權力反而受限，以致中央與五個直轄市政府雖多次會議溝通，直轄市仍反彈極大[34]。

---

[32] 參見聯合報，羅印沖，2010.11.28。

[33] 參見行政院勞委會，2011，「就業服務體系之中央與地方分工，應以民眾利益為優先考量」，新聞稿，1.28。

[34] 參見中央通訊社，王鴻國「爭權說 新北市：勞委會怕裁併」，2011 年 2 月 24 日。聯合晚報，陳素玲，2011.02.24。中國時報，黃錦堂「新四都權力業務下放」2011 年 2 月 24 日。

三、直轄市質疑及回應

這一波的五都與中央權限爭取，以新北市長對於爭取就業服務、勞動檢查權下放地方問題動作較大，新北市長朱立倫認為前述二權屬直轄市應有自治業務，勞委會未兌現行政院選前承諾。其次，勞委會曾行文新北市，該會原於新北市的三個就業服務站，將分三階段交給新北市，如今勞委會卻反悔，由於新北市政府勞動檢查處已獲考試院銓敘部核定組織及員額，預算也已編妥，新北市堅持依既定時程於八月成立勞動檢查處[35]。台北市長郝龍斌則回應認為「中央與地方並非爭權爭錢的關係，而是分工合作、把餅做大的關係。錢與權應適度下放，中央給地方越多空間與資源，地方就可以做越多的事，甚至還可協助中央。」[36]台中市長胡志強則呼籲中央應多傾聽地方意見，高雄市長陳菊則認為，有關就業服務權及勞動檢查權中央都未下放，並請中央與地方應就財政與地方自主權好好溝通[37]。而針對「錢」和「權」下放問題，台南市長賴清德於 2013 年 2 月接受中時電子報專訪時表示，升格後的市政府業務量暴增，地方政府的職責也比過往更加龐大，中央政府「錢」和「權」的下放卻不增反減，讓台南「還沒拿到直轄市的權力，就得先盡直轄市的義務」[38]。台中市新任市長林佳龍則在台中捷運工程事件發生後，也求中央比

---

[35]　同上註。

[36]　參見台北市政府，2013「郝龍斌:中央與地方是分工合作、把餅做大的關係 籲中央多給地方政策工具 彼此都能獲利」，新聞稿，01.03。

[37]　參見自由時報，「陳菊：權錢未擴大 合併僅形式」，南部版，2011 年 6 月 6 日。

[38]　參見中時電子報，陳易志、曹婷婷、陳文信／專訪「賴清德：錢權不到位 升格更拮据」，2013年 2 月 6 日。

照北高二市，下放勞動檢查權，尤其對營建業的勞檢權[39]。

四、行政院勞委會態度

就業服務與勞動檢查業務雖同屬行政院勞委會管轄，但處理方式仍會有程度不等的考量，述之如下：

（一）就業服務體系一元化

勞委會於五都改制後亦曾於 2011 年 1 月 28 日邀集包括北、高二都及其他新改制的三個直轄市政府，研商中央與地方政府就業服務業務分工之原則，會中勞委會與五都政府廣泛交換意見，惟雙方各有立場未獲共識。勞委會則考量以下因素，建議以就業服務「體系一元化」、「服務在地化」作為未來業務劃分之原則。[40]

1. 實施完全地方分權化，可能導致各地方之就業服務不平衡現象。

2. 縣市之間勞動力具有高度移轉性，服務體系不宜過於切割分散。

3. 縣市間給付行政核發標準不一致時，恐影響民眾請領津貼之權益。

4. 面臨就業市場重大變化時，由中央統籌運用就服資源可即時提出緊急因應措施。

---

[39]　參見中央通訊社，陳淑芬「中捷工安意外 林佳龍坦承做得不夠」，2015 年 4 月 12 日。

[40]　參見行政院勞委會，2011，「勞委會與直轄市協商勞動檢查分工，旨在有效運用國家整體資源，確保勞工安全與權益，並無勞動檢查權下放問題」，新聞稿，6.24。

5. 參考先進國家就業服務體制，大多逐步發展為由中央政府統籌運用就業服務資源。

（二）　勞檢權處理原則

針對五都對勞檢爭取權限的意見，行政院勞委會處理原則如下：

1.函釋高市勞檢權不及原高縣轄區

針對前述之爭議，勞委會於 2012 年 4 月 10 日發函高雄市政府，針對勞檢權限指出兩個重點：[41]

（1）勞檢權非屬地方自治事項

現行勞動檢查法、勞工安全衛生法及其相關子法所定專屬勞動檢查機構辦理者，屬於中央主管機關專屬之事務職權事項，應由勞委會所設或授權專設之勞動檢查機構辦理，非屬地方自治事項。

（2）高市勞檢範圍不及原高縣轄區

勞委會授權高雄市政府專設勞動檢查機構之勞動檢查權範圍為改制前原高雄市轄區，不及於高雄縣轄區，原高雄縣轄區之勞動檢查仍由勞委會南區勞動檢查所辦理。

2.北、高二市勞檢權與他市分開處理

勞委會針對勞檢權的再次回應則於 2012 年的 12 月 20 日，勞委會主委潘世偉認為有關勞動檢查權部分，台北市及高雄市有充足人力財力和經驗，將給予所有勞檢權；其他三都則僅部分勞檢權。勞委會主委的說明，成為五都上路後中央遲未下放權限，引發中央與地方勞檢權爭議之轉戾點。勞委會認為台北市和高雄市行使勞動檢

---

[41]　參見勞動部 2014.4.10 勞檢 一 字第 251010150408 號函。

查已有相當經驗及人力財力，若遲不釋出勞檢權，除存在高雄市「一市兩制」問題，也面臨勞委會南區勞動檢查所和高雄市勞工局雙重檢查。因此上任後積極與五都協商勞檢權，並於 12 月完成「直轄市設置勞動檢查機構處理原則」。台北市和高雄市依規畫將有完整勞檢權；新北市、台中市及台南市因人力財力及經驗上仍有限，除高風險及中央部會公共工程外，也有檢查權。至於實施時間則於勞動部組織法通過後才會上路[42]。亦即將北、高二市與其他直轄市分開處理，北、高擁有完整檢查權，其他直轄市則擁有部分檢查權。至於「就業服務」權限下放要求則未見中央說明。

（三）勞委會開會折衝

勞委會於五都改制後亦曾於 2011 年年 1 月 28 日邀集包括北、高二都及其他新改制的三都政府，研商中央與地方政府就業服務業務分工之原則，會中勞委會與五都地方政府廣泛交換意見，惟各有立場未獲共識。

行政院政務委員林政則於 2013 年 8 月 7 日召集六都代表及勞委會、內政部、主計總處、人事總處等相關部會召開會議討論，其中主計總處及人事總處等事先都以書面表達贊成立場，但勞委會在會中仍未允諾釋出權限，並揚言「要收回台北市的失業給付認定業務」，引起台北市及其他五都強烈不滿。最後會議並無具體結論[43]。

---

[42]　參見中央通訊社，「勞檢權下放 五都二套標準」，2012.12.20.

[43]　參見自由時報，邱燕玲「失業給付業務 六都逼中央下放」，2013 年 8 月 12 日。

參、就業服務與勞動檢查現行規範

探究就業服務與勞動檢查業務規範，必須先就中央與直轄市最高權限的法制來源說明，其次就就業服務與勞動檢查現行規範探討，以下即以中央與直轄市的權限法源及就業服務法與勞動檢查法的現行規範說明如下：

一、中央與直轄市權限法源

權限法源部分將就憲法及地方制度法等規範，以及大法官釋字四九八號解釋等三個層次析述之：

（一）憲法規範

憲法第一五二條規定：「人民具有工作能力者，國家應予以適當之工作機會。」至於主管權責則於憲法第一零八條規定：「左列事項，由中央立法並執行之，或交由省縣執行之：…十三　勞動法及其他社會立法。」其中所所稱的「勞動法」為一綜合性稱謂，即為各種和勞動有關的法規(包括細則、辦法、條例等)，構成勞工法體系的綜合性稱謂，包括「就業服務法」及「勞動檢查法」。因此，該二項法律屬於應由中央立法並執行之「中央任務事項」，必要時，得委任交由省縣執行之，直轄市位階等同於省。

（二）地方制度法規範

地方制度法第十八條：「下列各款為直轄市自治事項：…三、關於社會服務事項如下：…（二）直轄市公益慈善事業及社會救助。」規定了直轄市的社會救助屬於直轄市自治事項，而就業服務性質即屬於社會救助。同條復規定：「…五、關於勞工行政事項如下：…（二）

直轄市勞工安全衛生。」規定了直轄市的勞工安全屬於直轄市自治事項，勞動檢查性質即屬於勞工安全業務範圍。

（三）司法院大法官釋字　四九八　號解釋：住民自治理念及垂直分權功能

司法院大法官於地制法施行後，於 1999 年 12 月 31 日以釋字四九八號針對中央與地方分權解釋：

> 「地方自治為憲法所保障之制度。基於住民自治之理念與垂直分權之功能，地方自治團體設有地方行政機關及立法機關，其首長與民意代表均由自治區域內之人民依法選舉產生，分別綜理地方自治團體之地方事務，或行使地方立法機關之職權，地方行政機關與地方立法機關間依法並有權責制衡之關係。中央政府或其他上級政府對地方自治團體辦理自治事項、委辦事項，依法僅得按事項之性質，為適法或適當與否之監督。地方自治團體在憲法及法律保障之範圍內，享有自主與獨立之地位，國家機關自應予以尊重。」

而在其解釋理由書裡進一步說明

> 「……地方自治為憲法所保障之制度，憲法於第十章詳列中央與地方之權限，除已列舉事項外，憲法第一百十一條明定如有未列舉事項發生時，其事務有全國一致之性質者屬於中央，有一縣性質者則屬於縣，旨在使地方自治團體對於自治區域內之事務，具有得依其意思及責任實施自治之權。地方自治團體在特定事務之執行上，即可與中央分權，並與中央

在一定事務之執行上成為相互合作之實體。從而，地方自治
團體為與中央政府共享權力行使之主體，於中央與地方共同
協力關係下，垂直分權，以收因地制宜之效。……」

　　大法官解釋意旨，肯定地方自治團體辦理自治事項、委辦事項
享有自主與獨立之地位，國家機關自應予以尊重。直轄市在憲法及
地方制度法保障之範圍內執行自治事項，享有自主與獨立之地位，
中央政府自應予以尊重。在特定事務之執行上，更可與中央分權，
成為與中央政府共享權力行使之主體。

　　二、就業服務法與勞動檢查法規範

　　以下僅就直接與府際有關之就業服務與勞動檢查二項業務之規
範說明之。

　　（一）就業服務部分

　　就業服務包括定義、機構認定、中央與地方之主管機關及主管
事項等說明如下：

　　1.就業服務定義

　　依就服法第二條定義，所謂就業服務即指協助國民就業及雇主
徵求員工所提供之服務。依該法定義，國民及雇主雙方均可向公、
私就業服務機構提出申請要求，亦即就業服務法協助對象涵蓋了「國
民」及「雇主」。

　　2.就業服務機構認定

　　就業服務機構依同法第二條定義即指提供就業服務之機構；其
由政府機關設置者，為公立就業服務機構，其由政府以外之私人或

團體所設置者，為私立就業服務機構。本文則探討政府機關設立之就業服務機構。

3.就業服務主管機關

依據就服法第六條規定，有關就業服務主管機關，在中央為勞動部[44]；直轄市為直轄市政府。

4.就業服務主管事項

該法規範之就業服務主管機關包括中央的勞動部；直轄市則為直轄市政府；縣（市）為縣（市）政府，主管事項則直轄市與縣市政府同。

（1）中央主管事項

中央主管機關掌理事項依據就服法第六條規定，包括全國性國民就業政策、法令、計畫及方案之訂定、全國性就業市場資訊之提供、就業服務作業基準之訂定、全國就業服務業務之督導、協調及考核及雇主申請聘僱外國人之許可及管理、針對辦理仲介業務之私立就業服務機構之許可、停業及廢止許可等。其仲介業務內容包括：外國人至中華民國境內工作、香港或澳門居民、大陸地區人民至臺灣地區工作、本國人至臺灣地區以外之地區工作等。

其他有關全國性之國民就業服務及促進就業事項，並視業務需要在各地設置公立就業服務機構，得委任所屬就業服務機構或職業訓練機構、委辦直轄市、縣（市）主管機關或委託相關機關（構）、團體辦理就業服務及促進就業掌理事項。

44　2014 年 2 月 17 日行政院勞工委員會組織改造為勞動部，但就業服務法直至 2014 年 6 月 17 日始配合修正。

（2）直轄市主管事項

直轄市主管業務依據前述同法同條規範有就業歧視之認定、外國人在中華民國境內工作之管理及檢查、仲介本國人在國內工作之私立就業服務機構之許可、停業及廢止許可等。前項第六款（仲介業務）及前款以外私立就業服務機構之管理、其他有關國民就業服務之配合事項及視業務需要在各地設置公立就業服務機構，以及辦理中央委託辦理之就業服務相關事宜。

（二）勞動檢查部分

勞動檢查部分亦以機構定義、檢查範圍、檢查主管機關及主管事項等說明之：

1.勞動檢查機構定義

依勞動檢查法第三條的用詞定義，所謂勞動檢查機構為中央或直轄市主管機關或有關機關為辦理勞動檢查業務所設置之專責檢查機構。依該法規範之勞動檢查機構均為公部門。

2.勞動檢查範圍

依據勞檢法第六條規定，勞動檢查範圍包括勞動條件現況、安全衛生條件、職業災害嚴重率及傷害頻率之情況，於年度開始前六個月公告並宣導勞動檢查方針。

3.勞動檢查主管機關

由於勞動檢查法修正公布時間在 2015 年 2 月 4 日，中央主管機關已從「勞工委員會」修正為「勞動部」，與就服法的主管機關名稱

有出入[45]，直轄市則為直轄市政府。

4.勞動檢查主管事項

依勞檢法第五條規定，所謂勞動檢查機構設置權責屬中央主管機關，中央亦可授權直轄市主管機關或有關機關專設勞動檢查機構辦理。至於勞動檢查事項依勞動檢查法第四條規定有依勞動檢查法規定應執行檢查之事項、勞動基準法令規定之事項、勞工安全衛生法令規定之事項及其他依勞動法令應辦理之事項。

前述規範可看出，「就業服務法」分別規範中央與直轄市權責，而「勞動檢查法」僅規定勞動檢查由中央主管機關設勞動檢查機構或授權直轄市主管機關辦理，易言之，中央對勞動檢查業務可授權也可不授權。然而矛盾點在於位階較前二法為高的「地方制度法」卻早已規範「直轄市就業服務」及「勞工安全衛生」事項屬於「直轄市自治事項」。有關中央與直轄市就業服務與勞動檢查在「地方制度法」、「就業服務法」及「勞動檢查法」等三法之權限如表 6-13。

---

[45]　勞動檢查法於 2015 年 2 月 4 日始修正公布，與就業服務法修正時間不同步，有關主管機關名稱會出現「勞動部」與「行政院勞委會」的落差。

表 6-13 「地方制度法」、「就業服務法」及「勞動檢查法」規範之權限

權限法源	條文主要內容	權限機關	備註
地方制度法	第十八條第三款第一目直轄市社會福利	直轄市政府	「就業服務」屬社會福利，依地方制度法第十八條第三款第一目規定「直轄市社會福利」屬直轄市自治事項。
	第十八條第五款第二目直轄市勞工安全衛生	直轄市政府	「勞動檢查」屬於勞工安全衛生，依地方制度法第十八條第五款第二目規定「直轄市勞工安全衛生」屬直轄市自治事項。
就業服務法	第六條第三項掌理事項 ①全國性國民就業政策、法令、計畫及方案之訂定。 ②全國性就業市場資訊之提供。 ③就業服務作業基準之訂定。 ④全國就業服務業務之督導、協調及考核。 ⑤雇主申請聘僱外國人之許可及管理。 ⑥針對辦理仲介業務之私立就業服務機構之許可、停業及廢止許可。包括：外國人至中華民國境內工作、香港或澳門居民、大陸地區人民至臺灣地區工作、本國人至臺灣地區以外之地區工作等。 ⑦其他有關全國性之國民就業服務及促進就業事項。 ⑧視業務需要在各地設置公立就業服務機構。 ⑨得委任所屬就業服務機構或職業訓練機構、委辦直轄市、縣（市）主管機關或委託相關機關（構）、團體辦理就業服務及促進就業掌理事項。	中央勞動部	

	第六條第四項掌理事項 ①就業歧視之認定。 ②外國人在中華民國境內工作之管理及檢查。 ③仲介本國人在國內工作之私立就業服務機構之許可、停業及廢止許可。 ④私立就業服務機構之管理。 ⑤其他有關國民就業服務之配合事項。 ⑥視業務需要在各地設置公立就業服務機構。 ⑦辦理中央委託辦理就業服務相關事宜。	直轄市政府	
勞動檢查法	第四條勞動檢查事項範圍 （1）依勞動檢查法規定應執行檢查之事項。 （2）勞動基準法令規定之事項。 （3）勞工安全衛生法令規定之事項。 （4）其他依勞動法令應辦理之事項。	中央勞動部	該法第五條規定是否授權直轄市主管機關辦理由中央決定。

資料來源：本研究整理

肆、實務運作上

實務運作為實際實施情形，直接顯現政府施政運作現狀，以下分別就就業服務與勞動檢查二部分說明：

一、就業服務部分

根據一份國內大型研究顯示，實務上直轄市與中央政府就業服務的「雙軌制」，產生了包括「一市二制」現象的問題，其他直轄市亦紛紛要求比照。

（一）一市二制現象

以台中市為例：

……面對議會的監督質詢，只要涉及當地居民照護，地方政府就須負責。如果市民生活的各領域都由地方政府各局處解

決處理，只有就業議題需由市民跨出地方政府向中央所屬機關尋求協助，會讓民眾到處奔波花更多時間才能獲得服務，如此勢必會引發民怨與地方意代表不滿 。此外，目前中央與地方嚴重脫節，職訓局有些促進就業津貼在未告知縣市政府的情況下便已對外發佈，導致有時是在市民來勞工局詢問相關事宜之後才知道有這些措施，並且必須告訴民眾因為這不是勞工局的業務，故無法受理，這會給民眾「政府不是一體」極差印象，甚至認為勞工局是在推卸業務。（辛炳隆，2012：31）

目前勞工政策則由勞動部勞動力發展署訂定，下轄北基宜花金馬分署、桃竹苗分署、中彰投分署、雲嘉南分署、高屏澎東分署等五個四級機關執行業務，各分署將整合轄區現有職業訓練、就業服務、技能檢定，及創業協助等不同機關之服務資源，提供民眾在地化之各項就業協助措施。但是北、高兩市可自設公立就業服務中心，辦理失業給付認定及外勞國內求才以及一般徵才活動等業務，等於中央政府辦理之業務，北、高都可以辦理。

（二）其他直轄市要求比照北高二市

北、高二市享有之權益，在新北、台中及台南等三都升格為直轄市後，為示對選民及議會負責，紛紛要求比照北、高二市，目前台北市設置一個就業服務處、七個就業服務站以及五個就業服務台；高雄市設置一個就業服務中心、十五個就業服務站、以及十個就業服務台，新北市設置一個就業服務中心、三個就業服務站、五個就業服務台；中市設置六個就業服務台，南市同樣設置六個就業

服務台，直轄市針對就業服務蓄勢待發期待作為，惟原先行政院秘書長的對外發言，竟未得到主管機關行政院勞委會的認可，殊難想像。

二、勞動檢查部分

以各直轄市轄區實務運作觀之，目前勞動部職業安全衛生署配置的每位檢查人員管轄區域面積都相當大，在人力有限且管轄範圍大情形下，以台南市而言，台南市勞工申訴安全衛生及勞動條件問題，都要轉由中央的南檢所辦理，費時又缺乏效率，地方政府在勞檢權上有責無權，當工安意外發生時，將因事權無法統一而影響勞工權益，是以當台中市捷運工安事故發生，即產生中央勞檢權應下放聲音，故而「勞動檢查」業務成為其他三都爭取比照北、高兩市的重點。由於過往也是中央與北、高二市共同合作辦理，其中北、高兩市人力、設備都可自辦勞動條件、安全衛生檢查，近來同樣面臨其他三都爭取主導權局面，但是三都也表明沒有人力，希望直接由中央移撥人力，而中央同樣以前述理由「體系一元化」、「服務在地化」等作為未來業務劃分之原則。

伍、就業及勞檢主導權個案理論檢視

本案例由於涉及中央政府與直轄市政府之間，以及直轄市政府相互之間的權限治理與互動，以下將嘗試以 Rhodes 提出的政策網絡中的政策社群、府際網絡等兩種類型將府際間的相互關係說明，以及直轄市權力來源委託說分析之。

一、政策網絡行動者兩種類型

在本案政策網絡的各個行動者僅有「政策社群」及「府際網絡」兩種類型，包括歸類為「政策社群」的中央政府的行政院、行政院勞委會（改制前）、勞委會職訓局，直轄市政府則有台北市、新北市、台中市、台南市及高雄市等五都，以及當時仍為準直轄市的桃園縣政府等。「府際網絡」則有府內的台北市政府與勞工局，及府外業務連繫對口的其他五個直轄市的勞工局等。

（一）政策社群

就業服務及勞動檢查的政策制定機關為行政院及行政院勞委會、勞委會職訓局。直轄市政府層級的台北市、新北市、台中市、台南市、高雄市及桃園縣（時準直轄市）等六都則為政策執行機關。在此政策領域中，具有高度穩定性與限制性成員的網絡，垂直性的互賴關係，具有高度整合性的政策網絡，府際互動中中央關注的是「體系一元化」，故打算修法收回權力。台北市等六直轄市關注的是服務市民的功能被收回，權限受到壓縮，企圖藉由各種途徑影響中央決策，功能與權力成為雙方角逐焦點。

（二）府際網絡

府內部分為各直轄市政府及內部主管業務的勞工局。府外部分指地方政府之間，代表性的組織所構成的網絡關係，包括台北市勞工局及新北市、台中市、台南市、高雄市及桃園縣（準直轄市）等主管業務之勞工局。成員具有相當的限制性，希望擴張水平式的影響力，因此特別強調水平的意見表達。不論哪種類型，Rhodes 認為各類行動者在資源競逐時屬於零和賽局性質，由於治理結果的產出

都必須藉由行動者之間磋商和資源交換而完成（Rhodes，1997：36-38）。網絡類型、成員及政策影響力如下表：

表 6-14　就服勞檢個案網絡類型、成員、政策影響力

網絡類型	網絡成員	政策影響力
政策社群	中央層級的行政院及行政院勞委會、勞委會職訓局。 直轄市政府層級的台北市、新北市、台中市、台南市、高雄市及桃園縣（時準直轄市）等六都。	中中將以修法收回權力。台北市等六直轄市企圖發揮力量影響中央決策。
府際網絡	府內部分：台北市政府及主管業務的勞工局。 府外部分：台北市勞工局及新北市、台中市、台南市、高雄市及桃園縣（時準直轄市）等主管業務之勞工局。	六個直轄市的主管機關希望擴張水平式的影響力，因此特別強調水平的意見表達。

資料來源：本研究整理

二、直轄市權力來源委託說

　　我國仍屬單一制國家，現有直轄市政府自中央取得「就業服務」與「勞動檢查」權力來源屬於憲法或法律委託（delegation）性質，此種「委託說」或稱「承認說」之論點，認為地方自治權力表現並非出自地方人民固有，而係國家自動讓出其部分權力予地方自治團體，既屬委託，中央就可依需要以「雙軌制」維持直轄市政府服務市民的「就業服務」與「勞動檢查」功能，亦可透過修法隨時將直

轄市政府此項權力收回。現有直轄市政府就服、勞檢權力的來源以
圖 6-2 表示。

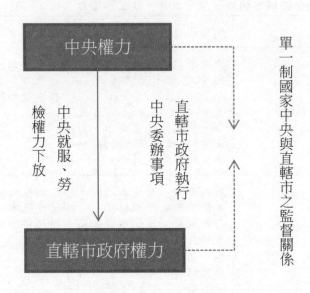

圖 6-2　直轄市政府就服、勞檢權力之形成

資料來源：參考紀俊臣（2004a：114）。

第三節 公共事務個案對府際治理影響

供水調度及就業服務、勞動檢查等治理，均與市民生活息息相關，不論何層級政府，市民感受皆會直接反映在對政府施政的好惡上，故而成為直轄市戮力爭取的部分，由於兩個案的發展均足以影響中央與直轄市未來治理的功能，故成為雙方必須謹慎以對的公共事務議題。

壹、府際治理的政治聯想

2002 年亢旱期的水權調度，府際共治的理想為政黨競爭所取代，加上年底市長選舉，政黨競逐下已使供水調度的單純公共事務性質演變為複雜的政治性議題，由於接續著財政權益及里長延選等案之後，再次凸顯了分立政府治理時期極易顯現的政治性。2007 年中正紀念堂更名風波又再次檢驗了國內府際分立處理事務的政治性，直至 2015 年當選的台北市長為無黨籍身分，又因風災飲用濁水的責任問題訴諸於體制外產生府際衝突[46]，引發政治性聯想，同樣的問題處於 2011 年的一致性政府時，台北市政府即以體制內的行政院會上提出，窺之府際分立環境確為主要因素[47]。

---

[46] 2015 年 8 月 6 日 2030 中央氣象局發布陸上蘇迪勒颱風警報，8 月 9 日解除警報，至 11 日止台北市民喝了三天濁水，台北市長柯文哲說是中央水土保持沒做好，中央認為北水處操作有問題，形成地方和中央互嗆局面。參見

1.「北市喝濁水 3 日中央柯 P 互槓卸責」中時電子報，2015.8.12。2.「中央諷濁水應變差！ 柯嗆：不然來公布資料」- ETTV 東森新聞」，2015.8.12。3.「北市喝濁水 3 日中央柯 P 互槓卸責」match 生活網。

[47] 2011 年中央與台北市同為國民黨執政，2015 年無黨籍的柯文哲以白色力量取得台北市長寶座，非同政黨執政情形猶如政黨分立。

壹、府際機制部分

國內供水調度主要在台灣自來水公司與台北自來水事業處兩大供水機構，前者屬經濟部主管，後者為台北市政府管轄，故而供水調度的府際治理機制影響，主要仍為台北市政府與中央之間。平時雙方在跨域層面雖有機制存在，遇有爭議時，可報請行政院協調或依司法程序處理，惟中央與地方所處立場，導致雖有平台機制的溝通，仍難免受本位主義影響，何況實務上，中央與台北市在平時供水部分雙方鮮有交換意見機會，若平台機制的設計脫離法制化的規範，只靠行政規章制定，效果受限恐經不起事件的考驗。2015 年的蘇迪勒颱風引發的究為中央水土保持不良或北水處危機處理不當等事例，在非同一政黨執政環境下，確實讓平台機制的法制化議題更讓人關注。就服與勞檢領域平台機制亦復如此，尤其工安事故事件影響，使直轄市希望中央能釋放更多勞檢權，但是意見表達卻多經由媒體報導轉述，代表檯面上機制效果已不如預期。

貳、府際互動部分

府際間互動良窳關鍵仍在於人，其中中央主政者由於資源及位階優勢似應處於主動，直轄市政府亦應配合，雙方始能發揮互動效果，以下即以二個案說明之。

一、水權個案後互動

水權個案發生後，中央與台北市互動關係跌到冰點[48]，自 2002

48　參見經濟部水利署「2002 旱災中央災害應變中心總結報告」及台北自來水事業處「2002 抗旱四月實錄」。雙方對彼此均有意見。

年 7 月解除乾旱危機後，中央與台北市漸行漸遠，遠離了陳水扁總統就職宣示的「夥伴」關係，至 2008 年民進黨政府下台止，互動關係未見進展，此期間雙方對部分議題仍有異見，其中以 2007 年第十二屆總統選舉前，中正紀念堂更名案最受矚目，此個案使遇選舉、或重大議題發生時，雙方即會出現紛爭的事例重現，也成為水權爭議個案後雙方互動不睦關係的又一次驗正。

二、就服與勞動檢查

就業服務與勞動檢查權限下放爭取為 2010 年五都選後，至今各直轄市與中央的權限爭議仍餘波盪漾。中央為加強包括直轄市在內的地方政府夥伴關係，設計有大型的正式互動機制「全國勞工行政主管聯繫會報」，會中除了交流互動，彼此聯繫感情外，最大的功能仍在平時勞工業務推動、執行上的溝通，此一正式互動平台，效果如何端視直轄市的參與態度，直轄市出席層級即為對此會議功能的檢視，而直轄市最在意的仍是權限爭取的實質結果，如此互動始有積極意義。

參、府際分工部分

現有府際分工在法制規範與實務運作中有無不同，及對府際分工的治理影響等，本部分將以水權治理的矛盾、就業服務業務資源的重疊及勞動檢查授權直轄市辦理等三部分說明。

一、水權治理的矛盾

亢旱後中央修訂水利法將旱災的供水調度權，由台北市政府改為中央，中央考量點應是「統籌調度」水資源才不會有顧此失彼情

形，亢旱期的分工雖為特殊狀況，但旱災水源調度既已法制化的修法列入中央權限，中央主管機關水利署的施政原則即應秉持法制的規範運行，起碼不能違背而行，但中央主管機關的施政原則仍將地方政府救災視為第一線，中央仍擔任第二線救援工作，施政原則的分工與修法後的規範顯為不同，既要權，救災責任卻仍由地方政府扛，如此分工方式，與權責相符恐有段距離。

二、就業服務業務資源的重疊

中央原主管各區的就業服務中心，經業務整併後為北基宜花金馬分署、桃竹苗分署、中彰投分署、雲嘉南分署、高屏澎東分署等五個機構，其目的亦是整合轄區現有職業訓練、就業服務等不同機關之服務資源，提供民眾在地化[49]之各項就業協助措施，「在地化」其實與現有六都的就業服務據點功能相同，中央所謂整合就服等資源，似與水權統籌調度有異曲同工之妙，就是將轄區就業服務、訓練的權限統一由中央主管，這項整合地方就業服務資源的工作，相信在功能達成上會有其效果，但無形中就壓縮了六個直轄市的就業服務及訓練等業務的功能，如果強調在地化，則中央做不如地方做，且六個直轄市相對於其他縣市資源，也應有能力擔負起這項為地方服務的工作。如今中央將就業服務訓練等權限擴大，各直轄市的地方自治自主功能可謂皆打了折扣。

三、勞動檢查朝授權直轄市辦理

勞動部的勞動檢查業務在各直轄市要求權限的紛擾後，針對中

49　參見勞動力發展署官網發展沿革篇。http://www.wda.gov.tw/index.jsp

央與地方勞動業務採取了完整授權的方向前進[50]，並多次主動要求北、高以外之直轄市政府積極籌措人力及經費，儘速完成勞動檢查完整授權，針對台中市並公告授權自 2015 年 5 月 1 日起擴大辦理工業區外之製造業、地方公共工程及工業區內所有行業之勞動檢查業務[51]。自 2010 年五都選後至今，中央在直轄市多次要求下已做了大幅授權[52]，中央採取了積極處理方式，值得讚揚，然而以現今北、高以外直轄市的人力及財政狀況，恐難達成完整授權，不足部分仍需中央的協助。即便如此，前述勞檢個案衝擊，已使中央改變勞動檢查治理觀念，朝向完整授權予直轄市方式辦理。

肆、府際合作部分

單一制國家的府際合作相較於聯邦制國家，多了些集權框框思維的限制，雖如此，面對自地制法實施後的治理環境，中央仍需改變思維放下身段，而直轄市亦須認知重大施政的推動仍需中央的協助合作，個案後的府際合作治理說明如下。

---

[50] 參見 2015.319 勞動部新聞稿「勞動部召開『全國勞動行政首長聯繫會報』，加強中央與地方夥伴關係。」

[51] 參見 2015.4.12 勞動部職業安全衛生署新聞稿「勞動部已多次要求台中市儘速完成勞動檢查完整授權」。

[52] 「新北市、臺中市、臺南市及未來新成立之直轄市政府，在人力及經費到位前，由中央與直轄市政府妥適分工，採分階段授權方式處理。勞委會並已於民國 102 年 1 月 11 日公告自即日起授權高雄市政府執行所轄行政區域勞動檢查業務；同年 1 月 11 日及 3 月 8 日公告授權新北市政府及台中市政府，分別自 2 月 1 日及 3 月 15 日起辦理部分勞檢業務。」參見勞動部職安署「103 年勞動檢查年報」，總說明（2015：(5)）。

一、水的合作治理

雖然自來水法已將亢旱期的水權改由中央調度，但自地制法實施後，為確保地方自主，府際間共同應付旱象可採合作的治理模式，亦可採上下級關係的指揮模式。若為合作治理模式，遇府際分立現象時，地方首長為展現與中央的合作績效，應會積極配合。即使採上下級的指揮關係，亦須藉由不斷協調與合作始能完成，不論何種方式，中央均須放下身段，與台北市合作治理[53]。何況經由水權個案衍生的其他公共事務議題，直接與台北市有關的，包括水價公式與水源回饋金處理等議題，都須藉由台北市的合作配合始能達成。

二、直轄市就業服務資源的自主自治

目前的就業服務與訓練，中央與各直轄市都各自有就業服務據點，中央經由前述就服個案的處理經驗，轉變以推展與各直轄市的求職求才之就業媒合等服務合作關係來推動施政[54]，讓資源能統整運用，對府際合作言是好的開始，但若單純只是推動計畫，計畫總有結束時期，若以長遠規劃觀之，中央應藉此計畫逐步扶植各直轄市的就業服務能力，讓各直轄市達到擁有足夠人力、財力等資源的目標，最終目的是要讓各直轄市在就業服務上自主自治。

伍、府際財政部分

財政為各層級機關推動施政的重要關鍵，而府際財政又關係到

---

[53]　府際分立現象時雙方施政固易形成角力，中央應不時的溝通協調，即使中央與直轄市為同一政黨，中央仍需維持與執行一方溝通協調的環境。

[54]　參見 2015.4.21 訂頒之「勞動部委辦就業中心業務實施計畫」第七點。

府際治理運作，也直接影響直轄市的施政成效，經由個案後，以三部分檢視府際財政的後續影響如下。

一、北水處來自中央補助少

自水權個案發生至今，北水處多屬自負盈虧的經營，在補助部分並未獲得關愛的眼神，2008 年雖獲中央中程期補助經費，但自2009 年起因莫拉克風災內閣總辭改組後又嘎然停止[55]，實質僅補助一年，對北水處而言，接受補助意味須接受中央控管，雖得不到補助，但在供水管理上卻可免於受制中央，如同美國 1980 年代「邦權的復興」[56]現象般，補助與否對北水處心境而言可謂「既期待又怕受傷害」。

二、就業安定基金成為就服業務重要經費

由於財劃法的財政分配不利各直轄市，加以統籌分配款的實質減少，尤使財政不寬裕的直轄市產生捉襟見肘的窘境，中央補助即成為府際財政運作的主要項目。其中，與直轄市就業服務及訓練關係密切的就業安定基金則為補助大宗，此項補助每年由中央決定額度，成為直轄市就服與訓練業務上不可缺少的經費，即以財政良好

---

[55]　臺北自來水事業處依據「振興經濟擴大公共建設特別條例」，經水利署於 98 年至 101 年同意依「中央對直轄市及縣(市)政府補助辦法」第 9 條之規定，由中央補助 24 億元經費，連同北水處自行籌措 24 億元，總計 48 億元分 4 年期程辦理「加速辦理臺北地區漏水改善及穩定供水計畫」，復因內閣改組，同時為了回應民意希望政府節約經費之要求，行政院會通過撤回 99 年度中央政府總預算案之振興經濟擴大公共建設特別預算案。
　　參見行政院會 3162 次會議紀錄，2009.9.17。經濟部水利署「加速辦理台北地區漏水改善及穩定供水計畫」補助款執行情形查核報告（2010.3.9）。

[56]　同 Walker,D.1991。參見本文第二章內文引用。

的台北市而言，每年超過一億元的補助經費，儼然成為該項業務預算重要來源。

三、勞檢人力列入直轄市預算科目

針對勞工的勞動條件，勞動部於 2014 年至 2015 年補助直轄市及縣市政府等主管機關共計進用 325 名勞動條件檢查人力[57]。勞動檢查人力由中央招考後分配各直轄市的檢查人員，其預算支應除當年由中央負責外，餘由各直轄市自行編列[58]，執行地方業務自應由地方政府預算編列無可厚非，然而就實際財政狀況言，對部分市庫不充裕的直轄市確屬財政上負擔。

---

[57] 參見 2014.9.16「勞動部推動成立勞動條件檢查大軍，向血汗企業宣戰」職業安全衛生署新聞稿，2014.9.16。

[58] 「中央有一個『補助縣市政府督促事業單位遵守勞動基準法令實施計畫』，中央招考了 325 位勞動條件檢查員分配給各縣市，經費前兩年採補助方式，但地方在第二年就須列入歲入歲出預算，另外地方也要有相對自籌款 20%，當然這種補助並沒有強制性，也可以算是合作性質，所以地方政府的配合意願很重要，推動這個計畫以來，確實也有比較消極因應的縣市。」參見第七章勞動部職業安全衛生署副署長之深入訪談。

第七章 六都與中央府際治理面向

本章將朝向府際治理構面及深度訪談的調查分析探討府際治理面向，以下即以「六都與中央府際治理構面之剖析」、「深度訪談途徑之運用分析」及六「都與中央府際治理可能因素分析」等三節析論。

第一節 六都與中央府際治理構面之剖析

本研究以府際治理觀點探討臺灣的六都與中央權力互動，在深度訪談的治理構面設計，除須考量學術面，亦須顧及實務運作帶來的現狀，本節治理構面，設計包括「府際機制」、「府際互動」、「府際分工」、「府際合作」、「府際財政」等五個面向。

壹、現有府際機制設計

府際機制的設計為雙方互動基礎，大法官亦對中央與地方的府際治理強化多所琢磨，探討現有府際機制包括跨區域層面、自治事項及公共事務事項三方面，析述如下：

一、跨區域層面的府際機制

我國規範於地方制度法，此法為中央針對直轄市跨域治理之結

構性互動法源依據，關係著雙方互動的效能，該法二十四條之一於2010年修正通過，其中二十四條之一第一項

　　直轄市、縣（市）、鄉（鎮、市）為處理跨區域自治事務、促進區域資源之利用或增進區域居民之福祉，得與其他直轄市、縣（市）、鄉（鎮、市）成立區域合作組織、訂定協議、行政契約或以其他方式合作，並報共同上級業務主管機關備查。規範了直轄市的府際機制的啟動條件為跨區域合作，此種跨區域合作須報共同上級機關（即行政院）備查。

　　另二十四條之一第四項

　　共同上級業務主管機關對於直轄市、縣（市）、鄉（鎮、市）所提跨區域之建設計畫或第一項跨區域合作事項，應優先給予補助或其他必要之協助。則規範了府際機制的啟動條件為跨域建設計畫或跨域合作事項，中央則以優先補助或給予其他必要之協助作為府際機制處理途徑。該條文規範內容之府際機制啟動條件及處理途徑以下表呈現

表 7-1　跨區域層面府際機制的啟動條件及處理途徑

法律名稱	條文序	條文內容	府際機制啟動條件	府際機制處理途徑
地方制度法	二十四條之一第一項	直轄市、縣（市）、鄉（鎮、市）為處理跨區域自治事務、促進區域資源之利用或增進區域居民之福祉，得與其他直轄市、縣（市）、鄉（鎮、市）成立區域合作組織、訂定協議、行政契約或	跨域合作	上級機關備查

		以其他方式合作，並報共同上級業務主管機關備查。		
	二十四條之一第四項	共同上級業務主管機關對於直轄市、縣（市）、鄉（鎮、市）所提跨區域之建設計畫或第一項跨區域合作事項，應優先給予補助或其他必要之協助。	跨域建設計畫或跨域合作	優先補助或其他必要之協助

資料來源：本研究整理

　　前述條文規範中央與直轄市間的互動，業務主要涵蓋跨區域自治事務、促進區域資源之利用或增進區域居民之福祉等範圍，除得與其他直轄市成立區域合作組織、訂定協議、行政契約或以其他方式合作外，並報中央主管機關備查[1]。中央具體協助部分，則針對直轄市所提跨區域之建設計畫或跨區域合作事項，應優先給予補助或其他必要之協助。是以，法律上中央對地方的協助，不外是經費補助，或是授權、人力支援等協助，至於直轄市與中央爭議之處理，

---

[1]　目前區域合作計畫地方與地方跨域合作部分多為直轄市與一般縣市間，主要包括 2015.4.20 成立的「南高屏區域治理工作平台」，由台南市高雄市屏東縣等組成。2015.1 成立的「中彰投區域治理平台」合作縣市為台中市、彰化縣及南投縣。2004 年成立的「北臺區域發展推動委員會」，是北臺灣第一個跨區域合作組織，由宜蘭、基隆、新北、臺北、桃園、新竹縣市、苗栗等縣市共同推動。2010.5.6 成立之「雲嘉南區域合作平台」由雲林縣、嘉義縣市及台南市組成。

參見 1 高雄市政府全球資訊網。http://www.kcg.gov.tw/Search.aspx?n

2.台中市政府 194 次市政會議紀錄，2015.2.2。

3.參見新北市政府城鄉發展局新聞稿，「北臺九大組與中央聚首空總　熱力進行工作坊」，2015.5.15。

4.參見台南市市政新聞「賴市長與雲林縣長蘇治芬暢談雲嘉南區域合作平台之成立」，2011.3.17。

依二十四條之三規定：直轄市、縣（市）、鄉（鎮、市）應依約定履行其義務；遇有爭議時，得報請共同上級業務主管機關協調或依司法程序處理，此條列舉之處理機制，首先為依約定履行義務；其次為報請上級業務主管機關協調，而直轄市上級機關即是行政院；最後則是訴諸司法程序處理。

二、自治事項治理的府際機制

我國針對直轄市政府地方自治事項的推動，若有違背憲法、法律或基於法律授權之法規者，地制法有明確的府際機制設計，其處理方式為由中央各該主管機關報行政院予以撤銷、變更、廢止或停止其執行（75 條 2 項）。

直轄市政府推動自治事項若違背憲法、法律或基於法律授權之法規者，依第七十五條規範的府際機制設計，行政院可直接予以撤銷、變更、廢止或停止其執行，但是有無違背事實的認定機關，則並無明確規範[2]。

此外，在公職人員選舉罷免法第七條第四項則另規範有各級選舉之主管機關與監督的府際機制：

> 原住民區民代表及區長選舉，由直轄市選舉委員會辦理之；鄉（鎮、市）民代表及鄉（鎮、市）長選舉，由縣選舉委員會辦理之。
>
> 村（里）長選舉，由各該直轄市、縣（市）選舉委員會辦理之。

---

[2]　里長延選案即呈現行政院與台北市政府各自認定事實的情形。

直轄市、縣（市）選舉委員會辦理前二項之選舉，並受中央選舉委員會之監督。

　　前述條文規範直轄市的里長選舉由直轄市選舉委員會辦理，但須接受中央選舉委員會之監督，也就是說在里長選舉事務這個範圍，中央選舉委員與直轄市選舉委員會之間有府際監督機制的設計。有關自治事項治理的府際機制啟動條件及處理途徑如表 7-2。

表 7-2　自治事項治理的府際機制啟動條件及處理途徑

法律名稱	條文序	條文內容	府際機制啟動條件	府際機制處理途徑
地方制度法	第 75 條	直轄市政府辦理自治事項違背憲法、法律或基於法律授權之法規者，由中央各該主管機關報行政院予以撤銷、變更、廢止或停止其執行。	違背憲法、法律或基於法律授權之法規者。	由中央各該主管機關報行政院予以撤銷、變更、廢止或停止其執行
公務人員選舉罷免法	第 7 條第 3 項、第 4 項	村（里）長選舉，由各該直轄市、縣（市）選舉委員會辦理之。直轄市、縣（市）選舉委員會辦理前二項之選舉，並受中央選舉委員會之監督。	辦理村（里）長等選舉	中央選舉委員會採監督方式。

資料來源：本研究整理

三、公共事務治理的府際機制

公共事務治理的府際機制將以本研究案有關的水權治理及就業服務與勞動檢查治理的府際機制說明如下：

（一）水權治理的府際機制

水權治理的府際機制除了平時的自來水事業運作時的府際機制外，尚包含災害時期的防救府際機制，析述如下。

1.自來水事業府際機制

本研究水權治理有關自來水事業的府際機制，規範於自來水法第二條第二項及第三條第三、四、五、六等項，規範事項如下：

（1）自來水事業之主管機關

在中央為水利主管機關；在直轄市為直轄市政府；在縣 （市）為縣（市）政府。若供水區域涉及二個以上行政區域，則以其上一級之主管機關為主管機關。（同法第 2 條 1、2 項）

（2）中央主管機關權責

包括直轄市及縣（市）自來水事業之監督及輔導事項、供水區域涉及二個以上直轄市、縣（市）之自來水事業規劃及管理事項、供水區域之劃定事項、跨供水區域供水之輔導事項，以及停止、限制供水之執行標準與相關措施之訂定。（同法第三條三至六項）

依該法規定，自來水事業之主管機關，在中央為水利主管機關；在直轄市為直轄市政府，但在第二條第二項又規定供水區域涉及二個以上行政區域之自來水事業主管機關，以其上一級之主管機關為主管機關，台北市政府所屬的北水處供水區域涵蓋台北市、新北市，已涉及二個行政區域，依該條文規定，中央為主管機關，中央與台

北市間就自來水事業已屬府際的監督機制。故同法第三條第三項明文規範中央監督直轄市業務，第四至第六項則分別規範中央對台北市的自來水事業有規劃及管理權、對供水區域有劃定權、對跨供水區域供水有輔導權，同時有停止、限制供水之執行標準與相關措施之訂定權等機制之設計。

2.災害防救府際機制

中央與台北市於重大災害發生時，有關自來水事業部分亦有府際機制的設計，分別規範於災害防救法第十三條、二十條、四十三條之一及四十八條，述之如下：

（1）重大災害發生或發生之虞的機制

災害防救法規範之災害為重大災害發生，或是有發生之虞時，由中央災害防救業務主管機關首長視災害之規模、性質、災情、影響層面及緊急應變措施等狀況，決定中央災害應變中心開設時機及其分級[3]，應於成立後，立即報告中央災害防救會報召集人，並由召集人指定指揮官。至於直轄市成立地方災害應變中心的時機，則由中央視災情研判通知成立。中央災害應變中心成立後，得視災情研判情況或聯繫需要，通知直轄市、縣（市）政府立即成立地方災害

---

[3] 依「臺北市各級災害應變中心作業要點」規定，災害開設分為三級，不同分級，動員人力亦不同，其中第三級僅由「北市災害應變中心」於平日維持 24 小時運作即可，至於其他一、二級，以風災、旱災、寒害、疫災等災害言人員進駐程度如下：

1.一級開設：各防救災單位指派充分授權且熟悉防救災之科、課（室）主管（或相當）層級以上人員進駐；後指部、憲兵 202 指揮部派員進駐擔任連絡官。

2.二級開設：各防救災單位指派充分授權且熟悉防救災業務人員進駐，風災則由科、課（室）主管（或相當）層級以上人員進駐，區級成立二級災害應變中心，成員為副指揮官、防救治安組、勘查組、搶修組、總務組、幕僚作業組及其他臨時指派人員進駐，另後指部、憲兵 202 指揮部派員進駐擔任連絡官。（12 條）

應變中心。（第十三條一、二項）

（2）直轄市災害防救計畫不得牴觸中央災害防救計畫

直轄市災害防救會報執行單位應依災害防救基本計畫等相關計畫，擬訂地區災害防救計畫，經各該災害防救會報核定後實施，並報中央災害防救會報備查。直轄市的地區災害防救計畫不得牴觸災害防救基本計畫及相關災害防救業務計畫。（同法第 20 條）

（3）直轄市災害復原可申請中央補助

直轄市、縣（市）政府無法支應重大天然災害之災後復原重建等經費時，得報請中央政府補助。至於災害救助種類及標準，則由各中央災害防救業務主管機關會商直轄市政府統一訂定。（第四十三條之一、四十八條）

前述「自來水法」與「災害防救法」規範有中央與地方府際的治理機制，遇有狀況時即啟動此府際機制，二法啟動條件及處理途徑如表 7-3。

表 7-3 水權治理府際機制啟動條件及處理途徑

法律名稱	條文序	條文內容	府際機制啟動條件	府際機制處理途徑
自來水法	第二條	自來水事業之主管機關：在中央為水利主管機關；在直轄市為直轄市政府；在縣（市）為縣（市）政府。供水區域涉及二個以上行政區域之自來水事業，以其上一級之主管機關為主管機關。	自來水供水區域涉及二個以上行政區域	以其上一級之主管機關為主管機關

		中央主管機關辦理左列事項：	1.供水區域涉及二個以上直轄市、縣(市)。	1.供水區域之規畫管理。
	第三條	三、有關直轄市及縣(市)自來水事業之監督及輔導事項。四、有關供水區域涉及二個以上直轄市、縣(市)之自來水事業規劃及管理事項。五、有關供水區域之劃定事項。六、有關跨供水區域供水之輔導事項，以及停止、限制供水之執行標準與相關措施之訂定。	2.跨供水區域遇停止、限制供水狀況。	2.訂定停止、限制供水之執行標準。
災害防救法	第十三條	重大災害發生或有發生之虞時…中央災害應變中心成立後，得視災情研判情況或聯繫需要，通知直轄市、	重大災害發生或有發生之虞時	中央災害應變中心視情況通知直轄市
	第二十條	直轄市、縣(市)災害防救會報執行單位應依災害防救基本計畫、相關災害防救業務計畫及地區災害潛勢特性，擬訂地區災害防救計畫，經各該災害防救會報核定後實施，並報中央災害防救會報備查。	地方政府擬訂地區災害防救計畫	報中央災害防救會報備查
	第四十條之一	直轄市、縣(市)政府無法支應重大天然災害之災後復原重建等經費時，得報請中央政府補助。	地方政府無法支應災後復原重建等經費	報請中央政府補助。
	第四十條	災害救助種類及標準，由各中央災害防救業務主管機關會商直轄市、縣(市)政府統一訂定之。	災害救助種類及標準之訂定	由各中央災害防救業務主管機關會商地方訂定

資料來源：本研究整理

（二）就業服務與勞動檢查府際機制

國內現有就業服務及勞動檢查與直轄市有關的府際機制，分別規範於「就業服務法」及「勞動檢查法」，說明如下

1.就業服務部分

國內現有就業服務規範的府際機制主要在於「補助」及「委辦」地方政府二項業務，分別規範於就業服務法第三十二條及第三十三條之一：

（1）補助直轄市

主管機關應按年編列預算，依權責執行本法規定措施。中央主管機關得視直轄市主管機關實際財務狀況，予以補助。（第三十二條）

（2）委辦直轄市

中央主管機關得將其就業服務及促進就業掌理事項，委任所屬就業服務機構或職業訓練機構、委辦直轄市主管機關辦理之。（第三十三條之一）

前述「補助」部分，啟動府際機制條件為地方主管機關依該法推動就業服務業務，而中央處理機制則視地方實際財務狀況，採取補助方式。至於委辦部分，啟動機制為中央推動就業服務及促進就業二大項業務，處理的府際機制則為「委辦」直轄市、縣（市）主管機關。故而中央與直轄市有關就業服務部分的府際機制的運作主要在於「補助」及「委辦」等二部分。

2.勞動檢查部分

依勞動檢查法規範之府際機制僅於第五條，主要為將勞動檢查業務「授權」直轄市主管機關辦理。依該法規範勞動檢查由中央主

管機關設勞動檢查機構或授權直轄市主管機關或有關機關專設勞動檢查機構辦理之…

　　前述勞動檢查的府際機制為執行「勞動檢查」業務，至於府際機制的處理途徑則為直接「授權」。以上就業服務及勞動檢查兩大項業務的府際機制啟動條件及處理途徑如表 7-4。

表 7-4　就業服務暨勞動檢查府際機制啟動條件處理途徑

法律 名稱	條文 序	條文內容	府際機 制啟動 條件	府際機制 處理途徑
就業服務 法	第三 十二 條	主管機關為促進國民就業，應按年編列預算，依權責執行本法規定措施。中央主管機關得視直轄市、縣（市）主管機關實際財務狀況，予以補助。	推動國 民就業 業務	視地方政 府財務狀 況補助
	第三 十三 條之 一	中央主管機關得將其於本法所定之就業服務及促進就業掌理事項，委任所屬就業服務機構或職業訓練機構、委辦直轄市、縣（市）主管機關或委託相關機關（構）、團體辦理之。	推動就 業服務 及促進 就業業 務	委辦地方 政府主管 機關辦理
勞動檢查 法	第五 條	勞動檢查由中央主管機關設勞動檢查機構或授權直轄市主管機關或有關機關專設勞動檢查機構辦理之…	勞動檢 查業務	授權直轄 市政府主 管機關辦 理

資料來源：本研究整理

貳、府際互動

學者觀察了西歐十五個國家地方政府組織運作後，曾提出地方政府三個共有因素，功能（function）、裁量權（discretion）及互動路徑（access），其中地方政府與中央間的互動路徑（access）的方式，則隨著中央與地方權力配置不同而異，中央權力大，則互動路徑掌握主導，地方權力大，則由地方主導，互動可謂地方政府裡共通的重要因素。（Page & Goldsmith,1987：4-8）

一、以中央為主導的互動體制

我國為單一制國家，屬中央集權的體制，中央與地方互動方式多由中央主導，包括聯繫會報、不定期開會、出席研討會等，目的不外業務的交流學習，加強與地方的溝通等功能。

以高雄市氣爆事件石化管線管理及雲林縣禁燒生煤制定自治條例等與中央衝突為例，中央即主導雙方互動，由內政部與國家發展委員會於 2015 年 5 月 27 日舉辦「地方自治立法權限實務研討暨座談會」[4]，此次以研討會方式面對面互動，雙方意見可當面陳述，提供了化解不滿的場所，至於適度釐清雙方立法權限及法制面的劃分原則，亦有一定效果；總而言之，中央主導此次互動，藉由雙方直

---

[4]　此次研討目的主要為釐清地方自治立法權限的範圍及法制面的劃分原則；另對於近來部分地方政府就經濟及環保議題訂定自治條例引發的爭議，也透過中央和地方直接面對面溝通和說明，讓彼此能瞭解有關法規的規定和政策立場，中央參加人員為行政院法規會主任委員、財政部次長、經濟部次長及行政環保署副署長、各直轄市及縣(市)政府的秘書長及法制局(處)長等 100 餘人參與會議。其中高雄市及雲林縣政府也把握機會在會中就該府制定相關自治條例的背景及立場進行溝通說明。參見內政部民政司，最新消息「中央與地方立法權透過雙向對話 尋求最大處理共識」，2015.5.27。

接面對面溝通和說明，瞭解彼此政策立場暨法規規定，朝向有利於中央和地方夥伴關係的環境邁進，令人期待。

二、行政院組改後互動組織變化

部分機關的府際互動在行政院組改後有些變動，其中與地方研考業務聯繫部分變動較大，配合行政院組織調整，自 2014 年 1 月 22 日起，行政院研究發展考核委員會及行政院經濟建設委員會整併為「國家發展委員會」，承接原「行政院研考會」的研考業務，2014 年 7 月則修正「行政院所屬機關研考業務聯繫辦法」，其中第二條因應組織改革，重新規範行政院所屬機關之研考業務主管及聯繫機制，第三條規範了與直轄市政府視需要舉行聯繫會報的府際互動，最後，為強化中央與地方的互動聯繫，另於第五條規定了中央與直轄市雙方研考業務主管機關，都可視需要加強與對方的連繫，亦為雙方互動的法源。第二、三及第五條主要規定如下：

（一）研考業務主管機關改為國發會

依該聯繫辦法規範國家發展委員會（以下簡稱國發會）、科技部及行政院科技會報辦公室為行政院所屬機關之研考業務主管機關（單位）。

（二）中央與直轄市聯繫互動依據

該聯繫辦法同時行政院所屬機關之研考業務主管機關（單位）得就其主管業務，分別與行政院所屬機關及直轄市政府主管研考業務機關（單位）聯繫，並可視需要舉行業務聯繫協調會報。

（三）中央加強與直轄市聯繫依據

為進一步加強聯繫，該聯繫辦法同時規範行政院所屬機關及地

方政府主管研考業務機關（單位）得視需要加強聯繫，並提供必要
資料。

本研究個案裡，經濟部水利署定期或不定期與直轄市、縣（市）
連繫互動包括：行政院重要河川流域協調會報、淡水河流域管理平
台、防汛抗旱工作檢討及策進會議、水質水量保護區平台等。勞動
部勞力發展署則有「勞工行政主管會報」、「就業安定基金管理會
議」，職業安全衛生署不定期召開與地方勞動條件檢查體系的會議及
定期的「就業安定基金管理會議」等。

三、特殊事件影響互動

2015 年因蘇迪勒颱風的侵襲，曾形成中央與台北市緊張的互動
情勢，應歸咎於中央於南勢溪上游的治理不力，還是台北市北水處
未停止供水的處理不當，雙方意見南轅北轍，緊繃的互動關係使外
界觀感不佳。針對 2015 年蘇迪勒颱風造成的南勢溪混濁影響大台北
供水問題，台北市政府出席的副市長於 2015 年的 8 月 27 日於行政
院會議提出建議後，行政院長裁示提報行政院「重要河川流域協調
會報」，並邀地方政府共同討論，以確認治理分工，暫平息影響雙方
互動的衝突因子。

四、信任基礎的互動

直轄市與中央互動承平時期相安無事，為了有利往後做事的氛
圍，盡量維持良好互動關係，互動基礎表面看似正常，但是無法經
過考驗，一旦危機狀況發生，各為其主，或看長官態度，先前建立
的氛圍被新生的衝突議題消磨殆盡。以信任產生的基礎裡，Lewicki
&Bunker 於 1996 年提出了信任的三個階段的不同基礎如下：

（一）以理性為計算基礎的階段

以理性為計算基礎的階段（calculus-based trust）使雙方處於摸索期間，互信基礎薄弱，易因特殊狀況而倒退。

（二）以瞭解為基礎的階段

以瞭解為基礎的階段（Knowledge-base trust）是經由一段時間互動使彼此有所了解，雙方的可預測性增強。

（三）以認同為基礎的階段

以認同為基礎的階段（identification-based trust）為信任的最理想階段，不論價值分享、資源共享等，都有一定成果，建立了相互瞭解的信任關係。

若以前述的信任三階段劃分，我國中央與地方互動在階層因素及政黨因素雙重衝擊下，仍無法達成 Lewicki 與 Bunke 所謂的最理想的「認同」階段。

參、現有府際分工

現有府際分工法源為憲法，然而有關中央與地方的權限分工，卻僅見「省」與「縣」而未見「直轄市」，以中央與省縣的分工，可觀之中央事務主要為全國屬性。

一、憲法規範部分

憲法並未直接對直轄市規範，由於直轄市位階等同省，故憲法規範的中央與省的分工即與直轄市同，述之如下：

（一）中央與省的事務屬性權限區別

憲法一百零七條規定的中央事務包括外交、國防、國籍法及刑

事、民事、商事之法律、司法制度、航空、國道、國有鐵路、航政、
郵政及電政、中央財政與國稅、國稅與省稅、縣稅之劃分、國營經
濟事業、幣制及國家銀行、度量衡、國際貿易政策、涉外之財政經
濟事項等。直轄市位階等同省，憲法雖未對直轄市直接規範，但對
省的分工，直轄市比照之，有關省主管事務項條文前皆冠有「省」，
故其事務屬性為「地區」，包括省教育、衛生、實業及交通、省財產
之經營及處分、省市政、省公營事業、省合作事業、省農林、水利、
漁牧及工程、省財政及省稅、省債、省銀行、省警政之實施、省慈
善及公益事項等。

（二）授權事項的規範

中央與省除前兩種分工方式，憲法一百零八條另規範有中央可
交由省立法並執行事項，即所謂的授權事項，包括行政區劃、森林、
工礦及商業、教育制度、銀行及交易所制度、航業及海洋漁業、公
用事業、合作事業、二省以上之水陸交通運輸、二省以上之水利、
河道及農牧事業、中央及地方官吏之銓敘、任用、糾察及保障、土
地法、勞動法及其他社會立法、公用徵收、全國戶口調查及統計、
移民及墾殖、警察制度、公共衛生、振濟、撫卹及失業救濟、有關
文化之古籍、古物及古蹟之保存等。

（三）均權原則的規範

至於既非中央亦非地方事務如何歸屬，憲法在第一百十一條也
有規範如有未列舉事項發生時，其事務有全國一致之性質者屬於中
央，有全省一致之性質者屬於省，有一縣之性質者屬於縣。遇有爭
議時，由立法院解決之。

二、地制法規範部分

中央與地方的分工除由憲法規範的中央、省及縣的分工外,地方制度法第十八條則明文規範直轄市的權限分工,同樣在所轄事務項目前冠以「直轄市」,故直轄市自治事項權限的分工亦屬地區屬性,與本研究相關者包括直轄市公職人員選舉、罷免之實施、直轄市財務收支及管理、直轄市稅捐、直轄市公共債務、直轄市社會福利、直轄市勞資關係、直轄市勞工安全衛生、直轄市集水區保育及管理、直轄市警政、警衛之實施、直轄市災害防救之規劃及執行、直轄市公用及公營事業等。

前述憲法與地方制度法規範之治理權,與本研究有關者以表 7-5 呈現。

表 7-5 現行中央與直轄市治理分工情形

治理權限劃分原則	治理權限歸屬	治理事務	治理爭議之處理
以權的為或畫屬性全地分國區	中央治理權	中央財政與國稅、國稅與省稅、縣稅之劃分	如有未列舉事項發生時,其事務有全國一致之性質者屬於中央,有全省一致之性質者屬於省,有一縣之性質者屬於縣。遇有爭議時,由立法院解決之。
	直轄市治理權	直轄市公職人員選舉、罷免之實施、直轄市財務收支及管理、直轄市稅捐、直轄市公共債務、直轄市社會福利、直轄市勞資關係、直轄市勞工安全衛生、直轄市集水區保育及管理、直轄市警政、警衛之實施、直轄市災害防救之規劃及執行、直轄市公用及公營事業	
	可授權部分	行政區劃、公用事業、二省以上之水利、 中央及地方官吏之銓敘、任用、糾察及保障、 勞動法及其他社會立法、公用徵收、警察制度、失業救濟	

資料來源:本研究整理

三、自來水權分工部分

府際分工除了前述憲法與地方制度法原則性規範外，與本研究有關屬於公共事務個案的自來水權分工部分，部分遵循憲法及地方制度法劃分原則，以全國性質作為劃分，部分則以是否涉及二個以上行政轄區為分野，分別規範於自來水法第三及第四條：

（一）中央主管機關主管事項

包括有關自來水事業發展、經營、管理、監督法令之訂定事項、有關全國性自來水事業發展計畫之訂定及監督實施事項、有關直轄市及縣（市）自來水事業之監督及輔導事項、有關供水區域涉及二個以上直轄市、縣（市）之自來水事業規劃及管理事項、有關供水區域之劃定事項、有關跨供水區域供水之輔導事項，以及停止、限制供水之執行標準與相關措施之訂定。（第三條）

（二）直轄市主管機關主管事項

直轄市主管機關辦理包括有關直轄市內自來水事業法規之訂定事項、有關直轄市內自來水事業計畫之訂定及實施事項、有關直轄市公營自來水事業之經營管理事項、有關直轄市內公營、民營自來水事業之監督及輔導事項、有關供水區域之核定事項等。（第四條）

前述自來水法規範之中央與地方自來水府際分工情形如表 7-6。

表 7-6　自來水權分工情形

	自來水權分工依據	分工內容	分工原則
中央主管事項	自來水法第三條一-三款	一、有關自來水事業發展、經營、管理、監督法令之訂定事項。 二、有關全國性自來水事業發展計畫之訂定及監督實施事項。 三、有關直轄市及縣（市）自來水事業之監督及輔導事項。	全國性質
	自來水法第三條四-六款	四、有關供水區域涉及二個以上直轄市、縣（市）之自來水事業規劃及管理事項。 五、有關供水區域之劃定事項。 六、有關跨供水區域供水之輔導事項，以及停止、限制供水之執行標準與相關措施之訂定。	跨域性質
地方主管事項	自來水法第四條	一、有關直轄市內自來水事業法規之訂定事項。 二、有關直轄市內自來水事業計畫之訂定及實施事項。 三、有關直轄市公營自來水事業之經營管理事項。 四、有關直轄市內公營、民營自來水事業之監督及輔導事項。 五、有關供水區域之核定事項。	特定區域

資料來源：本研究整理

四、就業服務分工部分

至於公共事務個案的就業服務部分，中央與直轄市權限分別規範於就業服務法第六條第三、四項：

（一）中央就業服務主管事項

包括全國性國民就業政策、法令、計畫及方案之訂定、全國性就業市場資訊之提供、就業服務作業基準之訂定、全國就業服務業

務之督導、協調及考核、雇主申請聘僱外國人之許可及管理、辦理仲介業務之私立就業服務機構之許可、停業、廢止許可及其他有關全國性之國民就業服務及促進就業事項。至於仲介業務更明確規範仲介外國人至中華民國境內工作、仲介香港或澳門居民、大陸地區人民至臺灣地區工作及仲介本國人至臺灣地區以外之地區工作等。（第 6 條 3 項）

（二）直轄市就業服務主管事項

依該法規定直轄市主管機關掌理事項包括就業歧視之認定、外國人在中華民國境內工作之管理及檢查、仲介本國人在國內工作之私立就業服務機構之許可、停業及廢止許可、前項第 6 款及前款以外私立就業服務機構之管理及其他有關國民就業服務之配合事項等。

前述就業服務的治理分工，有關全國性業務及外國人受雇申請部分由中央負責，直轄市部分負責就業歧視之認定、國內私立就業服務機構之許可、停業及廢止許可等，至於外國人部分，則包括工作之管理及檢查等。可以看出，中央就業服務的分工仍以全國性質為主，直轄市分工部分雖較簡略，但在細部工作項目上，台北市政府勞動局的就業安全科，工作項目明列有就業服務及職業訓練等項，並與中央同有就業服務機構與職業訓練機構之設立[5]。有關就業服務府際分工治理內容如表 7-7。

---

[5]　「督辦就業服務處相關業務(含失業率、市長信箱、勞資信箱、秘機信等回復彙整、就服處法令修正窗口)。」「職業訓練相關業務、職業訓練機構設立及管理。」參見台北市勞動局官網業務職掌就業安全科業務介紹。

　　http://bola.gov.taipei/ct.asp?xItem=94391376&ctNode=62199&mp=116003.

表 7-7　就業服務府際分工治理內容

業務 種類	治理 層級	治理內容	府際治 理重疊 項目
就業 服務	中央	就業服務政策、法規制定、服務據點之設立、督導地方主管機關辦理國內私立就業服務機構違法查處、管理。求才、求職、招募、就業諮詢、青年促進就業、就業保險失業認定、促進就業措施	行政院與台北市均設置有就業服務機構
	台北市	就業服務、多元就業開發方案等短期就業促進方案業務、臨時工作津貼人員進用及薪資計算、辦理新移民及遊民業務就業促進業務、私立就業服務機構、性別就業歧視業務	
職業訓練	中央	職業訓練政策、制度、計畫之研擬、規劃及督導。職業訓練法規制（訂）定、修正及解釋之研擬。	行政院與台北市均設置有職業訓練機構
	台北市	職業訓練	

資料來源：
1.行政院勞動部官網，「執掌與組織」勞動力發展署執掌介紹。
http://www.mol.gov.tw/introduction/2089/2093/2495/
2.台北市勞動局官網，「業務職掌」就業安全科業務介紹。
http://bola.gov.taipei/ct.asp?xItem=94391376&ctNode=62199&mp=116003.

五、勞動檢查分工部分

至於勞動檢查部分雖於第 2 條明定主管機關，在中央為勞動部，在直轄市為直轄市政府，但於條文中未明列各自主管內容，僅於第五條第一項有相關規範：

勞動檢查由中央主管機關設勞動檢查機構或授權直轄市主管機關或有關機關專設勞動檢查機構辦理之。勞動檢查機構認有必要時，得會同縣（市）主管機關檢查。

前項授權之勞動檢查，應依本法有關規定辦理，並受中央主管機關之指揮監督。

由前述條文內容可觀之，直轄市的勞動檢查是由中央以授權方式賦予，並非直轄市的權限，依現行法制規定屬於授權之勞動檢查，並受中央主管機關指揮監督。

肆、府際合作

府際合作多以中央為主，地方為輔，尤其涉及經費，所謂合作多為中央制定計畫，經費提供，由於需地方負責執行，故須考量地方政府規劃、協調能力及執行意願。

一、地方政府需有配合意願

地方政府執行意願為府際合作成功與否關鍵，即使中央計畫經過評估後的效益呈現再好，若地方政府意興闌珊，執行效果定會不如預期，甚而形成空有計畫地方卻不願配合的窘境。直轄市升格後雖紛紛向中央要求治理權限，但在現行集權式治理型態無法改變下，中央強化與地方合作，某種角度也是舒緩地方不滿情緒的方式。

二、現有合作部分

本研究有關之現有府際合作的中央機關計有內政部民政司、經濟部水利署、勞動部勞力發展署及職業安全衛生署等，其與直轄市合作的主要內容如下：

（一）內政部民政司的健全地方發展計畫

目前中央與地方合作項目與本研究有關者，包括內政部民政司規劃的「健全地方發展均衡基礎建設計畫」，此計畫已於 2015 年核

定實施，該計畫採競爭型補助，涵蓋直轄市與縣（市）政府，初依補助地區參考順序，即直轄市與縣市均將其轄區依建設程度分成五個級區進行評比[6]，並就均衡發展效益性、財務健全性、計畫必要性、創意性⋯等作為評量指標，排定優先順序，以作為內政部審查之參據，此項計畫兼具中央與地方合作性質。

（二）經濟部水利署的供水改善計畫與施政綱領

至於水利署過往的年度重要施政計畫的「板新地區供水改善計畫二期工程」裡有北水處供水系統擴建工程，包括淨水工程及送配水工程，計畫期程為 2007 年-2014 年 12 月。至於水利署「新紀元水利施政綱領」（102-111 年）提及「提升自來水事業供水能力，持續推動降低自來水漏水率，提升供水普及率」的治理方針，此部分更須與北水處協調合作，否則北水處為其營運方針所作之提升供水能力，難以納入水利署的成效。

（三）勞動部勞動力發展署的就業服務計畫

勞動部勞動力發展署委辦直轄市政府辦理之「勞動部委辦就業中心業務實施計畫」，此計畫為 2015 年 4 月 21 日訂定，委辦事項包括就業服務及職業訓練等 10 項[7]，並自 2015 年 7 月 1 日陸續將勞力

---

[6] 依健全地方發展均衡基礎建設計畫補助地區參考順序表所列新北市為例，第一級區域有石碇區、坪林區、石門區、平溪區、雙溪區、貢寮區等，第五級區域有板橋區、三重區、中和區、新莊區、新店區。參見「內政部健全地方發展均衡基礎建設計畫補助作業要點」附件七。

[7] 直轄市政府辦理委辦事項包括：(1)求職求才之就業媒合服務。(2)職業訓練諮詢與就業服務推廣、諮詢及推介相關業務之辦理。(3)就業保險失業認定。(4)申請聘僱外國人前之國內招募與求才證明核發、外籍勞工轉換及承接業務。(5)轄區資源網絡之建立及推動。(6)各項福利服務資源之轉介。(7)特定對象之就業服務及就業促進。(8)中央辦理促進國民就業事項（如中央各

發展署新北市的三重、板橋、新店就業中心及高雄市的鳳山、岡山就業中心，分別委辦新北市政府及高雄市政府運作，並提供經費和辦理經驗。第 2 梯次則有臺中市政府申請承辦豐原、臺中、沙鹿就業中心，另桃園市政府申請承辦中壢、桃園就業中心。[8]

（四）勞動部職業安全衛生署的協助地方勞動條件檢查

另外針對地方勞動條件部分，勞動部職業安全衛生署提出「補助縣(市)政府督促事業單位遵守勞動基準法令實施計畫」協助地方執行勞動條件檢查，由於地方需相對自籌款與中央合作，涉及地方本身條件，部分地方政府執行意願較為被動，雖然經過溝通協調，目前地方政府還是會有自己看法。有關本文之中央部會與直轄市府際合作事項、時程、主要內容及合作方式等如表 7-8。

項促進就業津貼之辦理）。(9)中央辦理各項因應天災或重大勞動市場變動等情事之相關就業措施。(10)其他中央辦理有關就業中心業務事項（不含創業、技能檢定、多元就業開發方案審核作業及外勞直聘中心等）。參見勞動力發展署 2015 年 4 月發布之「委辦就業中心業務實施計畫」七、直轄市政府辦理委辦事項。2015.4.21。

[8] 參見勞動部勞力發展署新聞稿「勞動部就業中心委辦新北市、高雄市自 7 月 1 日開跑！」2015.7.31

表 7- 8　府際合作一覽

合作機關	合作事項	合作時程	合作主要內容	合作方式	備註
內政部民政司、直轄市、各縣市政府	健全地方發展均衡基礎建設計畫	2013-2017	中央協助地方政府改善基礎建設及公共服務設施。地方政府則須提出建設需求。	中央負責經費，土地問題則由地方政府負責解決。	
經濟部水利署、台北市政府北水處	板新地區供水改善計畫二期工程	2007-2017	台北市部分為北水處供水系統擴建工程：包括引水工程、淨水工程及送配水工程。	總經費約76億元，中央負擔69%，台北自來水事業處負擔31%。	
	新紀元水利施政綱領	2013-2022	納入每年的施政計畫	中央制定綱領，台北市政府北水處執行。	綱領屬政策指引未見細部規範
	協商水價公式	2015-	水價合理化探討及解決	水利署與台北市建立機制平台	未來目標台水、北水處能共用新版水價公式。
勞動部勞力發展署、五直轄市	勞動部委辦就業中心業務實施計畫	2015-2018	直轄市政府需提計畫由中央審核，作為經費核撥(銷)依據。	中央負責經費直轄五市合作，排除	中央於台北市無就業服務據點。縣市則條件不

				台北市及縣（市）。	夠。
勞動部職業安全衛生署、各直轄市及縣市政府	補助縣市政府督促事業單位遵守勞動基準法令實施計畫		中央招考 325 位勞動條件檢查員分配各縣市，經費前兩年採補助方式，地方第二年須列入歲歲出預算，地方相對自籌款 20％。	中央負責人力 80％及經費。前兩年採補助方式，第二年地方政府列入歲入歲算。地方相對自籌款 20％。	中央負責人力 80％費。前年採地方二方須列歲出歲算。地方相對自籌款 20％。

資料來源：本研究整理

伍、府際財政

　　現有影響府際財政法制主要規範於「地方制度法」、「財政收支劃分法」及「中央統籌分配稅款分配辦法」，以及依據地方制度法及財政收支劃分法制定之「中央對直轄市及縣（市）政府補助辦法」等四法制。

　　一、中央輔導地方的財政架構

　　地方制度法將「稅」的種類分為國稅與地方稅，地方政府可做為財源的除地方稅外，部分的國稅可依「中央統籌分配稅款分配辦法」分配與地方政府，目前中央輔導地方財政架構主要為「修改財

政收支劃分法」及「輔導地方政府提升財政效能」兩大主軸，其中修改財劃法部分有四大原則，『錢權同時下放』、『地方實質財源增加』、『財源只增不減』及『公式入法取代比例入法』等。輔導地方財政部分則包含『落實績效考核』、『強化開源節流誘因機制』、『推廣教育訓練』及『精進地方債務管理』等四原則。只可惜財政收支劃分法立法院遲未審查，攸關中央與地方的府際財政關係一直無法改善精進。

二、直轄市與中央的的財政連結

各直轄市與中央府際財政的連結，主要為「中央統籌分配稅款」（以下簡稱統籌分配稅款）及「補助款」，述之如下：

（一）統籌分配稅款運作方式

統籌分配稅款為地方政府上繳之稅收，中央固定提撥與地方政府，為府際間財政互動的主要項目。各直轄市在預算編列上均將統籌分配稅款列為稅課收入，統籌分配稅款占各直轄市稅收比例，則依各直轄市財政情形各有不同，自六都陸續成立後，統籌分配稅款一直佔了直轄市稅收重要比例。其中台南市與高雄市由統籌款分配比例，近五年來都超過百分之三十六，2015 年度二直轄市更是超過百分之四十。台北市則得天獨厚，自 2011 年至今占稅收比例都未超過百分二十二，其餘桃園、新北市及台中市台中分配款所占比例均超過百分之三十。各直轄市與中央府際財政關係已密不可分，統籌分配稅款已成為直轄市推動業務主要的經費來源，即使如台北市，統籌分配稅款之分配亦成為不可或缺的挹注。自 2011 年起各直轄市統籌分配稅款分配數占該市稅收比例如表 7-9。

表 7-9　中央統籌分配稅款占各直轄市稅收比例

年度直轄市	2011	2012	2013	2014	2015
新北市	32.3%	33%	33.7%	30.07%	30.6%
台北市	21.8%	20.6%	21.77%	20.5%	21%
桃園市					32.78%
台中市	33%	32.68%	32.98%	35%	34%
台南市	39.4%	40%	39%	41.9%	42.9%
高雄市	38.25%	36%	38.25%	41.79%	40.9%

資料來源：各直轄市 2011-2015 年預算表。

（二）補助款的補助範圍

　　中央「補助款」分為一般性補助款及計畫型補助款，不論何種性質補助，都有其補助範圍事項，一般性補助核撥須為教育、社會福利及基本設施等項目，計畫型補助亦須審核包括「直轄市財政情形」、「計畫效益」、「是否跨域建設計畫」等項，故直轄市是否能爭取到補助經費無法固定，而依財政收支劃分法規定原則主要為針對財力較差的地方政府「酌予」補助[9]，所以補助並不能成為直轄市固定歲入財源。

---

[9]　依財劃法 16-1 條規定之分配方式為 (一) 可供分配款項百分之八十五，應依近三年度受分配縣 (市) 之基準財政需要額減基準財政收入額之差額平均值，算定各縣 (市) 間應分配之比率分配之；算定之分配比率，每三年應檢討調整一次。(二) 可供分配款項百分之十五，應依各縣 (市) 轄區內營利事業營業額，算定各縣 (市) 間應分配之比率分配之。

第二節 深度訪談途徑之運用分析

本節將先就深度訪談採取的抽樣途徑做一說明，再就提綱設計、訪談問題及進行步驟等分別論述，析述如下。

壹、訪談抽樣途徑

本研究採取「判斷抽樣」（Judgmental Sampling）（即立意抽樣）方式，為能獲得代表性較高的樣本，先從判斷抽樣形式進行訪談，部分受訪對象則以滾雪球方式產生，再從中選擇最能代表研究的資訊提供者作為受訪對象。本研究為免抽樣偏差，在抽樣上盡量採取客觀中立，避免研究者個人好惡傾向影響對研究個案的分析推斷。

一、訪談機關及對象

政府部門受訪對象包括中央及直轄市政府兩個層級，篩選對象考量各層級受訪對象之代表性，最後確定中央訪談對象有四位，包括內政部民政司長、經濟部水利署副署長、勞動部職業安全衛生署副署長及勞動力發展署就業服務組長等。根據本研究第三章英國經驗顯示，地方環境特色影響著整個政府體系的互動，國內由於六個直轄市分布於台灣的北部、中部及南部三個地區，考慮地方不同環境因素，三地區各選一個直轄市作為受訪代表，台北市因涉及個案較多，為北部地區直轄市受訪代表，受訪對象包括研考會副主委、台北翡翠水庫管理局長[10]、台北自來水事業處副處長及台北市勞動局

---

[10] 2002 年亢旱時任台北翡翠水庫管理局長，為台北市當年抗旱政策擬定主要首長之一。亢旱結束後調至台北自來水事業處續擔任處長 8 年，總計前後擔任台北翡翠水庫管理局及台北自來水事業處等首長共計 12 年經驗。

就業安全科長等四位相關官員。另外中部地區的台中市及南部地區
的高雄市則以掌握該二市研究發展、綜合計畫、管制考核執行情形
的研考會為受訪代表機關，訪談對象均為副主任委員。另輔以相關
領域之學者，分別為中興大學公共政策所所長及台北大學公共行政
暨政策學系主任等二位，以上研究訪談對象共計 12 位。其編碼為
CU1、CU2、CU3、CU4、LG1、LG2、LG3、LG4、LG5、LG6、SC1、
SC2。如表 7-10

表 7-10 深度訪談對象名單

編號	服務單位	職稱
CU1	內政部民政司	司長
CU2	經濟部水利署	副署長
CU3	勞動部職業衛生安全署	副署長
CU4	勞動部勞力發展署	組長
LG1	台北市研考會	副主任委員
LG2	台北翡翠水庫管理局 （台北自來水事業處）	局長 （處長）
LG3	台北自來水事業處	副處長
LG4	台北市勞動局	科長
LG5	台中市政府研考會	副主任委員
LG6	高雄市政府研考會	副主任委員
SC1	國立中興大學公共政策所	所長
SC2	國立臺北大學公共行政暨政策學系	主任

資料來源：本研究整理

二、受訪時間安排

本研究受訪過程影響因素包括研究者時間及其他受訪者時間，若安排受訪對象時間一再更改，嚴重影響結果將使受訪對象產生排斥，故顧及受訪時間，每星期預定安排受訪人數不過於密集，且事前對資料準備充分，否則即須再做聯繫或經由電話訪談，極易造成受訪對象的不便。至於本研究受訪順序以公部門受訪對象為優先，職位高者先聯繫，學界在後，主因為先經由公部門的實務經驗，讓研究者能深入了解實際運作，對接下來的學者訪談部分助益甚大。

貳、提綱設計及訪談問題

本研究依其構面，在提綱部分設計有「府際機制」、「府際互動」、「府際分工」、「府際合作」、「府際財政」等五個面向，由於受訪對象包括公部門主管及學界學者，公部門的主管又有中央部門及直轄市部門等兩個政府層次，故而依據受訪對象服務領域、層級及學者領域等參照前述提綱設計受訪對象的訪談問題。訪談提綱設計如表7-11。

表 7-11 訪談提綱設計

構面	定義	訪談提綱
府際機制	中央與直轄市跨域治理之結構性互動，或辦理自治事項違背憲法、法律或基於法律授權之法規者之法定處理方式。	中央與地方府際機制如何？法制上運作情形如何？中央或直轄市、縣（市）看法有無不同？
府際互動	地方政府與中央間的互動路徑（access）的方式，我國為單一制國家，屬中央集權的體制，中央與地方互動方式多由中央主導。	中央與地方府際互動如何？直轄市、縣（市）與中央互動態樣有無不同？在塑造地方特色上，中央的角色應如何？
府際分工	中央與地方的權限分工，中央政府事務主要為全國屬性，地方政府自治事項分工則屬地區屬性。憲法 108 條另規範有中央可交由省立法並執行事項，即所謂的授權事項，權限雖屬中央，但可將權限授予。	中央與地方角色在權力分配、職能分工的情形如何？直轄市與縣（市）有無不同？當下地方如何塑造特色？
府際合作	所謂合作多為中央制定計畫，經費提供，由地方配合執行，由於不具強制性，且多需自籌經費配合，各地方政府可自行衡量人力、財力及環境等因素決定是否配合。	中央與地方在府際合作上的運作情形如何？直轄市與縣（市）有無不同？當前府際合作的主要障礙如何？
府際財政	各直轄市與中央府際財政的連結，主要為「中央統籌分配稅款」及「補助款」等，其中統籌分配稅款為地方政府上繳之稅收，中央固定提撥與地方政府，為府際間財政互動的主要項目。	中央與地方在府際財政上的運作情形如何？當前有無困難之處？直轄市與縣（市）之情形有無不同？解決當前地方財政困難，中央、直轄市或縣（市）之情形有無不同？解決當前地方財政困難，中央、直轄市或縣（市）之作為應如何？

資料來源：本研究設計

參、本文深度訪談進行步驟

　　深度訪談主要用意在於藉由妥適情境，由受訪者講出研究所需之資料，過程中盡量維持客觀中立，所以深度訪談前的心理建設是必須的，訪談技巧上亦需借助導引方式，讓受訪者不致偏離主題，若受訪者內容偏離，訪談者亦應適度拉回，以免耗費雙方時間。至於本研究深度訪談進行步驟如下，首先是訪談者於訪談前的準備工作、其次是篩選受訪對象、第三是約訪、第四是訪談重點掌握、最後則是分析，分述如下：

一、訪談前準備工作

　　本研究深度訪談對象擴及四個個案面向，深度訪談前研究準備工作包括：相關法規、國內外論文、期刊及網路訊息，以及電子、平面等資訊之蒐集及重整，以釐清訪談所需獲得之資訊重點。

二、篩選受訪機關及對象

　　由於本研究微觀面涉及四個個案，宏觀面涉及六個直轄市和國家未來整體治理發展，故篩選機關原則為兼顧個案與整體治理面來做篩選，涵蓋機關層級為中央與直轄市。至於篩選受訪對象部分，如何在受訪對象裡篩選合適受訪者確為困難課題，由於受訪者層級愈高，受限於時間，受訪機率相對較小；若受訪層級不夠，恐論述的權威性、代表性都將受到影響，是以受訪對象篩選本就是項挑戰，最後確定本研究深度訪談對象除與個案領域相關外，其層級不論為中央或直轄市皆為公務部門副首長或業務主管以上，包括中央部會的司長、副署長及直轄市一級局處的局長、副處長等，在公部門的實務面上應具代表性。學者部分本文篩選兩位，一為跨域治理學術

領域權威；一為地方政府運作學術領域權威，深度訪談過程以理論的觀點評析對本文研究助益甚大。

三、約訪對象

本研究受訪對象約訪方式，有兩位為利用適當場合親自約訪，有兩位則為電子郵件方式，其餘均為電話約訪，電話約訪對象有親自接聽，也有經由秘書轉達，其中亦有回復時間稍長經持續聯繫後獲得回應。約訪是否順利需靠些運氣，部分受訪對象須將時間、內容簽請部長同意後始能接受訪談，在對象約訪上即無法繼續進行，約訪下一位的動作形同暫停。

四、訪談重點掌握

訪談時間不宜耗時過久，本研究受訪對象公部門人員皆為主管以上，學者亦兼具行政主管身分，工作繁忙可以預知，是以訪談必須留意時間控制，過程中亦須了解訪談重點所在，枝節問題盡量不佔太多時間，如此深度訪談在不同受訪者中不耽誤太多時間下皆能得到所需資料。

五、分析

最後依據訪談紀錄整理出所需之資料進行彙整、研究分析，本研究進行時雖以擷取研究所需為重點，但在態度上秉持客觀立場，維持受訪者原意進行。訪談進行步驟如表 7-12。

表 7-12 深度訪談進行步驟

訪談進行步驟	步驟內容		
步驟一	訪談前的準備	資料蒐集及重整	
		釐清重點	
步驟二	篩選受訪機關及對象	公部門	中央層級：副首長或業務主管以上人員
			直轄市層級：首長、副首長或主管以上人員
		學者：涵蓋跨域治理學術領域及地方政府運作學術領域等	
步驟三	約訪對象	親自約訪	
		電子郵件邀約	
		電話約訪	
步驟四	訪談重點掌握	時間掌握	
		重點掌握	
步驟五	分析	彙整	
		研究分析	

資料來源：本研究整理

第三節 六都與中央府際治理可能因素分析

　　本研究依據研究架構設計出五個構面提綱，根據提綱及公部門、學者的專業領域擬妥訪談題目，藉由深度訪談，釐清府際治理可能因素。

壹、府際治理因素

府際治理因素將以「府際機制」、「府際互動」、「府際分工」、「府際合作」、「府際財政」等五個構面作為分析的主要歸納面。

一、府際機制

中央在推動區域發展上面臨實務上困境，行政院組織改造似也無法解決運作發生的問題，地方自治事項權屬亦有模糊待釐清處，以及關乎運作的平台機制與溝通管道的成效等皆影響著府際機制的方向，經訪談整理後即從推動區域發展面臨困境、組織改造後的問題、地方自治事項仍有模糊待釐清處及平台機制與平時溝通管道的建立等面向析述如下：

（一）推動區域發展面臨困境

行政院國土規劃所建構的三大生活圈、七個發展區域的方針，重點在鼓勵跨行政區界的合作發展模式，並針對「北北基宜」、「桃竹苗」、「中彰投」、「雲嘉南」、高屏」、「花東」、「澎金馬」等七個區來推動，每個區域整合提出區域發展計畫，中央則對提出之計畫優先補助，此項國土規劃也是落實地方制度法第二十四條之 1 之規範機制。中央推動地方各區域發展雖然順暢，但仍面臨困境⋯

> 推動直轄市合作也會有一些障礙，就以『北台八縣市合作平台』而言，中央希望藉由資源整合推動各區域或是跨域合作事務，但當向中央爭取到預算後，受限於民選首長的選票壓力，各縣市都希望在其轄區內多一些照顧，形成縣市資源配置上的角逐，合作機制就會受到影響，甚而要地方政府自行編列預算，也成為中央推動平台業務的阻礙⋯⋯（CU1）

（二）組織改造後的問題

前述中央對區域發展計畫看法，直轄市代表和學者代表各以不同角度切入，看法或有差異但對中央的期許是殊途同歸。

直轄市代表認為

中央國土規劃裡有北中南各區域的平台設立，與台中市有關的是「中台灣區域合作發展平台」，中央國發會給予整體性經費，也行之多年了，但是中央有將「平台」做小的趨勢，主要在於國發會雖有經費補助的規劃，但當各縣市將計畫提出時，中央對應的部會未必有正面的回應，可能是行政院組織改造後，原有的「經建會」改組為「國發會」後，對既有的合作期待產生了變化。最早的區域合作稱得上「高瞻遠矚」，但中央沒有後面的配套，國發會無法在經費編列上照單全收，其他部會也不樂意配合編列，使得這項區域性合作在資源未整合下，未能成功以至於平白耗掉了國家資源。（LC5）

學者則認為

中央與地方協調性機制不夠，我所說的機制是必須讓其法制化，尤其要形成中央口口聲聲所講的「夥伴」關係，就需要將協議的機制規範在法律文字上，才能制度性的解決事件發生後，府際間的協調或合作問題。英國的中央與地方就是以公共服務協議制度，不涉及政黨因素的處裡中央與地方的協調合作問題，我國像是「食安」或登革熱等具急迫性、擴散性等會持續惡化的議題事件，就應要以法律規範來成立機制。（SC1）

　　區域發展計畫中央主管機關原為行政院經濟建設委員會，但經行政院組織改造後，2014 年 1 月 22 日經濟建設委員會與行政院研究發展考核委員會等機關整併為行政院「國家發展委員會」，區域合作發展的中央主管機關由該會承接，然而以往經建會時期，各主管部會的橫向聯繫即不夠，往往在經建會同意縣市區域計劃後，主管部會卻無經費配合，這種現象在組織改造後仍然不變，中央對應的部會仍無正面回應，原有的區域合作規劃並未達到預期功效。

（三）地方自治事項仍有模糊待釐清處

　　依照地方制度法七十五條規定，直轄市政府辦理自治事項違背憲法、法律或基於法律授權之法規者，中央各該主管機關可報行政院予以撤銷、變更、廢止或停止其執行。……此外，在公職人員選舉罷免法第七條第四項則另規範有村（里）長選舉，由各該直轄市、縣（市）選舉委員會辦理及直轄市辦理前項選舉須受中央選舉委員會之監督等府際機制。在 2002 年大法官會議並未對行政院與台北市的「里長延選」案關鍵點的「特殊事故」做出明確認定，使得究竟有無違反地方制度法七十五條，成為至今仍無法釐清之處，中央主管機關對此也是無奈……

　　　依照地制法的規定，直轄市的權限包括里長延選事務，應無疑義，也就是說台北市政府是有這個權限，只不過辦理里長延選的重要先決條件，所謂『特殊事故』是否成立，就是個爭議問題，當時是否真屬於特殊事故，台北市政府的認定似有人為的操作在內。大法官採取模糊的解釋，使事情並未解決，會這樣，也是里長延選案在當初是個政治性高的議題，

本來政治事件最終應該由法律解決，可惜這個爭議並未解決。（CU1）

以上爭議由於無法從政治面或法律面及時解決，在國內政黨輪替已成常態下，模糊待釐清處若未澄清，日後於府際間的治理仍有爭議可能。

（四）平台機制與平時溝通管道的建立

至於在公共事務部分，中央與直轄市的流域管理、防災等平台等機制，有其應發揮之效果，惟受限所處立場不同，雙方於會議上的溝通、協調難免受本位主義影響，然平台機制的法制化畢竟屬實際運作的結構性規範，因應環境變遷須考慮相關法律修法的可能性，除此，再加上平時的個別溝通，始能有效，尤其實務運作中，正式場合可能不如平時建立的溝通管道…

> 法規運行一段時間會有檢討修正的必要，我們已送到立法院，包括對於水權管理的「水利法」，涉及家用溫泉收費標準的「溫泉法」，以及涉及到以逕流分攤不造成下游負擔的「排水管理辦法」等的修法，若能順利修法，多少對現行的運作會有正面功能。其次，中央與地方的溝通機制主要有「行政院流域治理協調會」、「淡水河流域管理」、「防汛策進會議」及「水質水量保護」等平台，利用平台式的會議個人覺得效果有限，個別式的溝通可能更能聚焦，坐上會議桌總有各自立場，沒有辦法真正解決問題，若能先有共識再開會確認，

效果會更好。（CU2）[11]

二、府際互動

有無互動效果與互動形式無必然關係，有時效果反而顯現在持續與不拘泥形式的互動中，中央為主的互動則需有實質的回應，目前中央與包括直轄市在內的互動是採一視同仁的同級化方式，直轄市對中央委辦事項的執行效果以及特殊事件的發生等都會影響著雙方互動關係，經整理分析後府際互動面向以持續與不拘泥形式的互動、實質回應與不斷溝通、中央與地方同級化的互動、直轄市執行效果影響互動及特殊事件發生影響互動等部分析述如下：

（一）持續與不拘泥形式的互動

中央無論資源人力均較直轄市充裕，雙方互動上多數時間中央處於主導地位，有時良好互動的開始，雖因地方經費的不能配合而無法圓滿，但是良好的互動是無法中斷，同時互動也不須拘泥於形式，只有在友善的氛圍下，才有助於中央對地方的協助，尤其是地方特色的塑造。

> 目前中央在與直轄市和其他縣市互動過程也有些困難存在，地方常礙於經費資源有限而配合度不高。但是在塑造地方特色上，中央一直在作努力，包括規劃及以經費補助，例如『宗教沃土計畫』就是希望形成特色，吸引國外觀光客。」（CU1）「我覺得中央與直轄市或一般縣市的互動都一樣，平時就要

---

[11] 編號 CU2 訪談日期為 2015.8.27 日，適為蘇迪勒風災，中央與台北市對大台北地區飲用三天濁水責任不同意見形諸媒體後，於深入訪談過程只要談及與台北市的業務互動，可以感受用詞謹慎，言談中未見苛責台北市府人員。

做好，不侷限形式，而且這種互動是全面的，機關的上中下
層級都應該維持互動關係……（CU2）

（二）實質回應與不斷溝通

良好的互動在於雙方平時的培養，這是取得信任的第一步，然
而要維持長期時間良好的互動，則須其他要素配合，握有資源的一
方實質的回應就是有效的方式，而遇須解決之公共事務，更須藉由
不斷溝通，讓地方感受到中央真誠的善意，才能使公共事務得到成
功的治理。

> 兩年前新北市和高雄市爭取就業服務業務的錢和權下放，引
> 起媒體的報導，當時好像有引起直轄市對中央的不同看法，
> 我們後來有推動委辦直轄市的業務，也是回應直轄市的需
> 求。（CU4）

> 民眾對政府是有期待的，政府作為也不盡讓民眾滿意，我們
> 在今年亢旱前就先到旱象嚴重縣市包括桃園市、新竹縣、嘉
> 義縣、台南市等，與他們不斷溝通，請他們配合共度旱象，
> 以解決實際問題為先，盡量避免不必要的紛爭。（CU2）

（三）中央與地方同級化的互動

中央與地方互動是否存在層級差異，即中央與直轄市互動是否
與縣市有別，值得探討……

> 中央與直轄市及各縣市的互動並無不同，雖然直轄市位階
> 高，但以中央立場，都是同級化的互動，互動情形大致上來
> 說還算順暢。在此原則下，塑造地方特色上，中央一直在作
> 努力，包括規劃及以經費補助，例如『宗教沃土計畫』就是

希望形成特色，吸引國外觀光客。（CU1）

我覺得中央與直轄市或一般縣市的互動都一樣，平時就要做好，不侷限形式，而且這種互動是全面的，機關的上中下層級都應該維持互動關係⋯⋯。（CU2）

中央希望縣市勞動條件都能夠提升，這是沒有直轄市或是一般縣市的區別，所以一般互動沒有不同。（CU3）

直轄市和一般縣市擁有的資源不同，即使是直轄市間資源也不會相同，但是與各地方政府的互動，我覺得沒有差異，主要是推動業務能順暢最為重要。（CU4）

一般認知均以直轄市資源較各縣市為優，位階也高，故中央與之互動會因資源不同而與一般縣市不同，然在經過多位中央官員的深度訪談後，了解到中央立場是盡量與直轄市及縣市做到同級化的互動，並不希望出現直轄市及縣市的互動有差異的情形。

（四）直轄市執行授權業務效果影響互動

至於互動效果會因業務的階段性而有不同，就以勞動檢查權而言，一直是直轄市向中央爭取的權限，然而中央授權或下放有其考慮因素，直轄市以往執行的效果若差，就不在考慮之內，中央的認知即是部分直轄市檢查效果並不明顯，自是影響了雙方的互動⋯⋯

當然直轄市政府較有意見，由於中央授權僅及原有「市」面積，有些直轄市新增縣的面積後，就要求勞動檢查權範圍應涵蓋併過來的縣，但因地方檢查效果並不明顯，所以當時中央的勞委會並不同意，後來陸續又有其他直轄市也要求授權，中央都沒有同意，在當時中央與地方互動氣氛確實不好。

（CU3）

（五）特殊事件發生影響互動

直轄市與中央的互動由於位階、資源等關係，雖處弱勢，但平時仍能維持正常互動狀態，此種正常狀態當碰到特殊事件時，可能就起微妙變化，即使位階較低的直轄市，在民意市長的光環下，仍會表達對中央的不同意見，雙方的互動氛圍即會受到事件波及影響。

> 雙方由於政府層級不同，看法可能會有不同，我覺得事務官的溝通應該沒有問題，但是特殊議題，例如最近蘇迪勒颱風過後，市長提及北水處放水混濁三天肇因於南勢溪的水土保持問題，與中央看法不同，會使原有溝通管道受到影響，若無這種重要衝突的議題，溝通應該會維持很好。（LG1）
>
> 平時聯繫還好，大家都是公務員，公務員做事都要依法的，當然碰到特殊事件可能對連繫互動會有些短暫影響。（LG2）
>
> 有些議題涉及到跨區域為題，例如鐵路高架化就會跨出疆域，區域平台裡向中央申請經費，中央會有慢半拍情形，好像沒有看到區域合作的必要性。（LG5）

三、府際分工

直轄市爭取的權限以中央角度言之是否每項權力都可分工，以現有體制言地方爭取權力恐不敵中央最後的決定權，而直轄市則認為中央與直轄市相同工作性質實為業務重疊，學者對此亦有不同看法，以下即分從中央看地方爭取權力為過渡期、直轄市看中央業務與地方重疊及學者對府際分工觀點不同等部分析述之。

（一）中央看地方爭取權力為過渡期

以中央立場言，地方爭取權力僅屬過渡階段，細分二部分析述如下：

1. 最終由中央統籌權力

直轄市位階雖不如中央，但直轄市長皆為民選產生，有民意為依歸，權力原就不小，針對同一業務中央與直轄市各有權限，有看法認為各有功能，沒有所謂業務重疊問題，且國外也是先經過地方分權要求的階段，最後都是由中央統籌辦理。

直轄市權力其實已經很大，幾乎什麼事都能做，但由於各直轄市財力大小不同，能做得當然也就不一樣。我覺得目前權力分配或職能分工上還好，差別的只是各縣市資源問題。（CU1）

依照就業服務法規定中央主管機關為勞動部，直轄市為各直轄市政府，而主管機關也都可以設立就業服務中心，地方設立可因地制宜，中央則可統籌辦理，各有功能。台灣相較於其他國家有些特別，像是澳洲、日本及韓國，就業服務業務就是中央在辦理，他們也經過先地方的分權要求，但是現在還是中央在統籌。（CU4）

2.部分業務無法分權

中央以整體面觀之，若各縣市都獲得權限，會發生各縣市條件不同，而有不同做法的情形，對國家並非有益，尤其遇有國際重大事件時將難以因應，就業服務與勞動檢查皆是如此，尤其我國為「國際勞工檢查公約」成員，現行勞動檢查須遵守該國際檢查公約規範，

故地方政府須獲中央授權始能實施檢查[12]。

有些縣市條件不同，地方需要有相當財源，否則一旦合併，一定是整併回中央，若是一個區塊一個區塊的分開，地方碰到重大事件例如：金融海嘯、巨大風災等將會無法因應。（CU4）

國際勞工檢查公約有規定地方檢查一定要中央授權，而且明文規範勞工檢查工作應由中央機關監督。其原意應該是認為一個國家若不是中央主管，地方政府多制在推一定會紊亂，我認為台灣太小不應多制，而應單一制。我國如果真要轉為地方檢查制，就要另外立法。（CU3）

中央也曾有意於五直轄市長選後將勞動檢查權的權力下放……

五都成立後時期，當時中央希望將原有五都業務重新歸零來作檢討，並不是不給予權力，而是有些直轄市與縣合併涉及重新授權問題，當時除了直轄市，中央也曾考慮將一般縣市作為授權對象。（CU3）

（二）直轄市看中央業務與地方重疊

直轄市針對業務重疊的立場細分二部分析述如下：

1.中央與地方存在業務重疊問題

然而直轄市看法與中央窘然不同，中央與直轄市的權限爭議，

---

[12] 勞動檢查為中央政府的權限，規範於81號國際勞工公約第四條：「在不牴觸本國行政慣例之情形下，勞動檢查工作應由中央機關監督管理之。」行政院勞委會並發布新聞稿認為，依國際勞工組織(ILO)第81號公約並無勞動檢查權下放問題。參見勞委會2011年6月24日新聞稿。

在職能分工上暴露出另一層面現象，即顯現出的業務重疊設置問題，以就業服務及勞動檢查觀之，中央與地方二層級政府同時設有就業服務據點，顯示出的就是資源未集中整合，似有資源浪費的問題，而勞動檢查業務的重疊顯示的則為更嚴重的責任問題。

> 現有規定中央也可以設置就業服務站及辦理職業訓練，既然規定如此，我們依照規定，資源上確實有重疊的情形，整體就業及訓練當然增加，法規如此，也只能配合。中央目前擁有權力，由於涉及到權益利害關係，加上中央並未將餅作大，要讓中央將權力釋出，不太容易。（LG4）
>
> 公共治理最有效果的是中央和地方能整合一體，資源做最有效運用，但現有法規規定總要遵守依法行政，屬於地方性質的就應歸於地方，我覺得有些業務中央與地方也不要重複地在作，若是業務性質上屬於地方，中央就應實質的授權。另外，只要有利於民眾，在一個平台機制裡好好的去談，才是好政府，若問題沒解決就要重視，例如『氣爆』後，中央與高雄市都在談，若是屬於中央權責，中央就要擔待，像是氣爆暴露的工業管線維護管理，若屬中央權責，中央平時的管理就要要求，平時的檢查可看出只要一發生『異味』先到達現場的一定是政府部門人員，業者都是等我們通知後才趕到，所以政府平時的管理很重要。（LG6）

2.公共事務治理需權責一體

台北市為首善之區，享有優越資源，同時肩負著首都市民的期待，期望中央多下放些權力，不論權利在中央或是地方，享有權力的同時就應要負擔責任，權責一體也是推動業務應思考的面向，處

於國內已然無秩序的政治環境，公共事務治理不能再權責不清，目前中央與直轄市即處於權責須待釐清的環境。

> 台北市為直轄市，更是首善之區，資源條件雖佳，但做的事情相對也多，我們當然希望應該有的權限要給台北市，即使現有法規規範權限不歸台北，也希望讓台北能分享，畢竟台北市民是希望市府能多為市民做些事的。（LG1）

> 目前中央於旱象發生時有統籌調度用水之權，對於中央於2002年後將亢旱的調水權由中央統籌調度的做法，個人沒什麼反對意見，只不過權責是一體的，享有權力的同時就應該要負擔責任。（LG3）[13]

（三）受訪學者對府際分工觀點不同

中央應將權力回歸地方或者中央應集權而非分權，受訪學者對府際分工觀點看法不同，析述如下：

1.中央應將權力回歸地方

目前中央權力明顯擴張，地方可以做的卻是由中央代勞，中央應著重在政策制定及督導層面，地方事地方政府最清楚，地方民眾需求地方政府也最了解，中央應將權力回歸地方…

> 直轄市向中央爭取權力，對居民來說直轄市就有正當性，其次爭取的可能是中央應回歸到地方而不是只是肥到中央而已，中央做了太多應該是地方的業務，像是經濟部中小企業處補助商圈老街來說，有必要嗎？為什麼不是由地方自己來

---

[13] 編號LG3訪談時間2015年8月6日，為蘇迪勒風災前，三天濁水引發之中央與台北市形諸媒體的責任問題尚未呈現，府際氛圍未受影響，接受訪談人員以實務經驗務實的表達看法。

做，誰最了解地方？其實放手讓地方做，中央的權力是政策
制定和督導面，可是現在中央各部會都將地方權變成自己，
若是能回歸給地方，中央至少裁掉一半的業務量和人力，這
些人力就可以回歸地方，執行上還是地方來做比較好，目前
直轄市爭取的權力離地方分權目標還很遙遠。（SC1）

2.應為集權而非分權

權力與責任一體，直轄市可以參與中央的公共治理工作，但是
地方擴權太多會形成國中之國的問題，也與全球趨勢背道而馳…

當直轄市增加權限對直轄市的對外發展是有幫助，但我認為
權力要與責任對等，權力增加也要負擔一定的責任。當然增
加權限有一定範圍，擴張太多就會形成國中之國，全球國家
體制趨勢應為集權而不是分權，直轄市可以參與中央的公共
治理，畢竟直轄市政府只是地方政府而不是國家層級。（SC2）

四、府際合作

府際合作的業務會有涉及地方習俗之處，部分作法若與習俗相
違背，則須突破習俗忌諱始能進行，否則執行上會增加一定難度，
再加上地方是否需自籌經費、政黨因素、互信氛圍、觀念差距、資
源條件等因素，都會影響著府際合作的成效，析述如下：

（一）地方習俗因素

中央為主的推動府際合作，仍會遇到困難，其中涉及到習俗部
分，地方首長在推動業務時會顧及當地民眾感受，要改變民眾觀念
需要時間還有勇氣，困難度不輸一般施政的推動，由於面臨選票考
量，以致地方政府配合度受影響。

是會碰到些困難，例如納骨塔業務，中央希望推動循環利用，比如一定期間內將無主骨罈甚或其他有主骨罈推廣環保葬，而將騰出空間作二次利用，地方政府配合則須訂定相關規範，可能是礙於一般民俗，亦或其他因素，地方政府並不夠積極。（CU1）

（二）地方自籌經費因素

中央主導推動區域合作，藉由資源整合推動事務，應對地方有利，然而需要地方配合自籌經費時，地方政府就不夠積極，且相互間為了政績有可能形成相互競爭局面。

目前中央在與直轄市和其他縣市互動過程也有些困難存在，地方常礙於經費資源有限而配合度不高。例如「宗教沃土計畫」，是要利用各地宗教寺廟建築之美、擁有之豐沛資源及人心善良一面以吸引國外人士，但是一碰到經費問題，推動起來總是不順暢。推動直轄市合作也會有一些障礙，就以『北台八縣市合作平台』而言，中央希望藉由資源整合推動各區域或是跨域合作事務，但當向中央爭取到預算後，受限於民選首長的選票壓力，各縣市都希望在其轄區內多一些照顧，形成縣市資源配置上的角逐，合作機制就會受到影響，甚而要地方政府自行編列預算，也成為中央推動平台業務的阻礙，即使如此，個人仍認為中央整合地方的業務推動，總是向前邁了一大步。（CU1）

（三）政黨因素

政黨因素也會影響著雙方合作，直轄市不論位階或資源相較於

中央均處弱勢，以直轄市立場言，若處於中央與直轄市相異政黨執政情況，對政黨干擾因素的察覺當會更為敏銳，也是無法忽視的問題，而以學者言，談治理盡量不碰政黨問題，即因政黨問題易使問題複雜化。

> 我認為政黨因素還是存於中央與地方之間，是雙方合作最主要的障礙，由於政黨逢選舉會有選票壓力，雙方合作時都想要凸顯自己的政黨，會使雙方的不信任感加劇，此種不信任氛圍會形成合作的障礙。（LG1）
>
> 目前各項平台都會卡在政黨因素，登革熱處理與未來防治，中央一定要介入，而且應以「夥伴」關係。中央與地方談互動政治問因素是最難搞的，至於地方間還好，好像問題不是那麼大，反而有合作空間，像是基隆與台北市合作處理垃圾問題，由於是大家都要解決的問題，就有合作的機會。（SC1）
>
> 會影響到合作治理，我們談「治理」盡可能不要講到「政黨」因素，就是因為若談政黨，不論中央或是地方只要不同政黨執政，一切選舉考量下，在黨同伐異氛圍下就無法平心靜氣來談公共治理，這並不是國家之福。（SC2）

（四）互信氛圍的影響

雖然前述原因會形成府際合作的阻礙，但是府際合作要成功仍須雙方形成「互信」氣氛，在 2015 年蘇迪勒颱風造成南勢溪水濁，影響雙北市供水時，中央與台北市的互指對方，確實會影響著雙方合作的氛圍。

雙方由於政府層級不同，看法可能會有不同，我覺得事務官的溝通應該沒有問題，但是特殊議題，例如最近蘇迪勒颱風過後，市長提及北水處放水混濁三天肇因於南勢溪的水土保持問題，與中央看法不同，會使原有溝通管道受到影響，若無這種重要衝突的議題，溝通應該會維持很好。」（LG1）

中央與台北市曾就「水價公式」及「水源回饋金」議題，在雙方合作下圓滿完成，二項議題可謂台北市政府北水處較大的民生議題，從雙方不同看法起，藉由多次的溝通協調，到最後雙方都能接受新的水價公式及回饋金額止，若無信任基礎，難以達成。

雙方溝通的不順暢，個人認為主要癥結還是在雙方有沒有「互信」，我與中央溝通協調時都是想辦法找到對的人，彼此信任，不會相互猜忌，如此協調起來遇阻礙的情形會降到最低。（LG3）

（五）藉由合作的治理

有多項業務皆涉及中央與台北市的合作治理，雙方為得到滿意結果，必須藉由不斷協調與合作始能完成，有些是直接與台北市有關的，包括水價公式與水源回饋金處理，部分則是中央訂定的政策方向，如經濟部水利署提出「新紀元水利施政綱領」（102-111 年）提及之「提升自來水事業供水能力，持續推動降低自來水漏水率，提升供水普及率」的治理方針，需要臺北市配合始能達成。

「新紀元水利施政綱領」屬於政策面，由於國內只有兩個自來水事業，自來水公司是經濟部管轄，北水處則歸台北市政府管，我們會以補助或是合作方式與台北市共同推動，至於

合作部分就像是「板新地區供水改善計畫二期工程」一樣，中央提計畫、經費挹注，而由台北市配合執行，由於需要台北市政府的配合協助，可以說就是共同治理，由於推動此項工作對台北市、中央及民眾而言是三方都可獲益，台北市也極力配合，所以此項計畫目前看來應該是會成功的。在雙方合作治理上，水價部分也是個例子，水利署長（次長兼）在台北市柯市長上任後，曾主動找柯市長希望能建立平台，得到正面回應後，與台北市開了多次的工作會議，將水價公式做了適當的修正。這個平台當然是涵蓋了互動、治理等功能，也是相當成功的合作。（CU2）

水價公式及水源回饋金這兩項業務算是與中央有密切的業務互動，其中水價是這兩年來最大的協調議題，而水源回饋金則發生在兩年前，也是當時與中央協調密切的議案。水價公式由本處陳報經濟部核定，每四年檢討一次公式，核定後的調整方案就屬台北市權責，雖然中央佔有優勢地位，但基本上如何調整，只要不違背公式，台北市仍有主導權。至於水源回饋金是除了水價公式外，與中央協調較大的案件，中央態度傾向多徵水源回饋金，可是本處也會表示不同看法，於是雙方一次又一次的溝通協調，直到雙方都能接受。（LG3）

（六）觀念差距的影響

中央與地方的合作，由於立場不同，看法也會有出入，當前中央與直轄市相較於其他縣市合作密切，但是所處政府層級不同，面對環境不同，在以中央為主導的合作中，直轄市仍會感受到雙方觀

念的差距，影響合作成效。

> 我覺得合作的障礙還是在「觀念」上的差距，地方期待經費下放，能多些揮灑施政的空間，中央則希望地方不要有太多意見，盡量按部就班照計畫執行，如此中央的想法就不一定合地方的意，例如輔導措施就沒有站在地方角度看需求，雙方雖有座談溝通，但會後涉及到執行甚而追縱，效果就看不出來了，其次談到補助，對於偏鄉並沒有照顧到，對於資源充沛的卻又不排除，中央往往為求公平而補助，結果卻往往不公平。（LG5）

（七）資源條件的影響

中央推動計畫也要直轄市的配合，由於直轄市與一般縣市擁有的資源不同，使中央推動治理計畫，在選擇合作的對象上也會有不同，就以勞動部推動之委辦就業中心言，優先考慮合作的地方層級就是直轄市，一般縣市被排除就因資源條件較直轄市為差。

> 當然，直轄市的配合很重要，但由於這是與市民權益有關，所以各直轄市政府還是會積極與中央配合。至於直轄市與一般縣市合作會有不同，我們在推動針對直轄市的「勞動部委辦就業中心業務實施計畫」時，就將一般縣市排除在外，因為各縣市條件無法和直轄市相比，所以推動合作計畫時會有不同考量。至於台北市雖是直轄市，我們也排除在這個計畫之外，由於這個計畫需要直轄市配合，可以說是個合作計畫，但是因為台北市已經做得很好，加上中央在台北市並無就業中心的設置，我們就以實際需要的其他直轄市為對象，而排

　　除了台北市。（CU4）

（八）直轄市仍需中央的協助

　　我國受限於國際環境，政治舞台較為限縮艱困，直轄市成為活躍國際舞台的平台，然而以目前資源分配情形，直轄市辦任何大型的國際活動，還是需要中央的協助合作，才能使直轄市在國際間扮演國人期待的角色。

> 目前直轄市做得不錯，像是台北市的世界設計之都、世大運，高雄市的世界運動會，甚而台中市的棒球之都等都有一定的世界能見度，直轄市確實扮演著重要角色，當然在關鍵時刻，中央還是需要介入才能圓滿完成。例如世大運林口選手村就是由中央出錢蓋的。（SC2）

五、府際財政

　　受訪著多為公部門具實務經驗者，對府際財政問題有一定看法，不論公部門官員或學者的受訪者，咸認為財政收支劃分方式及中央的財政補助等對直轄市財政影響甚大，同時衝擊著府際雙方的財政互動，以下先就財政收支劃分法的影響、部分補助排除台北市及直轄市對補助的看法等分別論述，最後再以直轄市的責任角度析述府際財政。

（一）財政收支劃分法的影響

　　中央與直轄市間的財政互動應以「財政均等化」（fiscal equalization）為處理原則，兼顧各縣市不同環境，以公平有效的分配財源，達成區域發展目標，然在五都升格後，中央政府重要的財政

分配相關配套法案財政收支劃分法卻未能於立法院完成修法，使五都首長面臨升格後施政經費不充裕的困境，目前台灣已成六都形勢，除面臨的中央統籌款無法因應變大，又多了一般縣市競相搶食財政大餅的難題。審議中的「財政收支劃分法」為針對以往實務缺失的改進版，在未法制化前，各直轄市做法多為就內部資源重新分配整合，以維持市政運作。

> 我覺得目前的財政收支劃分法的劃分方式，影響了中央與地方的財政運作，地方哭窮也都因此法影響，要解決此問題還是要從此著手。要解決財政問題，還是在於財政收支劃分法的問題，直轄市要的是錢，但是現在情形是中央也必須兼顧窮縣市，目前各直轄市作法有趨於一致情形，就是將內部資源重新分配重新整合，來解決財政資源的問題。（CU1）

（二）部分補助排除台北市

分別以中央角度的財政考量及台北市角度的政治考量等二部分析述如下：

1.補助受財政考量的影響

中央部分業務即使補助地方仍採專業考量的審核方式，而非一般性補助，就以水利署補助直轄市及縣市為例，主要仍以專案性計畫以中央核定的架構進行補助，而中央以補助直轄市方式挹注地方財政，亦非所有直轄市都適用，以就業服務業務來看，當重大事件發生衝擊社會甚而國家時，中央會以補助方式協助地方財政，此時直轄市雖亦在補助範圍內，但考慮到財政差別，會排除首善之區的台北市。

　　　　水利署對地方政府是以統籌分配款補助方式，但不是一般性
　　　補助性質，而是屬於專案性計畫，以中央核定的架構進行補
　　　助。地方政府由於財政狀況不同，不論是直轄市或是縣市都
　　　是這種情形，我們盡量做到專業上的考量。（CU2）
　　　涉及到補助時，由於各地情形不同，所以會有差異，即使各
　　　個直轄市擁有資源也不盡不同，例如當國際環境發生變化或
　　　國內發生重要事件影響時，中央就須有筆經費挹注地方，由
　　　於台北市原有條件遠優於其他直轄市，這個時候，可能就不
　　　考慮台北市部分。（CU4）

2.補助受政治影響力的影響

　　台北市資源豐富為六都之最，也是在中央眼裡的模範直轄市，
擁有的資源是中央首要考慮不補助台北市因素，其次，台北市長自
民選後，顧忌台北市長的政治影響力，也使不同政黨執政的中央政
府獨缺關愛台北市眼神，豐厚資源加上政黨考量，使不論任何政黨
執政，台北市都明瞭無法期待中央的補助。

　　　　中央對地方政府的補助部分，有些業務是特殊性法定須給
　　　的，有些是中央主動補助的，其他則是地方政府想要向中央
　　　爭取補助的，但在中央的財政大餅並未做大情形下，若是一
　　　味地等待中央補助，總會遇到效果不好的時期，馬任市長時
　　　期即如此，中央為民進黨執政，多半不補助台北市，若是給
　　　也是打了極大折扣。還好台北市財源是所有縣市最好的，針
　　　對中央對台北市的協助或補助，其結果無論是否有政黨因
　　　素，我們都會就市政的優先順序排列出，使減低對市政工作
　　　的衝擊。（LG1）

（三）直轄市對補助的看法

經由多年的中央與直轄市的府際互動，直轄市對中央的補助有愛恨交錯的矛盾心理，既不願因接受補助而受制中央，卻也不願棄之而少掉重要的歲入來源析述如下：

1.受制中央亦產生財政壓力

接受補助後計畫的推動、經費的使用就須依中央的規則走，且中央對地方補助多數並非永久性質，經費仍需各縣市自己負擔，所以補助或不補助各有其優缺點……

> 中央在之前曾有個補助案，五年期的，但是在補助一年後，碰到莫拉克颱風後不知何因素就停止，其實沒補助也好，起碼不接受補助，就不會受制於中央。（LG3）

> 高雄市的財政是正常的，目前的債務是背負以前留下的，中央對地方財政多以補助方式，針對補助案作法都是先補助一、兩年，其他就是各縣市自己承擔起，這種有點像強迫中獎方式，地方政府財政若沒有辦法支撐，要落實政策可能就會有困難。（LG6）

2.補助成為重要歲入來源

直轄市自徵稅比例並無法支應每年歲出，收入主要仍是依賴中央統籌分配稅款及補助款，補助雖有前述負面影響，但是若補助金額大，即成直轄市不可缺少的預算來源，即使資源豐厚如台北市，多年豐厚的補助已然成為不可缺少的歲入來源，以就業服務業務言，每年動輒過億的就業安定基金補助，成為台北市就業服務、職業訓練及外勞管理重要財源，形成必須依賴中央的補助始足以順利

推動業務情形，直轄市對中央的補助產生「既期待又怕受傷害」的矛盾心理。

> 中央有補助一筆「就業安定基金」，我們推動的就業服務、職業訓練還有外勞管理等業務多半以這筆經費為主，每年約有一億二-三千萬元。若無此項經費，前面所說的三項業務推動就會比較吃緊，尤其外勞管理所需經費中央補助就佔了整個外勞管理經費的 80-90%。這筆中央補助的錢，並無法每年固定，需要地方提計畫，中央審核後再給，也就是說最後補助多少，由中央做最後決定。這筆錢的源頭為各縣市雇主雇外勞的安定費，由地方上繳中央，再由中央提撥 10-15% 的經費分配給各地方政府。在目前中央與地方財政如此劃分方式，暫無其他方式解決財政上的問題。（LG4）

（四）直轄市的責任

中央已對財政收支劃分法做了修正動作，苦於立法院遲未通過，即使中央換黨執政，目前直轄市殷切期盼下重新修正財劃法已成趨勢，若直轄市最後因財劃法修正而有了充裕經費資源，隨之而來的則為責任問題，學者認為直轄市除應顧及轄區民眾，也應放大格局對轄區外的區域盡些責任。

> 直轄市希望權力下放，是因為經費資源等若能寬裕，推動市政就有運作空間，具體來說像是自治權限、統籌分配款的分配等，但是我們是屬於單一國家體制，若直轄市真的爭取到充分權力，相對地又會排擠到其他的一般縣市。我要強調的是有了權也要盡一些責任，例如台北市對整個「北台計畫」

只想到台北市的利益，並沒有放大格局考慮是不是也應盡些責任。這種情形雖說為了台北市民利益，但我認為是稍微偏狹了些。（SC2）

貳、結語

各主要國家中央與地方的治理過程中，由於需要雙方合作，在互動過程中會有權限看法不同情形，英國最初也是府際間互動不良，最終仍找到解決問題最好的方法，國內產生的府際權限爭議從國外經驗中可看作為互動過程，我們要先找出可能問題，才能對症下藥。經由度訪談的調查，我們從結構面及治理面得出結論如下：

一、結構面

中央集權體制影響著府際運作思維，治理推動涉及的權限分配，由於前述思維，使結構面上無法跳脫中央集權的框框，故而框框內的調整實無法與大開大闔的作為相比。

（一）中央集權與地方分權的實然

中央集權或地方分權屬於兩種不同的政府權力運作體制，理論上我國雖屬中央集權制，但因直轄市首長選舉產生，民意基礎僅次於總統選舉層級，加以國際舞台的侷限，實務運作上已非全然的中央集權體制。直轄市應擁有對應權力的地方分權論點不時被提出，然而地方擴權的負面歷史殷鑑，…擴張太多就會形成國中之國…SC2，亦使地方權限擴張被謹慎看待，但現實面而言直轄市的權限爭取過程，已引起實務面的探討，促使中央不得不正視直轄市的治理權限，學術界亦有實施地方分權的論述，但目前觀之……直轄市

爭取的權力離地方分權目標還很遙遠⋯⋯SC1，這種介於中央集權與地方分權的體制，為我國環境使然，也存在於其他國家。

（二）中央仍具治理權限分配優勢

現有體制中央主導修法佔有優勢，使得地方不論管理成效如何，中央皆可藉由修法收回權限。以亢旱時期台北市北水處調度水權為例，自來水權分工除了以全國和地方做分工原則外，2002年抗旱後增加了中央對跨區域的管理權限，包括供水區域及停止、限制供水之執行標準與相關措施之訂定等，從原屬台北市權責收歸經濟部的水利署負責，中央在人力及財力等的資源配置上更形優勢，此種形同治理權限的「割地賠款」，就是學者所言的⋯⋯中央的權力是政策制定和督導面，可是現在中央各部會都將地方權變成自己⋯⋯SC1。台北市當年亢旱期安然度過缺水危機，處理結果亦獲市民正面肯定，中央卻仍執意收回亢旱期北水處轄區的調水權限[14]，中央處於治理權限分配優勢至為明顯。

二、治理面

治理面部分包括中央與地方的府際機制法制化、直轄市的財政資源及資源分配問題、環境壓力問題、組織改造的成效未顯現等問題，一併於下說明之：

---

[14]　2002年中央於抗旱結束後的總結報告中，即朝向北水處調水權限收回檢討，⋯台灣地區公共給水分步驟實施限水內容與台北市不盡相同，經濟部應儘速作全國一體適用統一標準。⋯同時，對於板新供水改善計劃應加速進行，並建議同步檢討「供水區域範圍」，避免一縣境內用水有「一國兩制」現象的存在。參見「旱災中央災害應變中心總結報告」第57-59頁。

（一）中央與地方的府際機制法制化

目前中央與直轄市間並未有法律規範碰到重大事件時的合作處理機制，現有機制只是承平時期的雙方聯繫，雙方的法制機制仍有強化必要，現行實務雙方均維持有平時聯繫的溝通管道，要說溝通管道不夠暢通似嫌牽強，但無可否認，若協調機制未法制化，就要靠「人」的動態運作，中央與地方的治理過程最怕的是被媒體鋪成出的重大議題，良好互動表象禁不起事件的考驗，在 2015 年年 8 月 8 日「蘇迪勒」颱風侵襲後，大台北供水轄區的台北市及新北市範圍自 8 月 9 日起至 11 日止，連喝三天濁水，究為中央的南勢溪整治不力，還是台北市的北水處因應濁水的調度有問題，中央與台北市之間形成治理爭議，雙方皆將責任歸咎對方，雙方亦提出有力依據論述，民眾訝異於政府互嗆恐多於事件的真相，中央於修法時應嘗試將重大事件的協商機制提高位階列入法律中，統一中央主事者做法。

（二）財政資源問題

治理面的財政資源問題分為直轄市財政格局及財政資源的重新分配等二部分提出如後。

1.直轄市財政格局

財政資源向為探討直轄市與中央關係的主要議題，直轄市的財政關係著市政推動，影響所及，對內則轄區民眾的民生福祉，對外則兼具國際角色的功能，我們不應再將直轄市功能僅侷限於直轄市業務推動，除了服務轄區市民外，中央更應考慮將直轄市提升視野為國際間影響力的問題。

2.財政資源的重新分配

政府施政運作雖應依法辦理，然在地方與中央府際機制的實務運作中可發現，實務運作的效果，可能與立法意旨相違情形，地方與上級是否維持良好互動關係，表面上並不會影響組織運作，但是實際上，上級政府仍握有一定裁量權，來「獎勵」願意採配合態度者。（呂育誠等，2006；155）此種屈就的風氣，使地方可能喪失自有特色，將使中央與直轄市間法治機制效果無法完全發揮。為解決此種困境，只有將府際間的財政關係的架構問題從治理面解決，除了整體的經濟大餅需靠中央與地方的共同治理做大，財政資源的重新分配也應成為慎重考慮的選項。

（三）環境壓力問題

政府與民眾接觸的業務，不論中央或直轄市，都會面臨環境的壓力，就以勞動檢查部分而言，直轄市面臨人力、財力等資源問題，使直轄市即使有權力的行使，亦難完善周全，但是中央與直轄市政府執行勞動檢查同時面對的最大問題，還在於來自民意代表的壓力，中央來自於立法委員，而直轄市政府則來自於市議員的關切，除此，來自地方的利益糾結及人情壓力更使直轄市綁手綁腳，所以勞動檢查在我國目前環境裡同時會有利益糾結、民意代表及人情壓力的問題，使無論中央或地方都面臨執行上的困擾。

（四）組織改造的成效未顯現

行政院推動的組織改造肩負著政府效率提升的重要使命，然而原經建會時期的縣市區域建設計畫，在各主政部會預算無法配合下功能不彰，改造後的國發會承接業務後，部會間的橫向聯繫仍未進

步，預算無法配合情形依舊如常，使得區域合作的計畫形同虛設，
結果立意甚佳的行政院組織改造只是招牌改變，官僚系統運作並未
跟著變化，使地方對中央推動的合作計畫，產生政策持續性的質疑。

第八章 六都能力提升與中央關係建構的再定位

　　檢視了我國垂直分立政府案例暨深度訪談的調查分析後，可知六都的定位不論是國際性的都市或是都會區域，其能力提升已非單純地方政府之事，關乎國家門面或是都會區發展的直轄市政府，肩負著拓展國際舞台、區域發展的使命，而成就使命所需資源，包括人力、財源等，均非地方政府一己之力所能完成。是以，在全球競爭激烈下，中型城市也有機會躍上舞臺，但須高度展現治理的績效，六個直轄市不論是自行或是與中央配合者；任何一方之消極或抵制都將減抵效力與效果（蕭全政，2011：249）。以下即從建構全球思維形塑六都治理能力、強化責任分擔重塑合作的夥伴關係及重建政治關係調和垂直型權限爭議等面向論述之。

第一節　建構全球思維以形塑六都治理能力

　　我國雖有地制法作為直轄市推動業務之規範，但是現行地制法的規範畢竟只是地方自治團體最基礎的權力，充其量只能守成，無法繼續發揮功能及放眼未來。雖然地制法也確實在與中央互動上賦

予了地方更大的權力，修正了原有的侷促性，然而，在探究台灣地方行政區域調整的議題時，不論是學術性論辯，或是夾雜情緒性因素、藍綠意識對抗等，免不了在程序面就交雜「地方民主論」（Local Democracy）與「中央控制論」（Central Control）二種思維體系的思辨（Eran Razin and Greg Lindsey,2004）。然而，六都與中央都面臨國際政治、經濟全球化局勢的挑戰，而「全球性思考、在地化行動」（think globally and act locally）的思維架構正日漸受到重視，全球化對地方政府帶來最大的影響就是全球城市的出現，而全球城市最重要的工作就是檢視自己在全球政治秩序以及經濟秩序中的角色及地位（Scott，2001：813-823）。也由於地方政府受到全球化趨勢影響，相較於深陷困境且一籌莫展的中央政府，各地方或都會政府所扮演的角色將更為重要，並具有關鍵性的影響（江大樹，2006：3-10；吳松林，2006：4）。以下先以全球城市概念的啟發來認識全球城市，再以城市競爭的世界趨勢做一探究，最後以我國行政院與世界接軌的規劃與執行及六都應強化優勢競爭環境說明做一統整述之如下：

壹、全球城市概念的啟發

　　「全球城市」（global city）概念源於世界一體的「全球化」（globalization）影響而來，全球化的範圍涵蓋政治、經濟及文化等層面，已成為各項領域研究不可或缺的主題。研究全球化議題的學者雖多，但較常為其他學術研究引用的包括：Friedmann（1986）、Sassen(1991.1994.2001)、Shachar（1994）、Thrift（1994）、Olds（1995）、Short et al（1996）及 Hall（1998）等人，分從政治、經濟、文化、資訊、交通、服務及管理等各層面探討，其中最經典的則屬 Sassen

於 1991 年以「紐約」、「倫敦」及「東京」等三城市做為「全球城市」[1]代表。各學者對「全球城市」詮釋層面或有不同，但對全球城市條件、途徑的詮釋卻有其相同點，可作為邁向全球城市途徑的參考，這些共同點包括金融、國際組織、參與國際事務、全球生產中心、全球服務中心、資訊中心、世界性媒體、文化、國際機場、大型港口、跨國企業及足夠人口等項目，以表 8-1 顯示。

表 8-1　相關學者對「全球城市」詮釋的相同論點

Friedmann（1986）	Sassen（1991.1994.2001)	Shachar（1994）	Thrift（1994）	Olds（1995）	Short et al（1996）	Hall（1998）
國際金融機構		國際金融的中心	國際金融系統	金融的全球化	財政金融	主要金融中心
國際性的組織機構	關鍵國際經濟組織					
	積極參與國際事務且具影響力			國家權力的全球化		國家和國際政治權力中心
快速成長的事業服務部門重要的生產製造中心		先進生產者服務的集中地		生產全球化	全球服務中心	先進專業服務活動的中心
				知識的全球化	資訊中心	資訊匯集和傳播之處
	有世界性媒體					藝術、文化和娛樂中心
	文化機構、藝文場所、文				文化的中心	
主要的交						

---

[1]　美籍學者 Sassen 在其 1991 年作品《全球城市：紐約、倫敦、東京》（The Global City: New York, London, Tokyo）中首創「全球城市」一詞，與巨型城市相對。

通節點	化團體及活動			交通節點	
跨國公司的總部 足夠的人口規模	有重要的國際機場、大型的港口及先進、多元交通		跨國公司	跨國事業的成長	交通節點 跨國企業總部
	相當多的人口				

資料來源：Friedmann, 1986;Sassen, 1991.1994.2001;Shachar, 1994;Thrift,1994; olds,1995;Short et al.,（1996;Hall, 1998）.

貳、城市競爭已成世界趨勢

　　全球化影響下國界觀念不若以往，城市影響力替代了國家，城市的國際活動頻繁及其顯示的功能，在在超越了國家之上，城市競爭已成為國際趨勢，以下就以城市治理主軸的城市競爭力指標及城市引領國家對外競爭兩個部份說明之。

　　一、城市競爭力指標成為城市治理主軸

　　自 1991 年 sassen 提出以「紐約」、「倫敦」及「東京」為「全球城市」代表後，「全球城市」成為稍具規模的國際都市所追求的目標，國際間針對全球城市不同的詮釋條件，亦有不同類別城市競爭力具體指標的評比。屬於城市競爭力評比的國內、外機構不少，在國內方面，主要有天下雜誌的「幸福城市調查」、遠見雜誌的「縣市總體競爭力評比」及康健雜誌的「健康城市調查」等。國外城市競爭力評比機構則涵蓋亞洲及歐美，較具權威且常為國內研究引用的，包

括

（一）亞洲部分

中國社會科學院城市與競爭力研究中心出版的「全球城市競爭力報告」、日本森紀念基金會都市戰略研究所（Institute of Urban Strategies, The Mori Memorial Foundation）所發布的「全球城市綜合力指數」（Global Power City Index）報告。

（二）歐美部分

英國經濟學人研究機構 EIU 發布的全球競爭力評比（Hot Spots—Benchmarking Global City Competitiveness）、跨國商業諮詢科爾尼公司（AT Kearney）、美國時代華納集團於香港發行的 Asiaweek 雜誌「亞洲最佳城市（Asia's Best Cities）」評比報告、英國房產顧問集團萊坊 （knight frank）與美商花旗銀行發表的「全球城市排名」報告以及國際知名的美商 Mercer 諮詢公司所做之「生活品質全球城市排名（Quality of Living:Global City Rankings）等。

不論亞洲或歐美的各評比機構，所採用之指標與數量並未統一，聯合國人類住宅區計畫署國際組織的「城市治理指標」（Urban Governance Index,UGI ）將政府效率（Effectiveness ）、資源平等（Equity）、民主參與（Participation）及責任義務（Accountability）等納入城市治理指標（UN-HABITAT,2006），與前述亦不相同。隨著全球化與永續發展等趨勢演進，城市競爭力的治理主軸，已從經濟、基礎設施等傳統指標被環保、文化、數位、創意、宜居等全球城市競爭與評比的新興概念指標所取代，各國城市在指標中依其特色，不斷強調獨特價值，成為城市追求國際競爭力的主要治理課題。國

際主要城市競爭力評比機構，受限於各種因素，評比測量指標常作更新與調整，以具代表性的中國社科院出版的「全球城市競爭力報告」觀之，其測量指標，就因指標數據的蒐集過程中，限於許多主客觀因素，經常作更新與調整（倪鵬飛，2010：519）。

依倪鵬飛對評比指標看法，競爭力主要分兩大部分，第一部分著重於經濟綜合競爭力，第二部份則是可持續的競爭指標體系（倪鵬飛等，2010，2013）（江大樹，2010）。

（一）經濟綜合競爭力

經濟綜合競爭力細分有兩個指標，首先是「經濟增量」，就是當年的 GDP 減去去年的 GDP，等於一年增加的 GDP 的總量。第二個指標為「經濟密度」；此即單位面積的土地上實際所產生的 GDP。在這個基礎上，亦考慮資源消耗和環境污染的負的成本調整，構成了經濟綜合競爭力的指數。

（二）可持續的競爭指標體系

所謂可持續的競爭指標體系共有八個分項六十八個指標構成，包括宜居城市指數、宜商城市指數、和諧城市指數，還有生態城市指數、信息城市指數、權益生產指數，還有文化城市指數八個方面。至於具體的評比指標主要仍涵蓋：企業素質、產業結構、人力資源、軟體環境、生活環境、當地要素、當地需求、內部聯繫、公共制度、全球聯繫、政治與社會環境、經濟環境、醫療與衛生、學校與教育、公共服務和大眾運輸、休閒娛樂、消費產品、住屋、體制效能、金融產業成熟度、全球磁吸力、硬體建設、房價、休閒、環境及自然危害以及社會和文化特色等多元面向。聯合國城市治理指標及國際

其他主要評比機構城市競爭力指標，整理如表 8-2 所示。

表 8-2 聯合國城市治理指標及國際評比機構城市競爭力指標

指標	城市治理指標（Urban Governance Index）	城市競爭力指標（Urban Competitiveness Index）						
國際機構	聯合國人類住宅區計畫署（UN-HABITAT）	中國社會科學院	日本森記念財團都市戰略研究所(Institute of Urban Strategies, The mori Memorial Foundation)	英國經濟學人研究機構EIU（Economist Intelligence Unit）	美世諮詢公司（Mercer survey）	亞洲週刊（Asia week）	英國萊坊(knight fank)與美商花旗銀行	科爾尼公司(AT Kearney)
出版	城市治理評量	城市競爭力藍皮書	全球城市綜合指數報告	全球最佳生活城市調查	全球城市排名	亞洲最佳城市評比報告	全球城市排名報告	全球城市指數(gci)報告
取向	民主制度、公平、公共服務	經濟成長企業能力	綜合實力	居住品質	居住品質	居住品質	居住品質	綜合實力
面向	政府效率、資源援助、政治參與、政府責任、公共政策透明可預測性等。	企業素質、當地要素需求、內部聯繫、制度、全球聯繫。	經濟發展、研開文化交宜、流通性、自然環境交易性	社會穩定度、醫療健康、文化環境、教育、基礎設施。	政治、社會、經濟文化環境、醫療衛生與學校教育、公共運輸、休閒娛樂、消費品、住屋。	就業機會、育質環境、衛生健康、運通訊、個人安全、房價、休閒。	經濟治理、生質力評估、活力、政治、品人質	商業活動力、人資訊交換、文化、體驗、政治參與

資料來源：1.倪鵬飛、彼得‧卡爾‧克拉索主編，全球城市競爭力報告（2009-2010），
創新：城市競爭力不竭之源（北京：社會科學文獻出版社，2010）。
2.江大樹（2010）。我國城市競爭力指標體系建構與運用之研究。研考雙月刊第 34
卷第 6 期。
3.江啟臣與黃富娟（2006）研考雙月刊 30 卷 5 期 2006.10。
4.ShipraNarang,The Urban Governance Index,UN-HABITAT,Jan.24,2006.
5.Global Power City Index, MMF, 2014。
6.柯爾尼全球城市指數排名 http://www.atkearney.com/。

　　表 8-2 呈現的城市競爭力評比的多元化，說明在地化概念所強調的「在地特色」，已成為城市發展重要一環，我國直轄市的發展願景亦順應的保有在地特色[2]。由於國際評比指標（指數）不盡相同，而我國六都在與世界接軌上，擁有之資源及主客觀環境，亦影響到取捨項目，評比機構雖著重不同評比指標，但我國仍應著重包括交通網絡、生產力、人口素質、智慧、城市願景與開放政策，以及教育、生活品質、綠色環境、社會和文化等多項特色，作為未來發展重點。

　　二、城市引領國家對外競爭

　　由於全球化趨勢，跨國及跨域城市之間的聯繫及互動增加，使城市間包括了生產力（productivity），以及永續發展能力（sustainable development）（Brotchie et al. 1995）的競爭加劇。由於地方層次的城市較國家更貼近基層民眾，故被期許更多生活機能的服務與品質，隨著全球化影響，國際競爭力的衡量單位由「國家」移轉為「城市」，競爭力的評比指標與構成要素，因而出現重要變化，包括衡量實體

---

[2]　參見台北市都市更新處官網，機關介紹的「都市更新願景」。
　　http://uro.gov.taipei/ct.asp?xItem=49756382&CtNode=12849&mp=118011

的角色差異，這種治理價值經常呈現在城市競爭力的評比報告主軸。加上無國界限制的地球村觀念，地方實體直接面臨多層次治理的挑戰，城市競爭力的格局與視野，因此必須要放大到全世界（江大樹，2010：36）。城市競爭力已成為國家競爭力重要一環，原因即在於城市人口和經濟成長的貢獻，世界人口居住城市超過一半，而城市對全球經濟成長的貢獻更超過 80%，國家發展策略的制訂與落實，已由國家轉為城市引領，城市競爭力已形成國家對外整體競爭之重要一環。

參、與世界接軌的規劃與執行

我國自 2012 年起實質進入與世界接軌的組織改造藍圖，從行政組織的改造到行政區劃，其中行政區劃又從從最初規劃的「三都十五縣」至 2014 年底最後形成的六都局面，其目的除帶動各區域的整體發展，六都的陸續形成，亦是國家因應全球化趨勢的重要發展。以下即以因應全球化趨勢的地方制度改革藍圖及行政院地方制度改革現況等說明與世界接軌的規劃與執行情形。

一、因應全球化趨勢的地方制度改革藍圖

從 2000 年初次政黨論替開始，至今仍存在著「垂直府際分立政府」現象，歷經痛苦的磨合經驗後，直轄市或中央被大家期待能理出未來合作的模式，就以中央未來規劃來看，行政院在「中華民國一百年國家建設計劃」裡，打造了組織改造、地方制度改革及推動行政區劃等與地方制度有關的大致方向藍圖，其功能除了國家未來建設的擘畫，也是因應府際互動的環境變遷，所設計出的府際治理

功能。

（一）推動政府改造

推動政府改造分成以下二個部分：

1.推動行政組織改造

行政院新組織架構將由 37 個部會級機關精實為 29 個，自 2012年 1 月 1 日開始施行；推動新機關組織法案立法作業，辦理組織改造配套及籌備工作，推動組織改造廣宣作業。

2.改革地方制度

推動「行政區劃法」草案完成立法，積極建構以縣(市)、直轄市同為國家地方自治核心主體之地方架構，打造權責相符、自我負責之地方政府體制；提升縣(市)政府自治行政權能，拉近縣(市)與直轄市自治量能差距。[3]

（二）從「三都十五縣」概念到六都的形成

行政院推動行政區劃構想始於馬總統提出的「三都十五縣」的概念，原期望至 2014 年達成，並以漸進的方式進行修改。「三都」所指者乃是以臺北都會區、臺中都會區、高雄都會區為核心所形成的三大生活圈，「三都」概念並不等同於傳統的「直轄市」，而是整合人口聚落、地理區位、經濟產業、交通網絡、歷史文化、生態環境等諸多面向的「生活圈」。每個大生活圈內至少有一個直轄市，但並非只能有一個直轄市，只要這些直轄市之間可以構成綿密的生活

---

[3]　參見行政院 中華民國 101 年國家建設計畫，2011.12.30
http://www.ey.gov.tw/news_Content.aspx?n=3D06E532B0D8316C&s=337CDD92BC5390BE
2015.0212。

網，即可能包含二到三個直轄市。與此三大生活圈平行的概念，則是由各相鄰縣市政府合作而形成的「發展區域」，如「桃竹苗區域」或「高屏區域」，而每個發展區域都具有地方特色，宛如國土之內的次級系統。如此，在國際競爭上，臺灣是以一個內涵豐富的整體進行競逐；而在國內發展上，則充分維持多元特色並兼顧公平正義原則。

　　準此，行政院核定臺北縣改制為「新北市」，與臺北市形成雙核心都會區，並朝向「北北基宜」區域發展努力。桃園則因人口增長迅速，準用直轄市相關規定，配合桃園航空城建設的展開，規劃整合桃竹苗地區科技研發及產業優勢，並著重地方文化特色，期能促進「桃竹苗」區域的整體發展。臺中縣與臺中市合併為「臺中市」，作為未來帶動「中彰投」區域發展的關鍵城市。高雄縣與高雄市整合為「高雄市」，並肩負起帶動屏東縣發展的任務。臺南縣與臺南市亦合併為「臺南市」，承繼過去數百年臺灣歷史文化發展重鎮的角色，同時帶動「雲嘉南」地區的整體發展。具體而言，行政院的國土規劃以建構「北臺灣」、「中臺灣」、「南臺灣」三大生活圈為目標；而在區域發展上，則以縣市改制為契機，朝向「北北基宜」、「桃竹苗」、「中彰投」、「雲嘉南」、「高屏」、「花東」、「澎金馬」等七個區域的均衡發展，而順利改制為直轄市的地方政府，行政院亦期待都能透過資源的整合，帶動各區域的整體發展，共同提升台灣的國家競爭力[4]。而 2010 年至 2014 年底新北、桃園、台中、台南等四個直

---

[4]　參見行政院「縣市改制說明」，2009.06.29
　　http://www.ey.gov.tw/news_Content.aspx?n=3D06E532B0D8316C&s=E7A7A809630AF5B4。

轄市的陸續形成，連同台北市及合併後的高雄市形成六都的局面，就是國家因應全球化趨勢的行政區劃。前述三大生活圈及七個區域規劃另以表 8-3 呈現：

表 8-3　三大生活圈七個區域規劃

三大生活圈	核心區域	直轄市	發揮功能	七個區域
北台灣	台北都會區為核心	台北市、新北市	台北縣改制為「新北市」，與台北市形成雙核心都會區，並朝向「北北基宜」區域發展努力。	北北基宜
		桃園市	促進「桃竹苗」區域的整體發展	桃竹苗
中台灣	中部都會區為核心	台中市	台中縣與台中市應合併為「台中市」，作為未來帶動「中彰投」區域發展的關鍵城市。	中彰投
南台灣	南部都會區為核心	台南市	台南縣與台南市亦宜合併為「台南市」，承繼過去數百年台灣歷史文化發展重鎮的角色，同時帶動「雲嘉南」地區的整體發展。	雲嘉南
		高雄市	高雄縣與高雄市也應該整合為「高雄市」，並肩負起帶動屏東縣發展的任務。	高屏
				花東澎金馬

資料來源：行政院，重大政策-縣市改制說明，2090.06.29
http://www.ey.gov.tw/news_Content.aspx?n=3D06E532B0D8316C&s=E7A7A809630AF5B4。

二、行政院地方制度改革現況

行政院推動的政府改造，有關地方制度改革部分雖已達成初步目標，但仍過於保守無法呈現其積極面，析述如下：

（一）行政院組織配合改造

與地方制度相關的行政組織改造工作，包括行政院組織法、中央行政機關組織基準法、行政院功能業務與組織調整暫行條例、中央政府機關總員額法及行政法人法等組織改造五法陸續於 2010 年 1月及 2011 年 4 月間完成立法，組織改造順利推動中。

（二）形成六都都會區

2009 年後行政區調整是以六都呈現，計畫雖與原有「三都十五縣」方案最終走向略有不同，但原構想都會區即不等於直轄市，且一都會區也不只一個直轄市，故之後形成之六都，其因應全球競爭力的精神及帶動周遭區域發展之功能與「三都十五縣」是相同的。

（三）地方制度改革未能跟進

行政院的地方制度改革與中央及地方都有密切關係，然而在歷經近三年的實際推動後，中央與直轄市的實務互動上並未達國家建設內容標準，地制法現行規範多屬消極性監督，故當研究及處理中央與地方爭議問題時，僅能守成式的將議題置於事權爭議的解決上，未能大開大闔以提升地方政府能力為主軸，打造權責相符、自我負責之地方政府體制，換言之，現有中央與地方關係規範太過於消極，無助於提升地方政府治理能力，故而要達到「權責相符、自我負責」之地方政府體制，現有地方制度改革規劃仍嫌不足。

肆、六都應強化優勢競爭環境

六都較之一般縣市有豐富資源，六都的發展亦可帶動周遭區域的發展，然六都亦應就個別擁有的優勢發揮，才能與國際的其他城市競爭，以下分別就六都的發展目標特色、六都的領航城市功能及提升國際競爭力應有期待等論述之。

一、六都發展目標及特色

由於地理環境、人力、資源等的不同，六都在發展目標與特色亦截然不同，六都各自主要發展目標與特色析述包括：

（一）台北市部分

台北市資源豐富，長期建設下已有良好基礎，為六都之首，其主要發展目標及特色析述如下。

1.主要發展目標

台北市為我國首善之區，相較於其他直轄市，有豐厚的資源，都市發展政策在都市整體發展目標暨策略規劃後主要願景有下列幾項：[5]

（1）都市發展願景

打造前瞻、愉悅、宜居、文化、生態、資訊與安全之「永續臺北生態城市」作為「都市發展願景」，期望成為兼具「國際城」及有「幸福家」的溫暖人性城市。

---

[5]　參見台北市都市發展局
　　「臺北市都市發展政策」，2015.04.07 http://www.planning.taipei.gov.tw/　。

（2）打造生態城市

以 Tree 綠意、Aqua 親水護水、Infrastructure 綠色公設、People 綠生活圈、Energy 節能減碳、Intelligent 智慧生態城等六大議題為主導，研擬分段期程之發展策略以及短中長期行動方案，以 2040 年為目標年，循續打造「更親水更健康之生態環境」，以達到永續臺北生態城市之願景。

（3）北臺區域合作

「北臺灣區域合作」是跨越北臺灣八縣市行政區域，整合國土、產業、社會資源的計畫，項目包括「休閒遊憩」、「交通運輸」、「產業發展」、「環境資源」、「防災治安」、「文化教育」、「健康社福」及「原住民、客家族群與新移民」八項議題。為因應氣候變遷帶來的洪泛問題，已進行跨新竹縣、桃園縣、基隆市、新北市、臺北市的「淡水河流域都市發展與流域防災整合」的專案研究，尋求整體思考的永續環境計畫和都市計畫法令。

（4）永續城市發展綱領

長期致力推動「生產環境國際化」、「生活環境人性化」、「生態環境永續化」等都市發展理念－藉邀請國外專家舉辦國際研討會和工作坊，促進國內外經驗交流並擴展本市國際視野；藉著 Design for All 的理念，於全市的都市開放空間、公營住宅落實執行，創造一個無障礙的生活環境；藉著生態環境的保護、保存，大量地種植綠樹，將自然融入人造環境，創造與自然共存的生態臺北。

（5）都市再生與都市更新

實踐「都市再生前進之地」（Urban Regeneration Station）簡稱

URS，寄望構築新的城市論述、行動介入與符合未來的永續戰略。研提「臺北市老舊中低層建築社區辦理都市更新擴大協助專案計畫」期促進老舊社區更新轉型為節能減碳、生態、友善的社區，以改善市容，提升老舊社區的居住品質。

2.台北市特色

台北市為首都，又是國家政經及文化中心，經過多年的有計畫發展，已成為臺灣政、經、文化中心，亦是全球最具文化特色的華人城市。由於首都的資源充裕，建設條件較其他直轄市優渥，加以商圈文化陸續形成、信義線開通帶來的沿線觀光商機、北投溫泉懷舊等均凸顯在地文化特色，而台北的松山機場業已實質肩負著兩岸與日本的交流窗口，可謂擁有對外交通運輸競爭優勢，國際上多次城市評比成績亮眼，包括智慧城市、適合宜居城市等。在國際舞台呈現效果則表現於國際活動的主辦及城市競爭力得獎上，成效如表8-4。

表 8-4　台北市主辦國際活動及城市競爭力得獎項目

國際活動		國際得獎			備註
年份	活動名稱	年份	得獎名稱	得獎情形	
1998	世界首都論壇	2002	世界資訊科技大會	傑出公共部門獎	
2002	第一屆民主太平洋聯盟大會	2006	智慧城市	首獎城市	
2004	世界盃五人制足球錦標賽	2006	第二屆無線社群	最佳政府應用獎	
2007	維基媒體國際大會	2014	電子化政府無線上網城市	全球最佳電子化政府服務獎,並獲英國每日電訊報(The Telegraph)將臺北市評選為「全球最方便的免費無線上網城市」。	表列之國際活動台北市均為主辦城市
2009	夏季聽障奧林匹克運動會	2014	柯爾尼全球化城市	綜合實力排名 40	
2010	國際花卉博覽會	2014	「全球最佳旅遊城市報告」	臺北評選為亞太區全球最佳旅遊城市第 6 名	
2011	世界設計大會	2015	經濟學人統計最安全城市	綜合各項評分台北列 13 名	
2015	亞洲廣告會議臺北大會	2016	世界設計之都	列名最佳設計之都	
2017	夏季世界大學運動會				

資料來源:
1.「臺北市都市發展政策」台北市都市發展局,2015.04.07
http://www.planning.taipei.gov.tw/

2.「臺北市政府創新應用主題館 智慧臺北　世界接軌 」2015.1.14 智慧城市與物聯網　http://smartcity.org.tw/news_release1.php?id=334
3.「流通城市 便利臺北」台北旅遊資訊　http://wdc2016.taipei/

3.台北市仍須加強之處

台北市雖擁有首都優勢，若以全球城市標準言，台北市人口約270 萬，面積僅 272 平方公里，且無國際海港，不論面積、人口或海港建置以及其他資源，均差世界級都市甚遠，以現今情形僅達小而美的程度，擁有的資源無法與世界級城市相比，若行政轄區納入新北市與基隆市，則將出現另番榮景，而港市合一特點，也可讓台北市擁有大型且繁忙的港口，亦較符合全球城市具備之條件（Sassen,1991）復可增加腹地規模，成為具規模的國際大都市。

（二）新北市部分

新北市於 2010 年成立為直轄市，位於台北市旁，轄區內有多區離台北市僅一河之隔，亦含有台北市的衛星城市特性。其主要發展目標及特色論述如後。

1.主要發展目標[6]

新北市重大施政較為矚目的為交通網絡發展部分，主要在捷運三環（文湖線、中和新蘆線、板南線）三線（淡海輕軌、汐止民生、安坑輕軌）的推動，三環三線建設為影響新北市民的重要交通系統，完成後可快速的通達台北及桃園兩大都會，形成便捷的交通網絡。對交通及經濟上的效益令新北市民期待。新北市其他主要發展目標

---

[6]　參見「新北市政府 102 至 105 年度中程施政計畫」，新北市政府研考會，2015.04.15 http://www.rde.ntpc.gov.tw/_file/1397/SG/25370/FG000000.html。

如下：

（1）推動新北市區域與都市計畫，擘劃全市未來發展願景

「擬訂新北市區域計畫及檢討本市溪南、溪北都市計畫整併區之後續發展，研擬都市發展之執行示範計畫，掌握新北市現況與發展趨勢。」、「依都市計畫理念規劃本市中長期發展建設藍圖，推動市內重大土地整體開發案。」、「配合全市性主要計畫整併作業，推動擴大五股都市計畫等市轄核心都市計畫區邊界整併縫合檢討，創造完善都市發展環境。」、「配合捷運建設推動，協助都市計畫變更，並由整體開發方式活化捷運周邊土地。」

（2）打造整體開發區及淡水地區環境空間新風貌

訂定新北市整體開發區及淡水地區整體發展之建設藍圖，提出永續、低碳城市規劃策略，創造新北城鄉空間特色，以臺北港特定區、新莊知識產業園區、土城暫緩發展區、新店央北整體開發地區及板橋浮洲地區作為都市設計示範區。

（3）加強都市更新

推動公辦更新，以「結合公共建設」、「活化公地資產」、「塑造地方特色」為推動策略，透過都市機能的重塑及公共建設的投入，並引入民間的資金及創新活力，以公辦都更為示範，帶動地區發展，達成都市再生的整體目標。

（4）深耕人文特色，創造城鄉景觀新意象

推動城鄉風貌提升整體環境計畫，進行藍、綠帶閒置空間整併、公共開放空間改善、人行步道動線系統規劃、水岸環境等自然及人文景觀環境營造計畫，預定以二重疏洪道都會公園改善計畫、深石平跨域整合計畫、三鶯文創怡居雙子城計畫等，改善新北市各示範

地區空間整體環境。

（5）形塑在地新風貌，建設宜居新城市

持續進行城鄉風貌提升計畫，辦理重點景觀地區之環境改善，落實環境空間改善，建立宜居新風貌。

2.新北市特色

新北市人口逾 396 萬人，全球城市人口排名第 46 位[7]，而轄內高等教育大專院校設立超過 20 所，亦為全國僅有。面積 2052 平方公里，約佔臺灣本島總面積的十六分之一，海岸線全長達 120 公里。境內地形豐富多變，如山地、丘陵、臺地。除擁有廣闊腹地，亦擁有定位為國際商港的台北港，該港規畫從單一運輸機能，因應國際港灣城市發展趨勢，調整為結合遊憩、運輸、娛樂等複合性機能，亦呼應所謂生態都市多元、有機的都市規劃思潮。配合國際港設置「臺北港自由經濟示範區」，另擴大台北港自由經濟示範區範圍，劃設娛樂、影視、文創等七個園區地物流產業。更有三環三線的交通便捷未來性、發展在地觀光產業的地區老街的特色、天燈、海洋音樂祭等活動、結合環保、通勤、休閒、產業三大功能的全台首創「 New SkyRider 」八公里長高架空中走廊計畫，以及近台北市的發展效應優點等。

新北市連續兩年獲「智慧城市論壇(Intelligent Community Forum, ICF)」組織評選為全球頂尖七大智慧城市，更是 2015 年亞洲唯一入

---

[7]　根據內政部戶政司於 2013 年 4 月份統計人口為 3,943,421 人，當時為全球城市人口排名第 46 位。2015.9 月底止新北市人口已增為 3,967,483 人，參見內政部戶政司內政統計查詢網，土地與人口概況。

http://statis.moi.gov.tw/micst/stmain.jsp?sys=100

選年度全球最佳國際智慧城市的最高獎項（The Intelligent
Community of the Year）的城市。

3.新北市待加強之處

新北市幅員廣闊，部分偏遠轄區包括一般道路、自來水管線等
基礎建設仍須加強，也由於範圍廣闊，雖鄰近台北市，但交通系統
建設無法如台北市般便捷，未來硬體建設規劃仍有段路要走。

（三）桃園市部分

桃園市自 2010 年起至 2014 年底具準直轄市地位，2014 年底改
制為直轄市，相較於其他五都成立時間較晚，但由於轄區內有國際
機場，成為步入國家門面的第一線直轄市。其主要發展目標及特色
論述如後。

1.主要發展目標

桃園市重大建設主要在「桃園航空城」計畫，開發面積達 3,000
公頃。其願景是把桃園國際機場打造成為東亞樞紐機場，藉由中轉
與海空聯運提升臺灣國家整體競爭力。航空城多達 500 公頃的產業
專區、商業區以及住宅區，將會是實現綠能永續、智慧韌性城市的
最佳示範區，嶄新的都市形態，以及符合生活、生產、生態等的多
元生活都在此實現。藉由打造航空城的契機，進行臺灣產業轉型升
級，發展新興服務業，推動傳統產業價值鏈整合，強化智慧財產布
局，結合智慧、永續、韌性城市的開發，在地驗證，進而開發出新
產業價值鏈，整廠輸出，重塑產業價值，提振國際競爭力。桃園市

其他主要發展目標如下[8]：

（1）辦理桃園市區域計畫案

配合全球化及亞太地區發展趨勢，整合全市地理、人口、資源、經濟活動等，提出產業發展、土地使用、交通運輸系統、公共設施、觀光遊憩、環境保護等計畫，並訂定空間發展指標，融合成長管理、生態永續等發展概念，做為本市區域發展、土地利用及生態保育之執行指導計畫。

（2）辦理桃園市都市計畫整併規劃及實施計畫

從整體大桃園市思考未來發展主軸，包含交通建設規劃、住宅政策、水域整治及產業配置等策略，重新檢討都市發展用地需求，辦理 33 處都市計畫整併，同時整備維生系統、垃圾處理、污水系統等基本設施，做為桃園都市發展之長遠規劃，並提升既有城市格局，以因應全球城市競爭挑戰。

（3）辦理整體開發計劃案

因應南崁都市計畫區及中路地區整體開發後，人口及交通量的成長，需串聯交通系統及檢討周邊農業區，並避免農業區散漫及蛙躍式之畸零開發，有效整合土地資源與利用。

（4）辦理台鐵高架新增車站周邊農業區都市計畫變更案

高架鐵路通車後，將可促進鐵路兩側地區整合發展。為引導站區周邊農業區有序發展，促進土地有效利用，並因應站區需求劃設公共設施，以增加高架車站之便利性，故需辦理新增車站周邊農業

---

[8]　參見桃園市都市發展局 104 年度施政目標與重點，2015.0303
http://urdb.tycg.gov.tw/home.jsp?id=143&parentpath=0,2 。

區都市計畫變更，以整體開發方式帶動車站周邊地區發展。

（5）辦理桃園航空城捷運線(綠線)車站周邊土地整體規劃及變更案

促進各捷運車站周邊土地整體開發，落實大眾捷運土地開發效益挹注捷運建設之原則，辦理車站周邊整體規劃並完成都市計畫變更。

（6）辦理「城鎮風貌形塑整體計畫」及「市區道路人本環境建設計畫」補助計畫

以「創意、永續、桃花園」的城市願景及桃園市景觀綱要計畫，整合推動桃園市都市景觀風貌再造。

（7）辦理推動都市設計審議地區生態城市及綠建築等計畫

針對本市新開發地區,透過都市設計審議機制，促進新建工程達成節能減碳、基地保水、節約水資源、廢棄物減量等目標落實生態城市綠建築的理念，建立相關機制。

2.桃園市特色

桃園市擁有得天獨厚的交通位置，以及與大台北地區連接之優勢地理位置，成為臺北都會區與西部生活走廊的隘口；桃園國際機場則是國際客貨運的轉運與遊客進出的門戶重鎮，使桃園成為國家形象與經濟發展的櫥窗，頂尖工業製造與研發實力為後盾，結合地理優勢，將可打造成為亞太地區的經貿樞紐。進行中的「臺灣桃園國際機場聯外捷運系統建設計畫」（機場捷運線）目前試車中，將使國際航線與國內交通網絡包括高鐵桃園站及台北車站等成為運輸樞紐。

攸關桃園經濟發展的「桃園航空城」計畫分為五大發展區域，

包括稱為台灣門戶區的會展中心、行政及金融中心、供創意業者進駐的文創科研產業區、物流經貿區，以及能容納多達 30 萬人居住的住宅區，居民預料有 40%是外國籍，將可享有航空城放寬移民和賦稅規定的優惠待遇。「桃園航空城計畫」完成後將正面影響台灣經濟，桃園升格後又擁有「機場捷運」及「桃園航空城」的優勢，這些條件將使桃園在成為第六都後持續發展之特色。

3.桃園市須關注之處

桃園市成為直轄市後仍須強化之處甚多，較需關注的是，桃園航空城計畫為桃園近年的大型造城計畫，但面臨土地徵收等爭議，使計畫進行遇到些許瓶頸，航空城到底能否順利完工，完工後能發揮多少效益，都關係著桃園市未來榮景，亦成為桃園市成為直轄市後第一個面對的挑戰。

（四）台中市部分

台中市地理位置於台灣中部，地理適中，不論西往中國大陸，北往日本或南下東南亞，位置條件皆較其他直轄市為優，亦為原三都規劃的其中一都。主要發展目標及特色說明如後。

1.主要發展目標

台中市重大建設主要擺在中央承諾的 800 億元建設補助項目，包括國道 4 號延伸、台 74 線連結國道 1 號、市政路通台中工業區、中部科學工業園區南向三合一聯外道路新闢工程、國道四號神岡系統交流道跨越大甲溪月眉西側南向聯絡道路、國道三號烏日交流道延伸至芬園段新闢工程、捷運綠線 MRT、南山截水溝治理工程、2018年台中國際花卉博覽會等，台中市長林佳龍 2015 年 1 月 8 日北上參

加上任後首次行政院院會時，特別提出請中央支持台中市前述重大政策，協助地方完成重大建設[9]。至於台中市其他主要發展目標如下：[10]

（1）區域發展及都市規劃

①烏彰高鐵副都心：促成臺中烏日副都心與彰化新都心的串連，打造烏溪兩岸雙子城。

②海線雙港副都心：強化前店後廠連結，發展雙港成為臺中產業連結國際的門戶，創造海線新興產業區域。

③豐原山城副都心：花博定位由「花卉展」提升為「花園城市改造運動」，結合交通網及地方特色，串聯大甲、大安雙溪畔休閒旅遊路線，改造水岸花都。

④舊市區再生：以城中城概念重新定位舊市區，擴大都會核心範圍，並成立都市再生及發展委員會，再造文化新城。

⑤配合「2018 國際花卉博覽會」之舉辦，辦理「擬定后里國際花博特定區計畫」，推動後花博時期后里地區之中長程發展。

（2）打造臺中港及清泉崗機場成為國際級海空雙港，並成為大臺中世界門戶

辦理清泉崗機場周邊門戶地區土地規劃及都市計畫變更作業案，因應未來「大臺中 123」發展主軸，有關兩個國際港，將臺中港和清泉崗機場，打造成國際級的海空雙港，成為大臺中通往世界

---

[9]　參見蘋果日報 2015 「林佳龍出席行政院會 討錢要權」，2015.1.8
　　http://www.appledaily.com.tw/realtimenews/article/new/20150108/538384/。

[10]　參見台中市「104 年至 107 年都發局施政白皮書」，2015.0416
　　http://www.ud.taichung.gov.tw/ct.asp?xItem=1423071&ctNode=21620&mp=127010

門戶。

（3）配合直轄市之都市治理需要，逐步整合規劃本市都市計畫

包括烏日、大肚地區都市計畫整併及主要計畫、細部計畫分離專案通盤檢討及大里、太平及霧峰都市計畫區整併及主計、細計分離規劃作業案。

（4）城鄉地景新風貌

包括重要道路市容進行整頓，及推動都市生態綠網建構、都市藍帶地貌改造、生態藝術社區環境營造、結合地方文化特色，發展整合性計畫。鼓勵採用具地方特色及創新之生態城鄉規劃理念及綠建築技術，運用節能、減碳、通風、透水、貯水、綠覆率提昇等，進行城鄉生態環境改造，逐步落實生態城市目標。

（5）推動城鄉舊市區再生與發展

包括研議臺中市都市再生相關法令為推動都市再生、臺中州廳及附近地區都市更新計畫及豐原火車站後站週邊地區都市更新計畫配合「臺中都會區鐵路高架捷運化工程」之豐原車站高架改建，重新規劃縫合都市舊有鐵道，平衡地區發展，期待透過資源整合，凝聚居民向心力，推動都市更新產業，以提昇居民生活環境品質，以豐原新站為核心，帶動周邊商業發展，促進豐原區成為臺中都會區之交通商業副都心。

台中市爭取到 2018 年國際花博會的主辦城市，是繼臺北市後第二個獲得國際園藝家協會及國際展覽局認證授權舉辦的 A2/B1 級國際園藝博覽會。2014 年 10 月東亞運動會總會宣布臺中市正式取得第一屆 2019 年東亞青年運動會主辦權，是國家首次爭取到奧運體系的國際運動賽事，也是繼台北市和高雄市後第三個獲得國際賽事的城

市。

2.台中市特色

台中市於陸海空發展均具居中的地理優勢，且涵蓋海岸、平原與高山，不同地貌，孕育不同景觀資源，單是國家公園就有雪霸與太魯閣涵蓋境內，尤其雪霸涵蓋近 40% 。而產業發展更致力於工作母機及電子晶片製造，使其一般產業及高科技產業發展成果連同居中地理優勢、景觀資源等均成為未來精進發展之特色。台中另一特色即是高鐵台中站的地理除位於西部走廊中心，亦具備三鐵共站（高速鐵路、台灣鐵路和捷運綠線）的交通樞紐優越位置。本區域發展上，行政院定位為「購物娛樂城」，結合中部科學園區台中基地發展優勢和地區充沛的產業與文化資源，可預期發展為國際與兩岸往來的門戶。

3.台中市的發展隱憂

台中縣市合併後，行政主導權雖整合，但由於缺乏整體規劃，業務整併多僅為了合併而合併，恐造成與預期效果極度落差情形，就以公共運輸體系言，合併前有缺乏整體規劃，淪為各自發展的窘境，然而在整併後又面臨舊有體系不符直轄市的環境需求，勢須重新建構一套完善的公共運輸體系，始符合直轄市民升格後的期待，此種現象需急速導正，否則將影響以整體資源推動應有的功能。

（五）台南市部分

台南市向有古城稱譽，此次升格具古城特色亦成為升格重要因素，主要發展目標及特色論述如後。

1.主要發展目標

　　台南市市政重點主要擺在幾個面向上，包括鐵路地下化、「台南市運動休閒中心」開發案、台南科工區設置產業創新研發示範專區、「台南科工區」開發計畫、安平自由貿易港區、安平港國家歷史風景區、安平觀光魚市、台南國際會展中心、南關線東西向快速道路、台南市輕軌運輸系統計畫等，其中鐵路地下化是中央(交通部)在台南近 20 年來挹注的最重大建設，完工後將有助於都市土地的縫合，總工程經費 293 億餘元，預計 2017 年完工，是台南市民二十餘年來引頸期盼的重大建設，對台南市的整體發展將扮演關鍵的角色。台南市其他主要發展目標如下：[11]

　　（1）水綠城鄉　永續發展

　　以「全球思考　在地行動」持續推動府城都市發展，引導台南市朝「溫馨府城」及「健康、生態、科技、文化新府城」之願景努力，以達到「生活、生產、生態」三生一體之永續都市。

　　（2）辦理都市更新旗艦計畫

　　辦理台南火車站特區、運河星鑽、水交社文化園區等都市更新旗艦計畫，促進公有土地活化再利用，提供市民優質的商業及文化空間。

　　（3）舊街區改善

　　針對本市市中心舊街區、安平舊聚落、鹽埕舊聚落及保存區、都市更新單元等提供整建維護補助經費，有效改善舊市區都市景觀。

　　（4）都市空間改造

---

[11]　參見台南市都市發展願景，2015.04.29
　　　http://bud.tainan.gov.tw/doc/knowus5.aspx。

落實都市設計審議、都市設計管理機制，深耕都市空間環境改造。

（5）建置標準化流程

建置各項業務標準化流程，導入 PDCA 管理模式，並申請 ISO9001：2000 品質管理系統驗證，確保服務品質，以符合國際化、標準化之目標。

2.台南市特色

台南市歷經明、清治理及荷蘭、日本的殖民，擁有全台最多古蹟及歷史建築，素有古都意象，並有多項地方特有的民俗傳統技藝及文化活動，搭配臺灣最多樣化的小吃食品特色。除了強化都市的文化特色外，台南市的鹽水溪生態及紅樹林景觀有條件規劃為生態園區及文化廊道，而安平港地區積極推動觀光建設，受到在地人的肯定及吸引了很多的觀光客，台南市府將安平港定位為「兩岸客運、散貨及冷鏈海運快遞樞紐港」，主要針對對岸二級港口進行直航，未來將從貨運、客運、水岸港灣觀光三管齊下，帶動安平港發展。屆時，將結合原有古都文化及小吃特色發展相輔相成。

3.台南市發展隱憂

台南市主要靠觀光服務締造榮景，依憑的條件就是文化古都、生態景觀等資源，然而台南市的未來應不僅於此，首先，新的開發案、定點場館興建及道路系統興建陸續啟動，固然可帶動台南市的繁榮，但是亦應推動區域性的系統規劃，尤其縣市合併後，原台南縣轄區應納入整體規劃中，否則將僅看到以原台南市區為中心的發展而不見整體榮景。其次，每年的登革熱疫情重傷了台南市賴以為繼的觀光產業，也影響國內外大廠對台南市投資條件的評價，以直

轄市而言，每年都需面對疫情挑戰，不但未見升格後的品質提升，反而淪為二等生活品質，疫情的掌控確應列為台南市未來施政重心之處。

（六）高雄市部分

高雄市於 2010 年合併高雄縣後，轄區總面積達 2,947 平方公里，成為六都裡擁有面積最遼闊的直轄市，其另一特色為高雄國際港，亦為其他五都所無。其主要發展目標及特色，論述如後。

1.主要發展目標

高雄市市港合一在行政院於 2015 年 8 月核准市府與交通部的台灣港務公司，合資籌設土地開發公司後露出曙光，對高雄市長期念茲在茲的土地完整利用有了正面回應，對高雄的發展猶如注入了強心針。在與國際接軌上，高雄市著重於「亞洲新灣區」計畫，位於高雄多功能經貿園區內，是高雄經貿園區的核心區，亞洲新灣區是高雄市產業轉型的一個重大建設，該計畫有四座指標性建築，包括「高雄展覽館」已啟用並辦理國際扣件展、遊艇展等國際會展獲得國際好評，「高雄港埠旅運中心」、「海洋及文化流行音樂中心」與串聯亞洲新灣區的輕軌捷運皆已動工，「市立圖書總館」、輕軌捷運與海洋文化及流行音樂中心一期工陸續於 2014 年、2015 年底興建落成，將可期待提升高雄國際能見度。除硬體建設外，高雄市也積極參與國際組織、國際會議，並開拓國際及兩岸航線，利用國內外旅展及旅遊推介行銷高雄，在國際活動上，近年舉行「2013 亞太城市高峰會」以及「黃色小鴨」台灣首站等皆獲得好評回響，成功吸引

國際目光。」[12]

　　其他主要具體發展目標如下[13]

　　（1）鐵路地下化

　　推動大高雄地區鐵路地下化工程暨加速都市設計審議作業，創造都市新綠廊空間與沿線土地活化再發展。

　　（2）拓展旅遊及郵輪市場

　　突破海、空國際運量瓶頸，積極參與國際旅展拓展旅遊及郵輪市場。

　　（3）國際級地景公園打造

　　配合自然地景特色，打造月世界風景區為國際級地景公園。

　　（4）亞洲新灣區設置

　　配合亞洲新灣區成形，行銷高雄品牌，提昇國際能見度。

　　（5）國際性活動辦理

　　辦理國際性表演藝術活動，提升本市藝文與國際接軌，並深入高雄山區、沿海各社區辦理城市傳統藝術活動，均衡城鄉藝文發展。

　　（6）遊艇產業推動

　　持續籌辦台灣國際遊艇展，帶動本市遊艇製造及其週邊產業發展；推動南星計畫遊艇產業園區開發，建擘高雄成為亞洲豪華遊艇製造中心。

　　（7）節能綠建築之推展

　　推展「高雄厝」、城鄉智慧綠建築、太陽光電智慧社區及立體綠

---

[12]　參見高雄市政府「施政綱要」（2015：5）。

[13]　同上。標題則為本研究所增。

化，兼顧在地特色、氣候及人本環境，創造節能並具地方文化之建築型態，營造各區域特有景觀。

2.高雄市特色

高雄市原就有海港與城市港市合一特色，其高雄港為世界等級的國際港口，亦為臺灣最大的深水港，貨運吞吐量世界第 13。而高雄國際機場則為南臺灣的主要聯外國際機場，與主要的國際客貨運出入吞吐地之一，也是臺灣第二大民航機場。在高雄市擁有國際機場、港口之條件下，對外交通優勢令人稱羨。該市有一多功能經貿園區，包含高雄加工出口區及中島商港區。此區利用高雄港埠現有設施規劃具多功能海運轉運中心提供具倉儲、轉運、金融及商業之發展，高雄知名的統一夢時代購物中心及高雄 85 大樓皆在此園區內。近年來，由於產業、官方及學術界對文化創意產業的重視，市政府的文化建設計劃如海洋文化及流行音樂中心，高雄市立圖書館總館等興建建設相繼獲得中央政府的挹注支持。2014 年啟用後的高雄世界貿易展覽會議中心，將作為舉辦國際大型研討會議及大規模展示活動之用途。

3.高雄市發展的美中不足

國際城市的交通運輸規劃，捷運都是不可或缺的重要項目，偏偏高雄市的捷運低載客率成為交通系統路網的一大隱憂，高雄捷運為國內第二座大眾捷運系統，自捷運於 2008 年 3 月 9 日開始營運後僅有的紅、橘二條路線與規劃預估量至今一直有數倍的落差，導致不斷虧損，致新申請的八條新路線中央僅同意二條，在高雄縣市合併後已無法指望捷運運輸功能情形下，要如何串起整體交通系統，成為市府一大考驗。

二、六都具領航城市的功能

六都在各區域發展中，具有領航城市的功能，依地方制度法第四條規定「人口聚居 125 萬人以上，且在政治、經濟、文化及都會區域發展上，有特殊需要之地區得設直轄市」。故能成為直轄市，其須在人口、政治、經濟、文化等發展條件上均較周邊縣（市）優越，不但可帶領區域發展，亦將扮演核心都市的角色（core city）。行政院「國土空間發展策略計劃」設計之「區域生活圈」[14]，即賦予直轄市區域發展的角色功能，包括北北基宜、桃竹苗、中彰投、雲嘉南及高高屏等五個區域生活圈都將在六都影響下逐漸形成。

三、提升國際競爭力應有的期待

以下將從中央角色、整合資源、國際活動及雙北合併等期待面向析述：

（一）中央角色的期待

在觀念上，中央集權已不再是大家接受的唯一選擇，不但六都成立後的政治天平更傾向於地方，以往高度依賴中央與去自主性的方式，也因影響地方發展甚鉅，勢須隨勢更改，有關財政分配等結構性的規劃，必須跳脫中央施予的傳統框架，既有中央集權治理模式須作調整，六都形成即是中央傳統治理結構轉型的大好契機。

六都雖然環境條件各有不同，但所擁有資源已在各地區中成為翹楚，應利用在地化特色及都會建設的腹地優勢、地理位置等，建造直轄市軟硬體設施，推動國際化、世界級的嶄新建設，藉以提升

---

[14]　參見行政院，「國土空間發展策略計畫」，臺北：行政院，2010：26。

競爭力，中央在前述治理模式調整初期，仍扮演關鍵性角色，就以「桃園航空城都市計畫」為例，此一重大計劃規模、影響，已非桃園市能獨自承擔，中央應在人力、財力上協助，整體效能才能發揮。

（二）整合資源的期待

依「行政院經建會」的規劃軸向，未來臺灣將以「一點多心」來作臺灣的整體國土空間的佈局[15]；惟以台灣現有國際實力、土地面積、人口等要以直轄市一己之力與國際都市一較長短，即使再多幾年努力，恐仍停留理想空談難以實現，故而整合中央與地方資源就成為必須思考的途徑。也就是說，過往認為地制法實施後，直轄市政府自治權限已不同於往，中央政府在直轄市能力提升上已無置喙必要之論點雖符合現有法制，但是以全球都市競爭角度觀之，此說可能流於狹隘，不符現實環境所需，中央條件在於經費的優渥、人才視野較廣，中央在經費挹注直轄市需要上，等同提供經費人力由直轄市協助中央提升國際地位，而直轄市政府條件則在地方建設需求貼近民意，較能引起共鳴，更易得到地方支持，直轄市長亦有選票壓力，為地方建設甚而打造國際城市，必能傾地方資源投入，雙方擁有之資源若能整合，才有可能達到國際都市願景。

（三）國際活動的期待

除了硬體設施的推動展現國際都市的氣勢，呈現大都市格局外，在國際矚目的活動、大型會議的召開、或配合文化性、藝術性的國際節日舉行，直轄市都應盡量爭取主辦或提供場地，以大型活

---

[15]　同上註。

動來推動城市發展，是國際大城市主要行銷管道，而我國高雄市世大運、台北市花博的舉辦，亦使北、高二直轄市在地特色藉由國際媒體傳向世界舞台[16]，而由世界棒壘球聯盟（WBSC）主辦，我國承辦大半賽事的 2015 年第一屆世界 12 強棒球賽（2015 WBSC Premier12™）亦圓滿完成[17]。前述各種大型國際活動對相關產業、城市及國家均帶來極大的效益，除可突破政治困境，大力提升國際注意力，達宣傳目的外，並藉活動刺激旅遊及商務，間接帶來投資商機，最終並可呈現經濟、環境與社會三方面發展的新典範永續都市主義（sustaining urbanism）的願景（Miles & Hall 2003：182）。

---

[16] 根據針對前來高雄參加世運會的外國選手、隊職員和外籍觀眾對於高雄市相關面向的知覺感受程度變化，經調查結果發現，國外人士對於高雄市的市容景觀、基礎建設、進出交通、路標地標、市區交通、文化歷史與整體印象皆有顯著性的提升。參見吳濟華等「改變高雄城市意象的世運會」城市發展專刊（2010：22-23）。

台北花卉博覽會 2010 年 11 月 6 日順利開幕，並於 2011 年 4 月 25 日閉幕，30 國 60 城市 92 機構參展，期間吸引 896 萬 3,666 參觀人次（其中國外參觀遊客為 58 萬 5,327 人次，占全體參觀人次 6.53%），過程中雖褒貶不一，但獲 Dr. Faber 高度推崇，台北花博是他看過所有的園藝博覽會中最好、最棒的一次，台北花博在國際上並獲得「影響世界華人大獎」之「公共事務領域獎」，以及加拿大花卉園藝協會（CBHS）所評選 2011 全球最佳國際庭園觀光活動。同時也獲得 2010 國家卓越建設獎之「最佳規劃設計類公共建設類卓越獎」、2010 台灣建築首獎與 2010 台灣室內設計大獎 TID 金獎 — 展覽空間金獎。無數個具代表性的獎項與榮耀，展現台灣卓越超群的軟實力。參見行政院農委會官網「創意台灣 花現台灣軟實力—2010 台北國際花卉博覽會辦理成果」，http://www.coa.gov.tw/view.php?catid=23392.

[17] 世界 12 強棒球比賽期間為 2015 年 11 月 08 日～21 日，為國際棒壇頂級賽事，我國與日本同為承辦單位，雖非城市之名承辦，但比賽球場所在地的台北市、新北市、桃園市及台中市等直轄市均全力配合，使國內舉辦的初賽部分順利完成。參見中華民國棒球協會官網-「各級賽事」

http://www.ctba.org.tw/news.php?cate=gamei&type=2&game_id=325

　　（四）雙北市合併的期待

　　2014 年北北基合併為馬英九總統競選政見，亦為該學術領域探討顯學，其後雙北陸續提出「大台北黃金雙子城」、「雙北合併」、「雙北合作」、「雙北合併」等議題，2013 年 12 月 8 日，新北市長重提，台北市隨即正面回應，並強調雙北外還要再加上「基隆」，合併要妥善規劃，沒有時間表[18]。若雙北連同基隆合併議題完成，對國內直轄市走向資源、生活圈等之整合，將產生深遠影響，而與世界級城市競爭之條件更趨前一步，就如 Saskia Sassen（1991）在其著作 The Global City: New York, London and Tokyo 一書中所說「以往由國家作為代表的經濟競爭場域，如今已然讓位給全球城市」，就經濟面城市發展而言，其重要性儼然凌駕於國家之上。

　　六都須發揮各自特殊的經社文化背景，亦即每個地方均有其「在地化」（localization）特色，而且每一個地方政府均應善用其特殊競爭優勢（紀俊臣，2006：6）。以表 8-1 呈現的全球城市標準，包括國際金融機構、關鍵國際經濟機構、積極參與國際事務且具影響力、有世界性媒體、全球服務中心、文化機構、相當多的人口、藝文場所、文化團體及活動、有重要的國際機場、大型的港口及先進、多元的交通、相當多的人口等均為全球城市多位學者所重複提及，六都在各自條件上雖多有加強之處，但朝全球城市的目標邁進可提升國家整體的實力，應是無庸置疑，也符合市民的期待，要朝前述目標邁進，除了國際情勢的震盪影響外，解決經緯萬端的國內公共問

---

[18] 參見祁容玉、黃福其、牟玉珮等，聯合報電子報「轉戰北市？ 朱立倫妙答回應」 第 4771 期 聯合新聞網 2013.12.9。

題，除了須中央協助地方，更須適度賦予六都治理權限，惟基於公共議題「全局治理」（holistic governance）的觀點[19]，這些危機或複雜問題的解決，仍需要中央與六都在因應對策上共謀出路、通力合作，才能達成以全球思維來形塑六都治理能力的目的。

第二節　強化責任分擔以重塑合作夥伴關係

　　行政院曾於 2001 年年提出中央與地方夥伴關係（partnerships）的運作模式，並標舉去任務化、地方化、行政法人化、委外化等「四化」原則，同年的組織改造方案中，亦突出此四化原則，藉以實踐「民間可以做的，政府不做；地方政府可以做的，中央政府不做」的政策目標。然而，中央與直轄市的「夥伴」關係，似乎「說的多、做的少」，雙方雖有運作模式，但合作思維並未成熟，缺乏具備夥伴關係的信任條件，故距離理想仍遠，呈現在民眾面前的即是地方與中央不時相互嗆聲，以致治理功效無法彰顯，Geddes 認為夥伴關係，不僅是抽象認知，而是要有具體動作，達成實際的資源共享，其認為夥伴關係的實質意涵為「分享知識」、「建立互信」、「整合與協調」、「政策創新」及「資源共享」等五項，且依前述順序做為建立夥伴關係的步驟（Geddes,2000：790）。我們試著從心理層面、互動層面及執行層面等三個面向探討強化雙方夥伴關係。

---

[19]　「全局治理」（holistic governance）強調政府組織的整合關係，由 6 Perri 在 2000 年後的相關著作中屢屢提及，參見 6 Perri (2002). What is there to feel? A neo-Durkheimian theory of the emotions. *TheEuropean Journal of Psychotherapy, Counselling & Health*, 5(3), 263-290.

壹、心理層面

中央與地方強化夥伴關係的心理層面涵蓋互動時的心態調整，及反映在與地方政府共為治理時的實際做法上，論述如後：

一、心態上調整為對等關係

夥伴機制雖結構鬆散並涵蓋各種關係，但也只有對等的夥伴方式，才能夠驅動政策利害關係人一同解決問題（OECD,2001:18; Greer, 2001: 6,14），所謂中央與地方對等，並非傳統的以掌握充裕資源、法令制定的制高點優勢等主控直轄市的「中央集權」方式，亦非一昧擺脫中央監督的「地方坐大」兩種極端，誠如 Cope & Goodship 所言，此兩種極端方式最終將導致相互對抗沒有贏家的局面，因而政府間應建立雙向的協商機制，並透過互動過程共同推動地方事務（Cope & Goodship,1999：3-16），故以往高高在上行之多年的行政行為規範，要完全改變，心態與身段上都必須柔軟而形成真誠的「夥伴關係」，否則直轄市不再逆來順受，與中央互動爭議將成為常態，目前除新北市外，六都中已有五都形成垂直府際分立政府現象[20]，屆時直轄市只要合縱連橫，以直轄市的影響力，將逼使中央政不出門，豈是國家之福。

---

[20] 桃園市、台中市、台南市及高雄市等市長均為民進黨籍，台北市長則為無黨籍柯文哲，柯文哲雖為無黨籍，但 2016 選舉所謂「柯系」人馬競選成形，儼如政團型態，與府際分立效果相同。參見自由時報「柯文哲挺誰？『柯系』人馬同選區大對決」
http://news.ltn.com.tw/news/politics/breakingnews/1464752.
三立新聞「柯 P 到底會挺誰？柯系人馬選立委　北市同選區對決」
http://www.setn.com/News.aspx?NewsID=98458

二、做法上應適度尊重直轄市

中央在做法上適度尊重直轄市顯示在不交付不對等的行政行為及行動上展現夥伴關係等面向論述之。

（一）不交付不對等行政行為

依據地方制度法第二條第三款規定之委辦事項是「指地方自治團體依法律、上級法規或規章規定，在上級政府指揮監督下，執行上級政府交付辦理之非屬該團體事務，而負其行政執行責任之事項。」是以，中央委辦事項範圍，並非由中央自行認定而毫無限制，須依據法律、法規或規章規定，畢竟直轄市已屬公法人，依地方制度法精神，賦予直轄市自治，若無限制執行中央無止境的委辦業務，將妨礙直轄市自治權之行使，故無法律授權，直轄市可拒絕中央之委辦業務。若以此觀點，中央不再能交付不對等的行政行為，以往單一制國家中央獨大觀點即應修正。

（二）以行動展現夥伴關係

再以協助直轄市的心態為例，在諸多面向上中央與地方的「夥伴關係」不僅擺在嘴上，也需表現在行動上，但常見場景為地方首長浩浩蕩蕩親率員出席會議，而中央有關部會出席層級卻差距過大，一個與國家重大發展有關之「桃園航空城都市計畫」，改制前桃園準直轄市由縣長率兩位副縣長及十餘位局長出席，息息相關的交通部卻僅派民航局副處長層級官員出席，結果造成地方政府團隊挫

折感及對中央的不耐[21]。此種若非中央托大心理，就是弄不清楚此計畫的重要性，或者中央認知裡此一計畫根本不重要。至於六都在行政決策參與的設計上，雖有行政院會方式，但是會議中能體現多少對直轄市的尊重，只有直接參予的直轄市長心裡最明，對媒體抱怨「五都市長在行政院會沒發言機會。」應是點出了所有直轄市長的心聲[22]。

貳、互動層面

互動層面需要考慮中央協調處理跨縣市區域問題及須由地方負擔經費者，應讓地方充分參與等原則，以下分從中央調和地方及地方參與政策等，論述如後：

一、中央調和地方

中央與地方的關係，不論權限分配、爭議處理，都須以功能性考量，也就是以公部門推動及執行效率為主要考量，各直轄市前瞻性業務多需中央關注眼神，而前瞻性業務又常涉跨縣市之跨區域問題，非直轄市一己之力能為，除賴直轄市與其他地方政府間之合作，也需中央出面調和。此種賴中央出面協調處理，不代表中央即可對直轄市自治事項進行行政干預，除非執行「自治事項」違背法律及執行「委辦事項」違背法律之兩種結果。

二、地方參與政策

中央既不得對直轄市自治事項進行行政干預，即在中央擬訂政

---

[21]　參見聯合報，游文寶，A13 版，2013.12.25。
[22]　參見聯合報，新聞眼專題，A5 版，2014.02.13。

策計劃將影響地方政府權益時，亦應依大法官會議五五〇號解釋意旨，法律之實施須由地方負擔經費者，於制定過程中應予地方政府充分之參與。此種政治環境的急遽變化，與地制法實施暨直轄市地位提升、直轄市長影響力不同於往等有關，大法官該號解釋讓地方政府充分參與，雖僅針對「須由地方負擔經費者」，衡諸環境變化，大法官該項解釋有拋磚引玉功效，中央在制定與地方政府相關政策上，甚而就中央立法並執行之事項，亦應讓直轄市充分參與。

三、建立信任關係

目前中央與直轄市間存在的正式和非正式的會報、會議等對問題的解決都有其一定功能，但畢竟會議桌上多數情形彼此立場迥異，甚難溝通，…利用平台式的會議個人覺得效果有限…坐上會議桌總有各自立場。（CU2）尤其當議題事件發生時總先撇清究責，場景難堪，關鍵就在於彼此的「信任」基礎不夠，信任關係的建立非一朝一日，多年的互信關係也可能因人調職而受影響，所以府際間的信任關係在主客觀因素下確難維護，然而信任關係畢竟為府際間互動的關鍵，即便受政黨因素影響，為能維持暢通的互動途徑；亦應窮其力建立雙方的信任關係。

參、執行層面

執行層面為實際的工作推動，主要以「治理」標的為思維的業務夥伴關係以及中央對直轄市涵蓋人事與財政權等所應做的修正，以下即就包括「重塑以『治理』標的為導向的夥伴關係」、調降對直轄市的控制幅度及人事與財政權的重分配等論述於後。

一、重塑以「治理」標的為導向的夥伴關係

　　不論政策性質歸由中央制訂或歸屬直轄市權責，當面臨全球化、自由化競爭下，國內經濟環境隨著國際情勢影響變化快速，此刻政府面對的不再是單純的公共政策問題，即使垂直府際分立問題獲得紓解，甚或傳統的權限爭議獲得解決，中央與地方力量未整合下仍無法揮灑施政。所謂以「治理標的」為導向的夥伴關係，是在運作上以「協力」方式，即中央與地方機關的協力運作，在前述全球化下，直轄市長亦扮演「推動者」角色，應有更大權限得以自為特定發展政策；同時，直轄市應有能力與中央各部會進行政策協調，以達成直轄市跨中央、地方與跨部會的「全觀型」（holistic）或宏觀的政策制定與規劃（彭錦鵬，2005：71-99）。如此，始能共同達成與中央協力運作目的，也完成計畫之目標。故而在夥伴關係基礎上，即以「施政項目」或「施政計畫」做為「治理」基礎[23]，調和中央與地方政府間的地位落差，不再侷限中央與地方差異關係上，此種功能性的協力運作夥伴關係，也不再是形而上之的抽象關係，而是建立在「施政項目」與「施政計畫」的「治理」標的上，在雙方原有資訊、人力、設施及經費等資源能共同分享下，最後創造「雙贏」成果。

---

[23] 傳統上預算均為中央與地方各自編列，若直轄市預算所需經費龐大則尋求中央補助，「施政項目」與「施政計畫」的「治理」標的即是打破此種傳統的編列方式，優點為集中資源且無重複編列預算之顧慮，由於合作頻率較前更多，雙方地位差不易顯現，對夥伴關係環境營造助益甚大。

二、調降對直轄市政府的控制幅度

依地制法七十五條有關直轄市政府辦理自治事項，有違背憲法、法律或基於法律授權之法規者，由中央各該主管機關報行政院予以撤銷、變更、廢止或停止其執行。至於自治事項有無違背憲法、法律、中央法規等發生疑義時，依該規定得聲請司法院解釋之；在司法院解釋前，不得予以撤銷、變更、廢止或停止其執行。由「里長延選案」例，可發現在司法院對「特殊事故」認定有明確解釋前，台北市宣布之延選案，仍可繼續執行，若解釋北市府違法前已執行完成，豈不徒增紛爭。是以，中央對直轄市之監督控制業務應予調整，若中央與直轄市對地方自治權限的界定，其解釋權仍在中央，則六直轄市等同喪失升格後應享之權限。故而，中央應調整控制監督幅度，賦予六都完整的地方自治自主權。

三、人事與財政權的重分配

人事權與財政權的重要性如同地方行政首長的左右手，以下即以一條鞭式管理完整人事權之省思以及財政權調整的不確定性兩部分論述之：

（一）一條鞭式管理及完整人事權之省思

即以現行直轄市長人事權現狀、直轄市長人事權分割後影響及一條鞭式管理思考等面向說明之。

1.現行規定直轄市長無人事權

目前主計、人事、政風及警政的人事管理屬於所謂「一條鞭式」的管理，相關規定包括「公務人員升遷法」第十八條之一規定：

人事、主計及政風人員得由各該人事專業法規主管機關依本法

及施行細則規定，另訂陞遷規定實施。

「地方制度法」第五十五條二項：

直轄市政府置秘書長一人，由市長依公務人員任用法任免；其一級單位主管或所屬一級機關首長除主計、人事、警察及政風之主管或首長，依專屬人事管理法律任免外，其餘職務均比照簡任第十三職等，由市長任免之。」即職務升

遷與平時獎懲均由其上級業務主管機關管理而不受直轄市長節制[24]。

依前述「公務人員升遷法」及「地方制度法」之母法規定，主計、人事及政風等機構，另訂有「主計人員升遷規定」、「主計機構人員設置管理條例」、「人事人員升遷規定」、「行政院所屬各級人事機構人員設置管理要點」及「政風人員陞遷甄審作業要點」、「政風機構人員設置管理條例」等任免遷調規定，有別於直轄市政府公務人員，其管理機關均為行政院（分別為行政院主計總處、行政院人事行政總處及法務部），而考試院則為我國最高人事主管院，銓敘部則為我國最高人事主管部。

依前述規定包括直轄市政府主計處長、統計處長之遴選任免遷調，均由中央主計機關辦理，直轄市長僅獲得被通知權。而全國政風人員業務，規範由法務部廉政署規劃、協調及指揮監督，直轄市長無法越過法務部指揮。直轄市人事處長則由行政院人事總處簽報院長核定後以總處令發布，副處長則由該人事總處遴定發布，無論

---

[24] 實務運作上，直轄市長對人事、政風、主計及警察等首長人選，有一定影響力，中央雖有人事權但先徵求直轄市長意見已成常態，考績部分亦有建議權，由於未能法制化，直轄市長檯面下的影響力亦成為權力的潛規則。

正副主管，直轄市長均無權過問遷調作業。另依「警察人員人事條例」規定警察人員由內政部管理，或交由直轄市政府管理，看似直轄市政府可由中央委託交辦，然而該條例第 20 條復規定警察人員之升遷由內政部警政署召開會議公開審議之，相當簡任級的「警監」職務，則由內政部遴任或報請行政院遴任，也就是說，高階警務人員的升遷遴選，直轄市長無權置喙。

2.直轄市長人事權分割後影響

由前述地制法及相關規定可看出，直轄市長管轄之人事權屬於分割狀態，處於此種人事權分割狀態下，將產生下述影響：

（1）指揮系統與組織目標的衝突

由於升遷調動甚而獎懲均屬中央各部權限，而前述人員也同時面臨中央主管與直轄市長二種指揮系統步調問題，尤其在中央與直轄市分屬不同政黨執政之垂直府際分立現象，極有可能發生指揮系統及組織目標衝突的情形，屆時公務人員將無所適從，或乾脆賭一賭前途而選邊站，影響行政執行。

（2）考核效果影響施政

由於受限人事權限，無論直轄市長認為該人員配合度如何、表現如何、甚而年度考績建議等，其最後考核結果恐與直轄市長期望有所落差，而與該人員將來職位調整好壞結果亦未必有直接關聯性，其結果將導致前述人員未必全力配合直轄市長推動市政而影響市政績效。

3.一條鞭式管理思考

針對主計、人事、警察、政風等主管或機關首長之任免問題，中央主管機關認為，應繼續依各項人事法令之規範，由中央主管機

關負責統籌派免、調派等事宜；也就是繼續維持一條鞭式管理制度，但就地方政府之立場而言，組織自主權及人事自主權是地方自治的重要內容，兩者爰生爭議[25]。一條鞭管理制度之設計主要著眼於業務的專業性及領導統御之考量，雖有助於官吏之選任、官箴之維護與效率之提高，惟卻難以因應不同地方人事管理的彈性需求（蔡良文，2001）。

　　人事權力曾於制憲時列為考試權範圍，與行政、立法、司法、監察等同為我國五權分立制度之一環，然而因應環境變遷，2000 年 4 月 24 日憲法增修條文第六條對考試院職權做重新釐定，第六條內容如下：

　　考試院為國家最高考試機關，掌理左列事項，不適用憲法第八十三條之規定：

　　（一）考試。

　　（二）公務人員之銓敘、保障、撫卹、退休。

　　（三）公務人員任免、考績、級俸、陞遷、褒獎之法制事項。

　　從以上增修條文內容，可以發現考試院已不再擁有完整的人事權，主要在於第三款所列權限僅屬於「法制」事項，至於「執行」事項已脫離考試院權力範圍。增修條文的制定，僅規範了考試院的職權限縮，至於限縮之人事權應隸屬中央或地方則於條文中並未置喙。如今，行政部門中央集權式的人事權力應屬單一國制傳統式思維下的做法，歷經十餘年的環境變遷後，在直轄市長已然民選下，

---

[25]　參見銓敘部，2007，〈建立地方公務人員制度可行性之研究─並兼論人事爭議問題之解決方案〉。銓敘部人事制度改進專案小組研究報告，未出版，台北市。2007：21。

應再縝慎思考此傳統思維做法之合宜性，以責任政治觀點而言，為實現對選民的承諾，展現施政成效，連同主計、警察、政風等單位所謂人事一條鞭式管理應予改變，由直轄市長統籌管理以擁有完整的人事權力。

（二）財政權調整的不確定性

「財政為庶政之母」，要解決都市治理，主要癥結就是財政問題，依地制法第六十六、六十七條規定，直轄市應分配之國稅、直轄市稅及收入支出，依財政收支劃分法規定辦理。財劃法可謂直接影響地方財政之基礎，而最近一次修正公布日期為 1999 年 1 月 25 日，迄今已十餘年，自 2010 年起至 2014 年底，六個直轄市陸續成立，地方政治環境已有所改變，在直轄市相繼成立後，施政預算自然跟著水漲船高，而現行財劃法有關中央統籌分配稅款，是採取比例入法之方式，已難以因應地方改制，目前該法修正草案尚在立法院審議中，惟修正版本多達二十個，是否完成修法尚未知數。依行政院版本財政收支劃分法修正草案，與直轄市有關之修正要點如表 8-5。

表 8-5　行政院版「財政收支劃分法」修正草案

修正要點	修正內容	修正條文
劃一直轄市及縣（市）稅課收入分成之基礎	遺產及贈與稅由目前直轄市分得 50%、修正為 60%。	第八條第三項
擴大中央統籌分配稅款規模	(一)所得稅總收入 6% (二)營業稅總收入減除 1.5%稽徵經費及依法提撥之統一發票給獎獎金後之全部收入，作為中央統籌分配稅款之財源。但若有超過法定最低稅率所徵收入，其用途除法律另有規定者從其規定外，應由行政院訂定調高徵收率之用途並據以劃分歸屬。 (三)菸酒稅在直轄市及臺灣省各縣（市）徵起收入減除百分之一作為稽徵及查緝經費後之 19%，應按人口比例分配直轄市及臺灣省各縣（市）；在福建省金門及連江二縣徵起收入減除 1%作為稽徵及查緝經費後之 80%分配各該縣，其餘收入全部由中央統籌分配直轄市及縣(市)。	第八條第二項 第八條第四項 第八條第五項
中央統籌分配稅款分配以公式入法	(一)中央統籌分配稅款，應以總額 96%列為普通統籌分配稅款；其餘 4%列為特別統籌分配稅款。普通統籌分配稅款應按下列方式分配直轄市及縣(市)： 1.中央統籌分配稅款總額 90%，按公式分配(以下簡稱按公式分配總額)，依下列指標及權數，計算各該直轄市及縣（市）應分配之比率分配之： (1)按公式分配總額 85%，依下列規定分配： ①優先彌補各該直轄市及縣(市)之基準財政收支差額，鄉（鎮、市）之基準財政收支差額應併入縣計算。縣獲配之中央統籌分配稅款，應提撥一定金額並訂定分配規定，分配所轄鄉(鎮、市)，以利因地制宜，發揮資源運用效能。 ②依前述設算分配後之賸餘款項，按各該直轄市及縣(市)之基本建設需求情形分配，其指標及計算方式授權於中央統籌分配稅款分配辦法中定之。 (2)按公式分配總額 15%，按各該直轄市及縣(市)財政努力及績效分配，其指標及計算方式授權於中央統籌分配稅款分配辦法中定之。 2.中央統籌分配稅款總額 6%，專款作為保障財源： (1)彌補分配年度各該直轄市及縣（市）因本次修法採劃一	第十至第十三條

	標準分配與基準年期（九十四年度至九十六年度）比較減少之收入數。 (2)如有不足時，得以特別統籌分配稅款墊支；如有膡餘時，經扣除應歸還特別統籌分配稅款墊支款項後，於以後年度加入按公式分配總額分配。 (3)改制之直轄市、準用直轄市規定之縣及二以上縣、市合併為一縣，定明其財源保障之計算方式。 　(二)特別統籌分配稅款，應供為支應受分配直轄市及縣(市)緊急及重大事項所需經費，由行政院依實際情形分配之。

資料來源：行政院財政收支劃分法修正草案，2012.2.23。

　　依照行政院版「財政收支劃分法」修正草案總說明，針對直轄市部分，目的為提高地方財政自主程度、建構完善財政調整制度及因應地方改制需要，並鼓勵地方政府為免影響財政盈虛與施政能量，宜透過府際合作、區域治理等體制之運作，使政府資源發揮最大效益。在財政調整機制方面，亦將對區域合作、開闢財源及施政計畫之作法提供誘因，讓財政資源較為豐沛之地方政府帶動鄰近區域繁榮，並共享發展成果。其中「府際合作」有助於夥伴關係之進行，而「區域治理」則鼓勵直轄市間相互合作，並提出誘因帶動區域繁榮。修正原則秉持「錢權同時下放」、「直轄市及縣（市）財源只增不減」、「劃一直轄市與縣（市）分配基礎」、「公式入法取代比例入法」、「強化財政努力誘因機制」、「落實財政紀律」等進行[26]。至於修正後內容是否如總說明敘述可滿足直轄市錢權需求，在質疑餅不夠大情形下不同聲音似已顯現[27]，由於事涉中央與地方權限消長，未來立法院審議勢將面臨不同力量之競爭。

---

[26]　詳見本文第四章第四節貳、財政收支劃分法修法多年未成。
[27]　參見本研究第七章第三節「深入訪談」部分。

第三節　重建政治關係以再望六都權限分際

　　政府固然意圖在地方層次加速推行分權自治，但施政做法上仍無法一次到位，尤其在「精省」之後，中央與地方互動機制弱化，以致在政策協調與執行上常生齟齬；無法實踐「民間可以做的，政府不做；地方政府可以做的，中央政府不做」的政策目標。地方制度法實施後，已多次發生權限與事權劃分的爭議，從第五、六章探討之健保保費負擔、北市里長延選、北部抗旱引發之水權爭議及「就業服務法」權限下放爭議等四個個案，均突顯中央與地方互動問題，不論涉及憲法或法律層面，當遇垂直府際分立政府現象，朝野政黨意識對決機率甚高，現有法制修改不論內容或速度均捉襟見肘，似均跟不上政治環境變化。以下將以中央與地方重建關係之建構、專業優先於政治的認知、正視政黨競爭下的直轄市長地位、建立垂直權限爭議協商機制等面向研究探討。

壹、中央與直轄市重建關係之建構

　　鑒於中央集權制實施多年，且地方權限過大撼動國家權力的歷史殷鑑，要重新改變中央與直轄市既有上下層級關係及運作模式確實有其困難，但是總要釐清問題找出癥結，才有重新建構關係之機會，以下從制度、習慣以及權限的鬆綁等析述。

一、改變中央管轄之制度與習慣

　　解除中央管轄地方尤其是直轄市之制度與習慣，是中央與地方分權主要之困境，在地方分權實施過程中，要能不執著中央與直轄

市「行政一體」（monolithic）的既成概念[28]，在此「行政一體」概念下，直轄市不但遵循中央制定之法律執行，亦依循著中央政策方針執行，間接的也控制著直轄市政府聽命於中央，此概念特別強調對地方政府或地方自治團體進行有效的行政控制與執行監督，故而重建中央與直轄市間的政治關係，首要即為改變中央管轄之制度與習慣。

二、中央權限的鬆綁

若要重新建立雙方關係，則需針對前述問題尋求解決，具體途徑就是「權限」的鬆綁。中央集權國家中央諸事皆管，但多半效率不彰，形成國家資源的浪費，應將適度權限賦予直轄市，可強化地方政府功能與自主性，進而以直轄市既有資源，賦予協助中央政府施政的角色。同時當中央與地方出現權限爭議時，無論委辦事項或是自治事項，應避免仲裁機關淪於中央的橡皮圖章，讓直轄市與中央產生誤解，徒增彼此心結，使雙方互動關係受到影響。

三、中央層級立法機關的最後監督

針對中央送到立法機關須制定的法律，中央立法機關須顧及地方政府的態度與意願，中央對法律訂定處於制高點上，若未顧慮到地方政府需求，中央立法機關就成為最後的守門關卡[29]，否則中央行政機關草率提出法案，又動輒制定逾越地方自治權限之法律，甚而將「主管」業務機關明訂為中央行政機關，其結果使地方一再受限

---

[28]　行政一體為我國憲法的原則，依大法官解釋行政院為最高行政機關，須為所有行政院所屬機關之整體施政表現負責。參見大法官解釋釋字第 613 號。

[29]　主要仍須靠同一直轄市選出的立法委員，當法律議案進入立法機關時負有守門人之責。

於中央制定之法律，對雙方之互信互動呈現負面影響。

貳、專業優先於政治的認知

　　垂直府際分立政府間之爭議因素，雖有直轄市位階提升後與中央之權限爭議，若屬法律適用爭議，可循法律途徑解決，但若事涉爭議雙方屬不同政黨，伴隨著意識形態引起的分歧看法，極可能衍發為政治衝突，反映出政策層面訴求處在政治關係環境中難以佔據主導地位的事實。大眾媒體見獵心喜式之爭相報導或無中生有剖析，更可能成為一時之政治事件。為避免此類衝突發生，中央在政策規劃時應以「專業」主導，以專業為先、周延規劃，始能避免陷於政黨意識形態的泥濁中，政策執行以專業為先也能令各方信服，即便看法不同，尚可停在政策論證層次，即便「政治」問題難以避免，其考慮順序也應在「專業」之後，但若罔顧專業一昧討好政治，反將形成政治對立，導致社會分歧，無法建立理性良性互動方式，政策執行將紛紛擾擾，就會重蹈過去政府政策執行失敗或不盡圓滿的事例。

參、正視政黨競爭下的直轄市長地位

　　直轄市等同省的位階，加上具民意基礎，使直轄市長地位崇高，政治影響力無法忽視，尤其政黨競爭下直轄市長選舉重要性更是僅次於總統大選，主客觀因素使得各方皆為重視。

一、直轄市長領頭羊角色

　　六都直轄市長，由於管轄人口、地域、經費等擁有之資源不同，

政治能量傲視其地方自治體，設若加上合縱連橫運作，發言分量自是其他地方政府難以比擬，若碰到中央執政者與直轄市長分屬不同政黨，更能成為抗衡中央領頭羊角色，中央自是不能忽視，但是往往資源分配未如大家意，於是直轄市對中央要求經費若未獲正面回應，勢將理直氣壯的對中央嗆聲，否則，在錢、權未能平衡下，施政難以施展，甚而難以拉下直轄市長顏面，中央對直轄市的動作亦深刻認知，於是直轄市就常與中央一回一應的形成對嗆。

二、直轄市長具高度政治實力

Andrew Heywood 指出政黨的功能包括：「代表黨員與民眾的功能、精英的培養與甄選、政策目標的擬定、利益的表達與整合、社會化與動員、政府的組成。」而 Austin Ranney 在歸納出政黨的五點特點中，其中之一就是「政黨的主要活動在推選公職候選人」，而政黨在推選公職候選人的最大功能就是取得執政，政黨競爭已成為民主國家正常現象，以執政為目標下，爾後六都選戰勢必成為政黨競爭總統大選之前哨站，而依陳水扁與馬英九於 2000 年及 2008 年當選總統之經驗，臺北市長一職更被認為是通往總統之路的「跳板」[30]。由於各直轄市掌握的資源較其他縣市豐富，因此也成為政黨選舉的必爭之地，六都與中央若分由不同政黨執政，則推動施政復牽動未來中央政權之取得，以致中央地方關係，在垂直分立現象下，以選

---

[30] 協助柯文哲邁向台北市長寶座的名嘴姚立明指出，柯文哲曾親口對他說，從政這條路雖不是想怎麼做就怎麼做，但只要當完台北市長，「我當然就可以去選總統！」姚說，依柯文哲過去 4 個月的拚勁猛衝，未來就算柯本人不想選，「都會有人推他去選！」參見中時電子報「姚立明爆料 柯 P 曾說 市長當完可選總統」2015.4.22，
http://www.chinatimes.com/newspapers/20150422000415-260102

戰為思維的政黨對決態勢形成，處於政黨及意識型態競爭之環境，將影響地方與中央之互動。六都取得執政的直轄市長，除因地方不同特色，施政著重點不同外，資源有限下之資源分配是否公平，亦將引起不同政黨之直轄市長的相異看法。六都直轄市長掌控國內人口四分之三數量，成為直轄市長後，中央政府政治統治面勢必相對弱化，而兩黨中央也不得不正視黨內直轄市長之強勢態勢，甚而以串聯拉攏、權謀算計為首要考量，直轄市長黨內地位提升，其政治態度自然影響黨內決策、甚而新領導者之產生。起碼，在身為直轄市長的從政黨員執意反對下，黨中央領導者將難以順暢推動黨務。市長任內只要未出大狀況，政治能量即水漲船高，成為明日之星，這種順理成章的權力鋪陳；也成為直轄市長政治權力走向的潛規則。

肆、建立垂直權限爭議協商機制

自地方制度法實施以來，中央與地方權限爭議不斷，若遇垂直分立現象，則往往形成意識形態及政黨對立，以民眾角度而言，政府只有一個，而政府卻常發生衝突，各有堅持使事情難解亦使民眾無法認同。以目前而言，中央與地方之間府際爭議事件的調解處理，雖有法律解決（立法院院會議決）、司法解決（司法院大法官釋憲）與行政解決（行政院調解）等多種解決機制，然而畢竟屬已形諸檯面的最後解決方式，民眾需要的不是這種尖銳式處理，直轄市既較其他縣市擁有優渥的政治地位，與中央之互動就不能不顧及兼容並蓄的理性作為，既然，我國地方自治爭議層出不窮，為處裡日後常發生的爭議，即必須一勞永逸的產生制度性解決處理爭議的機制，此機制可參照德國、日本之立法例，惟此功能性的解決機制必須中

央有此認知及配合，否則難成其就。

　　學者李帕特認為，在分裂社會（divided society），民主政府的成功建立需要兩個關鍵要素：權力分享(power sharing)和團體自治（group autonomy），具有這兩種特徵的民主制度被稱為「權力分享式民主」，或者「協合式民主」（Consociational Democracy），其認為透過「協合式民主」政治制度的特殊設計，能使異質性高的多元化社會，達到政治上的相對穩定（Lijphart，2004：97.1969：212-215）。1984 年李帕特將協合式民主重新命名為「共識模型」（consensus democracy），其主要特徵即為「行政權力的分享」，亦為中央與直轄市權力分享式民主觀念、共享權力之精神所在，也是學者所稱之的「協商民主」（associate democracy）（紀俊臣，2003：97）此種中央與地方處理爭議解決方式的領導架構，即為處理垂直府際爭議的最高指導原則，在此架構原則下，可再從制度設計（institutional design）理論中之「對話式傳統」（dialogical tradition)(Linder & Peters, 1995），做為執行基礎，來建立執行過程處理爭議的方式，未來遇有爭議時，即應依此原則啟動機制，如此，爆發嚴重的衝突之前即可循此機制處理，衝突機率就會相對減少。

第九章　結論

　　改變中央與地方關係需靠雙方配合，從全球性角度觀之，直轄市肩負著走向國際的重要角色，若無直轄市的參與，以現今國家處境，將喪失不少國際舞台表現機會，無法讓國際社會正確的認識我們，但是要讓直轄市發揮功能，單靠直轄市無法辦到，應由中央與六都合作，中央掌控資源較多，由中央採取主動釋出善意方為有效途徑，只要中央願與六都分享權力，雙方權力立基點相同下，成為夥伴關係才能真正實現，經由前述各章節理論與實務探索，中央與地方間之權限運作並非不能解決，端看主導權一方的態度，因應六都形成，從全球觀點及自治事項權限互動、公共事務權限互動的四個案例探討後，將最後結論分為研究發現及研究建議等二節，分從鉅視及微視觀點詳述之。

第一節　研究發現

　　本研究發現分從鉅視及微視等觀點提出，鉅視觀點涉及國家體制整體規劃、未來走向等，而微視面則從個案探究中提出府際治理的研究觀點，分別析述如後：

壹、鉅視觀點

研究發現的鉅視觀點部分，從結構的制度面及府際關係的互動面等二部分：

一、制度面

制度面部分分就憲法及地方制度法等影響府際雙方的法源，作一探究發現：

（一）現有規範已賦予地方自治

憲法有關地方自治事項分別規定於第一零八條第一項第一款：「左列事項，由中央立法並執行之，或交由省縣執行之：一　省縣自治通則。」及第一零九條省立法並執行之事項，其規範主要精神在於地方應管理事項。惟憲法增修條文第九條凍結憲法一零八條、一零九條地方自治事項，以增修條文第九條第六款「…六、中央與省、縣之關係。」規範中央與省縣的關係，無論憲法或增修條文均未明文「直轄市」字眼，僅能以直轄市位階比照省，視為省須以法律另訂與中央之關係。進而言之，直轄市要求中央下放權限並未違反原憲法精神，至於增修條文有關中央與省（直轄市）關係亦在第九條第一項規定「須以法律定之」。現有法律中，推動地方自治的法源「地方制度法」與本研究的個案有關者，即包含了組織及行政管理事項（涵蓋直轄市公職人員選舉、罷免之實施）、財政（涵蓋直轄市財務收支、管理及稅捐）、社會服務（涵蓋社會救助）、勞工行政（涵蓋勞工安全衛生）、公共安全（涵蓋直轄市災害防救之規劃及執行）、事業之經營及管理（涵蓋直轄市公用及公營事業），從憲法到地方制度法無論條文規範或法條精神等均顧及地方自治精神，然而

中央認知不同，以立法之優勢，仍主導地方自治事項。

（二）影響直轄市財政之資源配置

權力下放將影響中央對地方的控制，現行各直轄市對中央的資源配置長期不滿，地方期待升格以後能有更多財政資源挹注地方建設，讓地方財政更好，然而，中央對有關權力下放仍有所顧忌。「財政為庶務之母」，財劃法的規範影響地方財源，由於課稅權之設計、直接或間接的成為地方財政困窘因素之一，不論統籌分配稅款或補助款分配方式，都面臨著六個直轄市的需求壓力，直轄市長為彰顯其施政特色，定會更積極提出中央應再擴大釋出財源之訴求，在地方勢力持續抬頭下，隨著選舉壓力，爭議情勢只會加劇不會減少，故而建立正確之財政分配理念，使資源配置適宜，才能解決資源配置問題。

中央正進行的「財政收支劃分法」修正草案內容，對解決直轄市的財政問題只是救急，長期而言，稅源種類分配結構不變，僅在原有的稅源分配下調整，無異於見樹不見林，直轄市的財政問題仍無法根本解決，更何況事關直轄市財政權益的「營業稅」，中央修法從地方稅改為國稅，正是地方制度法開始實施時間[1]，將地方重要稅源移出，除不符地方自治揭櫫的財政自治精神，此種修法邏輯亦難令人理解。

---

[1]　同為一九九九年一月二十五日頒布。

二、互動面

互動面部分以市民關注之政策功能性考量及跨域調和作為主要互動標的，至於涉地方權益事項則應讓地方充分參與，有關行政院組織改革強調的府際區域整合政策，則須留意其推動的持續性，分別提出如下：

（一）功能性考量及跨域調和

功能性考量較易屏除中央與地方的負面互動，可減少權限分配、爭議事項之發生，所謂功能性考量，也就是以民眾關心、公部門須優先推動之政策為主，執行成效則包含達成的目標，作為有否達成功能性標準之評估主要考量，各直轄市前瞻性業務多需中央關注眼神，而前瞻性業務又常涉跨縣市之跨區域問題，涉及經費、人力及當地政治生態等複雜因素，非直轄市一己之力能為，除賴直轄市與其他地方政府間橫向之合作，更需中央介入出面調和。自然，中央出面協調處理，在於擁有資源，不代表中央可藉勢指揮地方，除非地方政府執行「自治事項」違背法律及執行「委辦事項」違背法律，否則中央不得對地方進行行政干預。

（二）涉地方權益事項地方充分參與

司法院大法官對地方政府參與政策制定已表明看法，中央既然不得對直轄市自治事項進行行政干預，即在中央擬訂政策計劃將影響地方政府權益時，亦應讓地方政府充分參與，依大法官會議五五〇號解釋意旨，法律之實施須由地方負擔經費者，於制定過程中應予地方政府充分之參與。此種政治環境的急遽變化，與地制法實施暨直轄市地位提升、直轄市長影響力不同於往等有關，大法官該號

解釋雖僅限縮於「須由地方負擔經費者」，然而環顧中央與地方之互動，多處於未獲對方信任之氛圍。若以地方政府直接代表地方民意觀點言之，大法官該項解釋道出雙方互動之方向，即中央決策關係到地方政府，無論政策制定或中央立法並執行之事項，均應考慮建立直轄市參與之機制。

（三）府際區域整合政策的持續性

行政院組織改造後功能面的發揮仍在於各部會橫向聯繫的配合，尤其關係府際間合作協調的區域建設計畫，主管的部會在經費編列上若無法照單配合，就應主動整合其他部會配合編列，行政院推動的組織改造做到了組織面的改變，但是要改造的另一重點「執行力的落實」似未跟著改變，組改的目的就是肩負著政府效率提升的重要使命，組織變新但執行的觀念依舊，如何能達成使命。整併後承接業務的主政者，不論何因素，既已是區域整合討論後提出的建設計畫，實不宜再出現要求各縣市向中央相關部會各別提出的結果，若執意如此，豈不讓府際間原有的區域建設計畫的合作中斷，結果立意甚佳的組織改造後反造成政府效率欠佳浪費國家資源的質疑，是以，中央應留意府際間區域整合政策的持續性。

貳、微視觀點

微視觀點部分主要以自治事項權限互動及公共事務權限等二部分經研究發現後提出；可以從微視的個案中藉以見微知著。

一、自治事項權限互動部分

本研究之財政權益個案及里長延選個案等為自治事項權限互動

的主要部分：

（一）財政權益個案部分

由於中央法制面佔有優勢，雙方夥伴關係建立是處在不等情勢下。

1.中央於法制面佔優勢

根據全民健康保險法第二十七條規定，各級政府必須按當地各類目投保人數，逐年編列預算，向中央健保局繳納健保費補助款，以充實健保財源。然而健保法的產生，並非地方政府充分參與下所制定，應負擔的健保費補助款，是「中央立法，地方買單」的單方強制規定，根本未考慮地方政府的負擔能力（謝明瑞，2002）。司法院大法官解釋在 2002 年 10 月，由前解釋文可以看出，大法官解釋已斟酌政治環境的變遷，本案法律面而言，屬中央立法並執行之事項，就財政責任分配中央可為特別規定，而基於國家整體施政需要，中央依據法律使地方分擔保險費之補助，非憲法所不許，故而不能認為侵害財政自主權之核心領域，解釋文至此，說明中央在健保費爭議案，在法制面上佔有優勢。

2.夥伴關係建立仍待努力

中央與地方要建立真正夥伴關係，研究發現包括夥伴關係流於形式、直轄市參與政策待落實及中央為主地方為副心態等均為影響因素。

（1）夥伴關係流於形式

從司法院大法官解釋，可以看到環境變遷之痕跡，我國雖為單一制國家，中央集權現象似為政治運作的傳統規範，即使政權輪替

兩次，垂直府際互動仍時有爭議，何況 2002 年的首次政黨輪替，要中央俯首聽取地方尤其是直轄市意見，可能還需要時間，何況中央面對本案尚有「葉爾欽效應」的心理關卡，互動上更是謹慎小心，大法官會議解釋理應讓中央與地方夥伴關係的互動邁開大步，然以現今發展觀之，效果還是有限。其實從爭議前至目前止，中央與地方財政上互動機制不能說付之闕如，諸如地方財政聯繫會報每年召開，財政聯繫機制有了，但成天掛於嘴上的「夥伴關係」是否成形，恐仍多持悲觀看法，此種多流於宣達目的的聯繫會報，互動效果自是有限。

（2）直轄市參與政策待落實

由於政治環境變遷，雖就法律面解讀，憲法條文上並未有禁止中央就財政責任分配可為特別規定，也可行使地方分擔保險費之補助，然而就直轄市與其他地方政府不同需求及政治環境來看，必須兼顧直轄市權益，現有中央與地方財政的互動機制不缺，在中央在與地方政府夥伴關係認知之互動下，政策或法律之制定涉及地方負擔經費時，固應讓直轄市政府參與，即使政策之制定，非屬經費負擔卻與直轄市權限相關時，亦應本於大法官會議對地方政府參與政策制定之解釋精神，讓直轄市政府參與，以落實直轄市政府積極參與政策之機會。

（3）中央為主地方為副心態須修正

中央心態如何調整，成為本部分成功關鍵，中央與地方既為夥伴關係，需地方分攤經費部分即需雙方都有共識才能建立，是否為夥伴關係，中央政府立場為主動，地方政府被動，原因在於中央擁有各項資源，擁有合作與否的主控權利，只要中央出面地方多半會

配合，所以關鍵還在於中央須修正中央為主地方為副之家長式心態，如此才能真正解決問題。

（二）里長延選個案部分

本部分分從政治面及政策參與面二部分提出：

1.政治面觀之

里長延選個案過程分析後發現里長於選舉的特殊角色，使個案顯示濃厚政治意涵，在政黨分立下中央介入確會加劇衝突之窘態，而是否合併選舉對選舉結果又會產生不確定因素，前述研究發現後的諸多政治面結果述之如下：

（1）延選案政治性濃厚

台北市政府提出延選案之當年底，適逢第三屆台北市長選舉投票期間，里長在選舉中的角色，本為重要「樁腳」，此時提出與市長選舉息息相關的里長延選案，民進黨為執政黨，不會沒有政治敏感度，起碼司法院大法官會議都已嗅出此政治氛圍，釋字第五五三號，也可以說是囿於政治環境因素所做出之解釋，即使台北市政府純就政策面考量處理，但處於「垂直分立政府」環境下，執政的中央難免有所顧慮。

（2）政黨分立下中央介入之窘態

個案若純以法律角度觀之，見解不一，即使大法官會議五五三號已做解釋，仍是分朝自己有利一面解釋，對府際互動並無幫助，前述過程可發現中央與台北市政府處於政黨分立環境，彼此信任更加薄弱，隨著政治環境變遷，相互抗衡情形只會不斷重複，中央事必躬親參與地方事務的方式，似已漸露窘態。

（3）投票率不高影響選情

　個案當年底適逢市長選舉，將原應併同之里長選舉延後單獨辦理，依往例經驗，選民關注度勢必受影響，投票率必低，對新人選情變數增加，也造成其他有意參政團體的不滿，里長又為選舉樁腳，延後選舉，難免讓不同政黨執政的中央政府有所顧慮。

2.政策參與面觀之

　針對里長延選案引發的府際爭議，吸引社會目光，學界與媒體在政策網絡中屬於功效較小的議題網絡，政策推動及府際雙方爭議過程中，表示之意見亦僅供政策參考。惟學界及媒體陸續表達不同意見，民眾的關心也透過民調顯示，在在讓里長延選政策得到關注，使學界、媒體及民眾在個案上扮演了政策參與的角色，雖然各方意見未必由政策社群系統全部吸收，實質上各方在過程中已有表達政策參與的舞台，達到政策參與的目的。

二、公共事務權限互動部分

　公共事務權限互動部分分以水權爭議、就業及勞檢主導權個案等提出：

（一）水權爭議個案部分

　經研究發現中央在水權爭議個案部分包括亢旱指揮官專業受質疑、掌控水情能力不足、集權思維、矛盾的施政原則、政黨競爭多於府際共治等面向。

1.亢旱指揮官專業受質疑

　旱災中央災害應變中心於 5 月 1 日示成立，時任行政院政務委員郭瑤琪擔任應變中心指揮官。由於災害種類為「旱」，其專業及協

調能力顯示在水源調度上，包括：

（1）權力的決策

抗旱需各相關機關配合，指揮官則須展現統合中央與地方，尤其是台北市政府所屬的翡管局與北水處等之協調能力，但當中央於6月20日接管台北市旱災調度權後，應變中心會議中的決策較少形成共識，多以中央指揮官身分定奪，如此在領導功能上，顯現的僅為指揮官的「權力」（power）決策，而非展現令人欽佩的「影響力」（influence）的協調統合能力。

（2）專業能力

亢旱指揮官郭瑤琪並非水利專長，又未曾於水利相關單位服務，水庫進流量算法、運作方式、與相關單位的關係等，從五月至亢旱解除，二個多月時間，邊學邊指揮，確屬不容易。然而台北市旱象決策常先於中央是不爭的事實，這個事實顯示中央抗旱決策若非考慮太多就是專業能力不足，不僅決策較台北市府緩慢，會議中又偶有中央與台北市調水權限爭議之發言被媒體引申擴大，故當中央與台北市亢旱意見爭執不下時，遂引發「外行領導內行」、「非專業領導專業」及「緩慢的決策」等，對中央亢旱指揮官諸多不利之質疑。

2.中央掌控水情能力不足

此部分反映在疏忽旱象徵兆、貽誤水情判斷上，包括：

（1）旱象徵兆疏忽

石門水庫水位在 2002 年 1 月已在下限值，2002 年 1 至 2 月累積總雨量僅有 38.7 毫米，為過去 36 年紀錄中次少雨量，而旱自前一年的 2001 年 11 月開始，北部地區降雨即減少，約僅歷年同時期

平均值的 33%左右，石門水庫集水區內降雨量亦同時減少，這些徵候並未引起中央關注。

（2）水情判斷貽誤

2 月 19 日水利署先提出旱災警告，惟並未有積極措施，更嚴重的是新竹地區主要水源的永和山、寶山等水庫及頭前溪的川流引水，冬雨及春雨均偏少，導致公共給水已嚴重不足，首當其衝即為新竹科學園區高科技產業每日用水，為紓解新竹科學園區每日約 13 萬噸的用水及新竹地區缺水，石門水庫仍於 2002 年 2 月 23 日起支援新竹每日 5.5 萬噸至 8 萬噸用水，至此，在雨量未如預期而石門水庫仍支援用水下，旱象更形惡化，3 月 1 日有人提出農田休耕，3 月 8 日石門水庫水位更進入嚴重下限以下，此時中央仍未提出具體措施。4 月 26 日時，石門水庫蓄水量僅剩 2900 萬噸，為蓄水百分比的 15% ，已創下近年來新低，經濟部仍說用水可穩定到 5 月，5 月 1 日行政院層級的旱災中央應變中心始成立，對照台北市，中央掌控水情能力似嫌不足。

3.中央集權思維

此部分以亢旱不受中央指揮蓄積不滿及台北市 6 月 14 日決議為導火線：

（1）亢旱不受中央指揮蓄積不滿

中央於 5 月 1 日成立抗旱應變中心，至 6 月 20 日中央統籌調度止，長達 50 天亢旱時間，北水處供水轄區一直歸台北市調度，供水轄區以外則歸中央，期間台北市雖亦參加中央旱災會議，但台北市的決策，中央旱災中心照單全收，台北市已儼然在中央指揮系統之外，中央早已累積微妙情緒，偏偏媒體報導又以北水處供水範圍的

大台北地區為主，轄區以外報導篇幅難以相比，中央蓄積之不滿隨時間而累積。

（2）台北市 6 月 14 日決議為導火線

中央抗旱應變中心展現之集權思維，關鍵在台北市抗旱小組 6 月 14 日減量供水北縣的決議上，若由資料觀之，石門水庫集水區降雨豐沛確已舒緩缺水危機，且石門水庫集水區面積是翡翠水庫的二倍大，同樣降雨量的進水效果石門水庫確較翡翠水庫為優，同時間石門水庫因雨量豐沛亦減少對轄區板新水廠的供水量，在諸多狀況顯示台北縣暫不需大量供水後，台北市政府以「當用則用、當省則省」原則下，尋求水利署、省水公司及石門水庫等代表同意減量之協議，應屬正確之措施。惟中央有不同看法，認為台北市「擁水自重」，6 月 20 日收回調水權，展現中央集權思維的一面。

4.矛盾的施政原則

展現在憲法規範之地方水利事項屬地方及中央施政原則「地方救災、中央支援」等之矛盾上，包括：

（1）地方水利屬地方之矛盾

水利事項規範為地方立法並執行之自治事項，為憲法一○九條第六項第六款明訂，依此規範，位階等同於省的直轄市擁有地方水利之立法與執行之權，即使北水處供水區域跨出台北市，依憲政精神，水權調度仍屬地方水利事項，最多中央僅處於協調與支援立場。

（2）「地方救災、中央支援」之矛盾

若如同水利署旱災制定之施政原則「地方救災、中央支援」[2]，

---

2   參見經濟部水利署年報（2011 年度），臺北：經濟部，2012.10。

則旱災第一線應為地方政府，中央退居二線以支援為主，不但如此，即便是水災處理也是以「地方救災、中央支援」原則做好防汛準備[3]，然而我們從全案觀之，中央藉由修法將調水權歸由中央，又將「地方救災、中央支援」作為施政原則，豈不矛盾！

5.政黨競爭多於府際共治

台北市亢旱措施從 3 月 5 日即開始，當時水源調度都由台北市政府負責，6 月 17 日中央不滿台北市將支援板新水廠的供水總量減少後將「調水權」收回，並提出北水處並無擁有南勢溪水權之看法。政府本為一體，看在民眾眼裡，像是政府檢舉自己違法般不可思議，遇災害本應共治，然而兩種因素交替，使政黨競爭多於府際共治：

（1）政黨競爭

當時中央為民進黨執政，台北市為國民黨執政，影響共治因素的即為政黨競爭，雙方心中互存不信任，中央顧慮指揮紊亂亦忌憚地方略其鋒頭，台北市則擔心亢旱無法自主，使旱象治理成效幾被雙方口水淹沒。

（2）選舉因素

當年底適逢台北市長選舉，馬英九市長競選連任，馬當時為國民黨明日之星，肩負國民黨重新執政中央之重任。中央級的某政治團體的八位立委集體前往台北市政府單位視察、質詢，藉著缺水議題，讓政治力介入，由於中央民代視察及質詢直轄市政府與體制不符，當時就被賦予不當的政治聯想，不但影響府際共治效果，而且

---

[3]　參見經濟部水利署

　　「今年汛期防汛準備工作政府準備好了嗎？」，水利防災知識館　防災資訊服務網

　　http://fhy.wra.gov.tw/PUB_WEB_2011/Page/Frame_MenuLeft.aspx?sid=15。

影響民眾對政府不睦的觀感。

（二）就業及勞檢主導權個案部分

就業及勞檢主導權爭議為近年中央與直轄市互動的個案，自地制法實施十六年後，雙方互動雖較實施初期成熟，但經研究仍有包括大開大闔改變思維、直轄市就服機構在地性、升格為直轄市卻權限不符、中央權、錢下放的困境及就業服務體制的再思考等面向：

1.大開大闔改變思維

直轄市應賦予權力以符合地方自治精神，尤其在直轄市地方業務增加下，由地方政府負責制定及執行之地方分權（decentralization）方式應是可以採行，隨著地方政府義務增加後由中央政府將原有管轄事務授予地方，使直轄市較名實相符的推動市政。然而要根本解決直轄市權利義務相當問題，就業服務業務部分最終仍需落實地方自治（devolution），此為最徹底的權力下放，亦即政策權力由中央完全下放地方，地方亦擁有某程度的立法權。至於勞動檢查業務目前雖受限於國際勞動檢查規範無法完全由地方處理，在直轄市能力範圍內仍應適度授權，中央須以改變思維方式大開大闔的處理權限下放問題。

2.直轄市就服機構在地性

現行法規裡直轄市究有無權責設置服務機構為首要檢視項目，依就業服務法規定，直轄市與中央都可設立就業服務機構，規範於該法第六及十二條。地方自治精神為一抽象概念，需靠地方制度法的實施才能落實，而地方制度法的具體實踐就在於將就業服務法分權化，讓中央有關公立就業服務機構的資源授由直轄市接手。再依

現行就業服務法規定，就服法的政策決定、作業基準訂定、全國性就業資訊之提供、就服業務之監督等較為上層之業務本屬中央主管機關權責，至於「就業服務」設置，則可交由地方政府負責，而地方政府設置，亦可兼顧彈性與在地性。

3.升格為直轄市卻權限不符

新北市、台中市、台南市於升格後要求比照北高二市設置就服機構，連同準直轄市桃園在內，都希望擁有設置權限，該等要求依據即在於國內就業服務提供並未於法規中明定執行主管，而中央權責亦僅就全國性的政策方案計畫、資訊提供、制度規範與監督考核等規範為之。目前北、高兩市可自設公立就業服務中心，辦理失業給付認定、外勞國內求才、一般徵才活動等業務，為與中央勞動部都可辦理的「雙軌制」模式。升格直轄市的新北市、台中市、台南市及準直轄市桃園縣雖提出要求比照北、高辦理，但中央政府似有其他考量，不但權力不願下放，甚而反提出「要收回台北市的失業給付認定業務」，引起各直轄市之反彈，各直轄市政府紛紛向勞動部提出「公共就業服務體系擴大分權」的要求。中央似擔心若把失業給付認定的業務移撥給直轄市辦理，屆時勞動部的人與經費將大量下放地方，因而顧忌再三。

4.中央權、錢下放的困境

現行勞動法的規範為中央制定法律及執行，也可委辦給直轄市主管機關，至於是否委辦則在於中央主管機關之是否授權，而實務上此項業務也有部分委辦給地方政府，然而中央勞動部亦面臨一個窘境，當權、錢下放後，原管轄業務勢必減縮，在行政院組織再造後，由於勞工委員會業務擴增才須改制為「勞動部」，意味業務量與

質的重要性，隨之而來的即為資源增加、預算增加，若在改制未久後又將權、錢下放，勢必又面臨機關功能萎縮的檢驗。

5.就業服務體制的再思考

目前就業服務體制由勞動部勞動力發展署訂定，其所屬的北基宜花金馬分署、桃竹苗分署、中彰投分署、雲嘉南分署、高屏澎東分署等五個四級機關執行包括轄區現有職業訓練、就業服務、技能檢定，及創業協助等不同機關之服務資源，提供民眾在地化之各項就業協助措施。但是北、高兩市亦可自設公立就業服務中心，辦理失業給付認定及外勞國內求才以及一般徵才活動等業務，等於中央政府辦理之業務，與北、高二都重疊。由「就業服務法」實施後引發新北市、台中市、台南市及桃園的不滿，紛紛嗆聲中央來看，中央在實務面上並未賦予直轄市適當的自主權限，自地制法實施後，直轄市權利義務增加，一直存在著中央與地方間的權限爭議，就以「就服法」而言，中央下放某些權利，並未違背規範，當「六都」挾著超過台灣四分之三的人口，共同發聲要求比照北、高二市設立公立就業服務機構，勞動部焉能坐視不管，勞動部原有的公立就業服務機構轄區與六都大幅重疊下，極可能面臨執行標準不一、民眾搞不清應向誰申請等問題，為促進各地公立就業服務機構的齊一標準和高效率，須重新思考現行的就服法制度，包括勞動部與六都在就業服務體系中各自的角色、業務項目等，均須重新釐清。

第二節　研究建議

經由前述研究發現，須分從鉅視與微視等兩種不同視野觀點，提出本研究之建議，始能涵蓋本文所欲解決之問題。

壹、鉅視觀點

鉅視觀點以制度面、心理面及運作面等較為開闊的建議面向，在總結前述研究發現後提出之。

一、制度面

制度面建議包括「改變思維提升國家競爭力」、「積極建立以專業為主導的環境」、「建立以治理標的為導向的夥伴關係」、「中央監督幅度適度調降」及「地方參與政策制定及財政問題的解決」等五個面向。

（一）改變思維提升國家競爭力

首先，升等直轄市，就在推動北、中、南三大都會區的整體發展，其概念即在提升國家競爭力，中央在提供資源、協助發展過程中，都扮演具關鍵性推動力量，此種主導性角色性質在輔助直轄市，豐富了對外競爭資源，使台灣在世界經濟競爭中，處於較好位置。2014年底六都形成後，相較於其他縣市，將在各自都會區域形成火車頭典範，若中央將六都仍視為二級治理中的下級單位，如何期待直轄市主動肩負世界經濟競爭功能，若升格直轄市只是分擔中央交辦事項，隨著義務增加，相應的權、錢卻須靠中央的垂愛，如何期待直轄市施展提升國際競爭力的施政作為，故而中央單一國治理的思維應予改變，才能因應世界經濟環境的競爭。

（二）積極建立以專業為主導的環境

中央政策規劃要令地方政府信服，除需考量地方環境，更需考量專業，以「專業」主導制定政策，沒有永久的執政黨為民主政治的定律，政黨能否持續執政端賴人民是否支持，若推動政策沒有專業只有算計，人民終會看出，公共治理環境只會更為惡劣，唯有積極建立專業的公共治理環境，才是政黨政治長久之道，人民認同，政黨政治也才能良性發展。

（三）建立以治理標的為導向的夥伴關係

國際都市經濟無論經濟、人文等領域或其他軟硬體部分，當面臨全球化、自由化競爭下，已無本錢爭論政策性質究屬中央或直轄市權責，國內經濟環境隨著國際情勢影響變化快速，此刻政府面對的不再是單純的公共政策問題，即使中央與地方政黨對立之垂直府際分立問題獲得紓解，甚或傳統的權限爭議獲得解決，中央與地方力量未整合下仍無法集中資源於國際上競爭。「治理標的」為導向的夥伴關係，即是雙方在互動上以「協力」方式運作，直轄市長扮演著全球化競爭下的關鍵角色，賦予更大權限藉以推動政策成為不得不然，同時，直轄市應有能力與中央各部會進行政策協調，以達成直轄市跨中央、地方與跨部會的「全觀型」或宏觀的政策制定與規劃。具體言之，此種地方與中央協力運作、夥伴關係基礎上，即是以「施政項目」或「施政計畫」做為「治理」基礎，打破雙方以往的地位或其他差異關係落差，此種功能性的協力運作夥伴關係，具體地就是建立在「施政項目」與「施政計畫」的「治理標的」上，只有在資訊、人力、設施及經費等資源共同分享下，才能在國際上

競爭。

（四）中央監督幅度適度調降

中央對地方政府辦理自治事項有撤銷、變更、廢止或停止其執行之權，至於自治事項有無違背憲法、法律、中央法規等發生疑義時，則可聲請司法院解釋之；在司法院解釋前，不得予以撤銷、變更、廢止或停止其執行。此為地制法七十五條規範中央對地方之監督事項。然而由「里長延選」案例，可發現在司法院對「特殊事故」認定有明確解釋前，地方政府原宣布之延選案，仍可繼續執行，此種監督恐造成政治紛擾，設若最後解釋地方政府違法，台北市政府之前所進行的程序、甚而新里長產生等既成事實均將翻盤，若遲遲未定，亦處於選舉結果不確定風險中，豈不徒增紛爭？故而，中央對直轄市之監督控制業務應考慮調整，賦予六都自主。

（五）地方參與政策制定

中央擬訂政策計劃可能影響地方政府權益時，應符合大法官會議五五０號解釋「法律之實施須由地方負擔經費者，於制定過程中應予地方政府充分之參與」之意旨。此種政治環境的急遽變化，與地制法實施暨直轄市地位提升、直轄市長影響力不同以往等有關，大法官該號解釋讓地方政府充分參與，雖僅針對「須由地方負擔經費者」，但衡諸環境變化，大法官該項解釋有拋磚引玉功能；尤以未來六都之定位，國人與施政者本就有更前瞻的期許，學者多倡議五都或六都區域治理，行政院 2010 年核定之「國土空間發展策略計劃」，亦提及因直轄市形成的「城市生活圈」，這種區域治理影響空間及人口層面只會較諸以往更廣，直轄市若不參與決策形成，如何

能圓滿達成，何況空間發展策略有關之「全球在地化的特色」也與在地直轄市施政息息相關，由此可觀之，中央在制定與直轄市相關政策上，即使無經費負擔問題亦應讓直轄市充分參與，提供意見。

（六）財政問題的解決

為符合地方自治精神，中央與地方的財政分配，須做大幅度改變，「財政收支劃分法」草案內容不能解決直轄市面臨的財政問題，須再做修正，應將部分稅源種類重新分配與直轄市，讓直轄市稅源增加，只有財政分配符合地方自治精神始不受制於中央，直轄市亦才能達到真正的財政自主。

二、心理面

心理面部分提出「監督心態轉變為對等關係」及「拋棄對立的政治意識形態」等二個面向建議：

（一）監督心態轉變為對等關係

中央與地方政府不對等地位，源自於歷史因素，為免地方政府托大影響中央權威，故而為防範地方而形成監督，長期監督關係使中央慣於指揮地方，地方則認為中央不會顧及地方利益，是以中央雖常喊出中央與地方為夥伴關係，然實質效果有限，原因就在於觀念改變主動權主控於中央，除了應主動釋出善意修正觀念，更應身體力行，形諸於外的真正接納地方政府，而非在需要地方政府合作時喊喊口號，尤其與六都的合作、互動，只有內部心裡與外部行動都釋出善意，始能開啟雙方合作契機，驅動政策利害關係人一同解決問題，也才能真正做到實質上的夥伴關係。

（二）拋棄對立的政治意識形態

　　政黨的意識形態對立會起什麼效果，在美國已有先例可證，美國的政治學者迪昂（E.J. Dionne）在（why Americans Hate Politcs 為什麼美國人恨政治）一書裡說，美國的公共政策推動已演變成兩黨對立，政治程序已被意識形態對立的菁英所控制，聆聽民眾的聲音已相當遙遠，對立的結果，民眾已不相信選舉，由於公共問題無法獲得解決，對政治不抱希望，政治的疏離感產生，所以美國人恨政治。我國情況亦復如此，如果藍綠政黨有嚴重的意識形態問題，政治易成極端，公共政策常顯現分歧，於是公共議題政治化，其結果社會大眾對政府解決公共問題的信心每下愈況，民眾對政府的不滿自是顯現於政府不及格的施政滿意度上，最後會產生政治疏離感，對民主政治是種挫折。所以拋棄對立的政治意識形態，是國、民兩黨執政者必須謹慎思考的問題。

　　三、運作面

　　運作面部分提出包括「正視直轄市長地位」、「成立協調性機制」、「突破權限劃分窠臼」及「謹守委辦精神尊重直轄市自治」等三個建議面向：

（一）正視直轄市長地位

　　六都直轄市長，由於管轄人口、地域、經費等擁有之資源不同，政治能量傲視其地方自治體，依臺北市長以往經驗，首都市長一職往往被認為是通往總統之路的「跳板」，其他直轄市則由於掌握人口、經濟等資源較其他縣市豐富，因此也成為政黨選舉的必爭之地，甚而只要有直轄市長經驗，仍可能成為總統大位的熱門人選，六都

直轄市長掌控國內人口三分之二數量，既影響政策、甚而成為孕育國家領導人之搖籃，兩黨中央就不得不正視黨內直轄市長之強勢態勢，不論執政與否，都須另眼正視直轄市長的地位。

（二）成立協調性機制

公共議題的處理牽涉面包括人文、經濟、地理環境，甚而習俗等複雜因素，常需多單位多縣市轄區的跨域處理，若要解決就需整合地方和中央資源，朝府際合作的機制與模式前進。此一協調性機制與任務編組性質不全然相同，具體作法應於相關法規裡加入中央與直轄市協調機制之設計，如此，有法規的約束，府際的協調性機制除能落實，也更能發揮功能。

（三）突破權限劃分窠臼

全球化思考下，直轄市長治理已非單純地方治理範疇，然而搭配的制度若不做結構性改變，只是空談而已，若以均權理論權限劃分，地方政府權力來自中央授權，國家治權則集中於中央，公眾事務仍須由中央決定，地方政府則成為其派出機關，此種方式仍侷限於中央集權為主軸的觀點下，無論有何配套搭配，仍無法改變以中央為主的權力結構，而忽略直轄市的特性，在全球化觀點下，直轄市治理動見觀瞻，並有帶領其他縣市的領頭作用。是以，長期作法下權限劃分應突破窠臼，讓以往中央權限為主的結構徹底改變，以使直轄市跟上國際的變化。

（四）謹守委辦精神尊重直轄市自治

中央雖依地制法規範可將委辦事項交由地方處理，卻不代表中

央可對直轄市自治事項進行行政干預，除非執行「自治事項」違背法律及執行「委辦事項」違背法律之兩種結果，依據地方制度法規範第二條第三款規定「地方自治團體依法律、上級法規或規章規定，在上級政府指揮監督下，執行上級政府交付辦理之非屬該團體事務，而負其行政執行責任之事項。」是以，中央委辦事項範圍，並非由中央自行認定而毫無限制，須依據法律、法規或規章規定，畢竟直轄市已屬公法人，依地方制度法精神，賦予直轄市自治，若無限制執行中央無止境的委辦業務，將妨礙直轄市自治權之行使，故無法律授權，直轄市可拒絕中央之委辦業務。若以此觀點，中央不再能交付不對等的行政行為，以往單一制國家中央獨大觀點即應修正。雖然夥伴機制結構鬆散並涵蓋各種關係，但也只有對等的夥伴方式，才能夠驅動政策利害關係人一同解決問題（OECD,2001:18; Greer, 2001: 6,14），故而高高在上行之多年的行政行為規範，要完全改變，值此面臨六都形成之嶄新局面，中央心態與身段上都必須柔軟而形成真誠的「夥伴關係」，否則直轄市面臨轄區民意，不再逆來順受，甚或六都竟有過半形成垂直府際分立政府現象，則中央與地方互動爭議機率將持續增加，屆時直轄市與中央均將面臨失政困窘而深受分裂之害。

貳、微視觀點

微視觀點部分就前述自治事項與公共事務事項等二個案研究發現後提出建議：

一、自治事項權限部分

經前述研究發現後提出「涉及預算-地方政府參與」、「財政權的短期與長期做法」、「重新建構府際權限」、「地方自治制度的維護」及「直轄市長應有完整人事權」等五個面向建議：

（一）涉及預算-地方政府參與

大法官認為中央所制定的法律需地方政府預算配合者，應讓地方政府參與決策的制定，從治理觀點看突破了中央集權思維，尤其地方制度法實施後，更要兼顧直轄市權益，故法律之實施須由地方負擔經費者，大法官已提出立法機關於修訂相關法律時，應予地方政府人員列席此類立法程序表示意見之機會，不單是立法機關如此，中央政府更應循此模式以建構良好之府際互動。

（二）財政權的短期與長期做法

針對財劃法之修政，直轄市政府對轄區選出之國會議員寄望深厚，期能對多達二十個修正版本使上力，可以想像又是場中央與地方財政主導權之拔河，行政院的財劃法版本修正草案，直轄市包括稅課收入分成之基礎、遺產及贈與稅雖都增加，但增加之依據是否令六都信服，至於擴大中央統籌分配稅款規模及其分配方式，還是以中央為主導的分配模式下，分別將所得稅、營業稅、菸酒稅等重新調整百分比以及各該直轄市中央統籌分配稅款應分配之比率，由

於仍立基於中央思維，並未改變直轄市自主財源不足，須依賴上級
政府補助之財政情勢，更別提直轄市應具有之財政規模，由於財劃
法已運行十餘年，加上中央長期主導之事實。

1.短期做法：提高地方稅收分成及中央統籌分配稅款

以現況而言，由於六都經濟社會環境變遷不同，收入狀況並非
全然穩定，即以財政最穩的台北市而言，其歲出成長速度，是否保
證不會超過歲入成長，財劃法修正草案雖可增加直轄市稅收，但無
法完全解決相關問題，充其量對長期的財政困境僅稍解燃眉之急，
稅收擴增雖可將餅做大，但須伴隨提高地方稅收分成及中央統籌分
配稅款，才具實質效益。

2.長期作法：增加直轄市的稅收種類

現行草案中央、地方稅收占全國稅收之比重，由現行之 73%：
27%，調整為 64%：36%，並無法滿足六都日益增加之業務量，經
費不足屢看中央臉色，恐非現代直轄市具國際角色下應有之格局，
具體做法在於重新增加直轄市的稅收種類，例如營業稅歸還直轄
市，放棄中央為主導之分配模式，讓直轄市握有應具之自主財源。
要中央放棄資源配置之主導權，此種觀點可謂大膽，但總要有人先
提出，雖需長時間之醞釀始能改變觀念而無法一蹴可及，但只要方
向正確，朝此途徑前進，待時機成熟就能根本解決直轄市財政問題。

（三）重新建構府際權限

個案里長延選的決定權限究屬中央或台北市政府，府際看法不
一，學界亦分兩派，即連大法官解釋亦未能定紛止爭，即便延選後
的監察院介入調查，也難讓大家平服，中央與地方權限規範確有灰

色之處，需要再次釐清。以直轄市現今的地位、所負責任，在思索中央與直轄市權限分際時，似應破除單一國家中央集權的框框來重新建構，始能解決日益增加的府際衝突。

（四）地方自治制度的維護

地方自治制度分從短期與長期等二部分做法提出建議：

1.短期做法：依地制法為互動法源

地制法第四章中央與地方及地方間之關係，可作為自治團體與監督機關之溝通、協調機制之法源所在，藉以提高互動法源位階，亦因應直轄市及各縣市功能日益增加特性，提升地方自治團體重要性。

2.長期做法：府際協調機制制度化

囿於直轄市地位的提升，中央的指揮須依法為之，亦應尊重直轄市意見，若雙方無溝通協調機制確易造成彼此隔閡，將無法達到前述要求而影響整體政府施政，大法官五五三號針對垂直府際互動部分，即提出增加自治團體與監督機關間之溝通、協調機制的建議，主動提及憲法對地方自治之制度性保障觀點，更具體地明示了設置中央與地方溝通、協調機制的方向。惟至今中央與地方聯繫依據僅為行政計畫，由於非法律規定，易流於人治，而關係中央與地方互動之法源-地制法，則自 2005 年起至 2014 年止雖歷經十次修正，卻未將大法官五五三號釋憲所提之自治團體與監督機關之溝通協調機制納入，致治理機制未制度化，故長期做法應將府際治理協調機制納入地制法中，以提高府際的協調機制位階。

（五）直轄市長應有完整人事權

目前事關治安的警政，與主計、人事、政風等都屬於所謂「一條鞭式」的管理，分別規範於相關法規，其職務升遷與平時獎懲均由其上級業務主管機關管理而不受直轄市長節制，以中央觀點而言，具有節制地方作用；若以地方自治精神以及直轄市在國家對外競爭所扮演的角色觀之，中央節制地方的觀點除對於各直轄市市民影響重大外，直轄市長受制於無警察局局長、人事、主計、政風等主管任免權，市政推動無法直接掌控，亦恐有跟不上時代之感。

若要改變權限，首要之務為先修正相關法規，將前述原屬一條鞭管理之業務修正，具體建議包括：

1.人事權調整

主計、人事、政風等，首長人選由中央與直轄市共同負責，而直轄市警察首長人選則由直轄市長負責篩選、提報，中央做「核備」動作，中央對人選若覺不合適僅有提醒之權利。

2.業務與管理分開

主計、人事、政風等業務由中央負責指導，人員出勤、考績等管理部分則歸直轄市，除首長人事如前述由直轄市長與中央分擔負責外，首長以下人事調動升遷則歸直轄市權責。警政部分，賦予直轄市一般性警政管理。至於業務指導以及因應個別任務需求調動全國警力支援之權力則仍由中央統籌，地方則須配合。

二、公共事務權限部分

公共事務權限提出建議涵蓋「水權權限的永續做法」及「就服下放、勞檢授權以符地方分權」等二個面向：

（一）水權權限的永續做法

水權權限永續做法提出具體建議包括「建立權責相符的責任認定機制」、「水權授權以符地方自治精神」及「夥伴關係途徑邁進契機」等三部分。

1.建立權責相符的責任認定機制

官場文化常造成上層與基層賞罰不清現象，為提振公務系統工作士氣，此種不好風氣應予改變，以現有中央統籌調度水權而言，除內部懲處或監察院調查外，中央調水權之權責設計，並未針對上層明定應負之責任，與權責比例不符，短期而可行作法為明定增加中央水利主管機關副首長以上之責任認定機制。只有在上層責任明確下，才不致產生「獎由上起，罰由下起」刑不上高官的現象；兼可杜絕爭功諉過之風。至於副首長以上責任認定，則應有類似委員會之設計，成員由專家學者聘任，結構上做到針對高層次人員之實質監督，始能形成有權有責之機制。

2.水權授權以符地方自治精神

依現行情形，若中央以授權方式將水權調度授予台北市管理，則不涉及修法。依憲法規範及地方自治精神，地方水利應由地方處裡，而依 2000 年亢旱經驗，台北市政府亦有能力於乾旱期間調度水源。既然翡翠水庫與自來水事業處二單位均屬台北市政府管轄，在既有管理架構上統籌水源調度應無疑慮，中央統籌處理水資源調配實務上，既難兼顧公平與專業，不如由中央以授權方式委由台北市自行管理，亦符地方自治精神。

3.夥伴關係途徑邁進契機

以台灣地區自來水事業經營現況而言，僅有「台灣自來水公司」及「台北自來水事業處」等屬自來水事業經營機構，其中前者自 1999 年精省後隸屬經濟部，後者則於 1997 年成立後即直屬台北市政府。易言之，2002 年修法將水權調度統一，權限受直接影響的即為首都台北市。以世界級都市角度觀之，雙北市合併後所擁有之面積、人口、觀光資源等，皆為與全球競爭之條件，故合併已成為不得不然之趨勢，爾後若雙北市合併，以目前供水範圍而言，不會產生跨縣市情形，屆時中央自來水事業規劃及管理事項之權限將不及北水處供水轄區，大部分仍將回復到 2002 年修法前的狀態。以夥伴關係角度觀之，中央應順勢而為，不要再修法改變權限，引發另一波與直轄市間之權限爭議，而應將自來水事業處轄區的亢旱等調水權，順勢由合併後之直轄市主導為宜。

（二）就服下放、勞檢授權以符地方分權

以下分從就業服務與勞動檢查二部分提出。

1.就業服務部分

就業服務部分分從短期目標及長期目標：

（1）短期目標

就業服務法規短期內仍由中央制定，委由直轄市政府執行，其執行優點在於貼近當地民眾，由於業務特性，遇有窒礙難行或民情風俗問題時，地方政府較能掌握正確訊息，可作為中央修改法規的參考。

（2）長期目標

　　此項業務的長期目標推動，可做為直轄市政府的自治事項，從就業服務的法令制定到執行都由直轄市政府負責，各直轄市政府所處地理環境不同，以致地方特色及產業發展重點都不相同，直轄市政府較能了解地方就業需求，所制定之就業服務法規可因應各直轄市所處之不同環境，不再只統一適用中央制定的法規，以符合地方分權精神。

　　2.勞動檢查部分

　　勞動檢查受限於國際公約簽訂以及考慮直轄市執行的人力、資源及地方環境等因素，可由中央採授權方式交由地方執行，既然屬於授權性質，中央即可以監督方式督促直轄市做好勞動檢查業務，以保障勞工及人民的生命財產安全。政府是一體的，各直轄市在執行勞動檢查業務時，由於資源條件不同，部分直轄市人力財力欠缺，中央應以所屬各分區擁有的人力資源協助直轄市，輔助能力條件較差的直轄市政府，讓其能直接服務市民。

參考文獻

一、中文部分

（一）書目

王浦劬等（譯），1992，政治生活的系統分析（David Easton 原著）。
　　　台北：桂冠圖書。

江大樹等，2001，府際關係導論。臺北：元照。

史美強，2005，制度、網絡與府際治理。台北：元照出版公司。

史慶璞，2001，美國憲法與政治權力。台北：三民書局。

江大樹，2006，邁向地方治理：議題、理論與實務。臺北市：元照。

李長晏，2007，邁向府際合作治理理論與實踐，台北：元照。

李昌麟，2000，《英法地方自治體制之研究》。台中：台灣省諮議會
　　　委託研究。

吳思，2009，潛規則-中國歷史上的真實遊戲。上海：復旦大學出版
　　　社。

吳濟華等，2010，「改變高雄城市意象的世運會」城市發展專刊
　　　（2010：8-33）。

侍建宇（譯），2001，比較政府與政治（Rod Hague 等原著）。台北：
　　　五南圖書出版公司。

高永光，2004，地方政府與制度收錄於「政治學」上冊，陳義彥主
　　　編，五南圖書出版公司。

紀俊臣，1999，精省與新地方制度。台北：元照出版公司。2004a，
　　　地方政府與地方制度法。台北：元照出版公司。

倪鵬飛、彼得‧卡爾‧克拉索主編，2010　全球城市競爭力報告
　　　（2009-2010）創新：城市競爭力不竭之源。

（北京：社會科學文獻出版社，2010）。

孫本初審訂，2001，政府未來治理模式。（Guy Peters 原著），智勝
　　　文化出版社。

陳秀峰譯，1991，美國聯邦憲法制度（C. H. Pritchett 原著）。台北：
　　　文笙書局。

梁雙蓮，2001，府際關係與自治監督，載於趙永茂、孫同文、江大
　　　樹（編），府際關係，（頁 315-363）。臺北：元照出版公司。

彭懷恩，2006，當代政治學概論。台北：風雲論壇。2013　各國政
　　　府與政治。新北市：國立空中大學。

張正修，2003b，地方制度法理論與實用（2）：本論（Ⅰ）。臺北：
　　　學林文化。

張明貴（譯），1983，意識形態的時代（Frederick M.Watkins 原著）。
　　　台北：桂冠圖書。

黃錦堂，2012，地方制度法論。台北：元照出版公司。

鄭昆宜，2010，司法院大法官會議解釋彙編。台北：首席文化出版。

趙永茂，1998，中央與地方權限劃分的理論與實際-兼論臺灣地方政
　　　府的變革方向。臺北：翰蘆出版，再版。2004，英國的府際
　　　關係」，收錄於趙永茂主編，府際關係，頁 49-79。台北：元

　　　照出版社。

趙曉力等譯，2011，為什麼美國人恨政治（小約瑟夫・尤金・迪昂）。
　　　上海人民出版社。

廖天美譯，1992，美國憲法釋譯（E.S.Corwin 等原著）。台北：結構
　　　群文化事業公司。

蔡茂寅，2006，地方自治之理論與地方制度法。北：新學林出版社。

薄慶久，2001，地方政府與自治，台北：五南圖書公司，五版。

（二）期刊論文

王玉葉，2000，歐洲聯盟之輔助原則。歐美研究，30（2）：1-30。

王志良等，2012，鞏固支持或資源拔樁-解析中央對地方補助款分配
　　　的政治因素，政治科學論叢，51：51～90。

田榕祿，2009，英國的府際關係，空大行政學報，20：49-86。

江大樹，2006，地方治理的反貪腐策略分析。中國行政學會主辦「廉
　　　能政府與行政倫理學術」研討會論文（2006 年 12 月 2 日，
　　　台北市）。2010，我國城市競爭力指標體系建構與運用之研
　　　究。研考雙月刊，34（6）：33-48。

江啟臣、黃富娟等，2006，全球化下城市競爭力指標之探討，研考
　　　雙月刊 30（5）：27-41。

李長晏，1999，我國中央與地方府際關係分析：英國經驗之學習。
　　　國立政治大學公共行政學系博士學位論文，台北。

李健鴻，2008，差序治理體制與治理矛盾：台灣就業體制變革分析，
　　　臺灣社會福利學刊，6（2），109-145。

吳重禮、李憲為，2004，選民分立政府心理認知與投票行為：以

1995-2003 年媒體對中央及北高直轄市政府互動報導為例，人文及社會科學集刊，17（1）：71-102。

吳松林，2006，全球化下的城市競爭策略。研討雙月刊，30（5）：3-12。

法治斌，2002，以『大』為尊或同舟共濟－由台北市里長延選談起，政大法學評論，71：1。

紀俊臣，2006，都會區產業與都會發展之關係--以臺中都會區為例。經科學報，12：3-34。2013，垂直府際關係之建構：政府組改與六都成立後組織生態分析，中國地方自治學會，66（6），4-19。

姚祥瑞，2013，六都時代中央與地方權限解決模式：以就業服務法權限下放為例。中國地方自治學會，66（12）：21-39。

唐永青，2012，關鍵熱點-2012 全球城市競爭力評比。臺北產經 Taipei Economic Quarterly 2012,9：43-48。

許琇媛，

2008，歐盟多層級治理分析：德國、英國及其地方當局參與歐盟政策制定之研究。博士論文。台北：淡江大學出版。2008 年 6 月。

陳文俊，2003，藍與綠—台灣選民的政治意識型態初探。選舉研究，10（1）：41－80。

陳銘祥，2002，北市里長延任案的面面觀座談會。月旦法學，85：177-191。

黃昭元，2002，平時製造新聞，去時製造法案：跨屆法案的覆議問題。月旦法學，83：8-9。

彭錦鵬，2005，全觀型治理—理論與制度化策略，政治科學論叢，23:71-100。

張千帆，2008　主權與分權-中央與地方關係的基本理論。中研院法學期刊，3：55-113。

詹鎮榮，2003，補充性原則。月旦法學教室，12：34-37。

趙永茂，2003 台灣府際關係與跨域管理的發展策略與途徑。兩岸地方政府管理比較研究研討會，台中市。

蔡良文，2001，我國地方政府人事權之演變與發展。中央與地方關係學術研討會，台北市。

劉文仕，2007，立足統一，邁向分權：法國地方分權制度的嬗變與前瞻。東吳政治學報，25（2）：65-122。

藍玉春，2001，解析歐盟阿姆斯特丹條約。政治科學論叢，15：15-44。

蘇永欽，2002，地方自治：落實人民主權的第一步。臺北市：新臺灣人基金會。

（三）政府機關資料暨新聞稿

行政院，2010，國土空間發展策略計畫。臺北：行政院，2010。2009，第 3162 次院會決議，2009.09.17。

行政院研考會，2001，2001 年全國行政革新會議議題報告。臺北：行政院研究發展考核委員會。

行政院研考會，2013，「行政院組織改造變革管理研究」，RDEC-RES-101-022 政策建議書，頁 15。未出版。

行政院旱災中央災害應變中心，2002，旱災中央災害應變中心總結

報告。未出版。

行政院經建會，2010，國土空間發展策略計畫，行政院經建會編印。

經濟部，1994，協商臺北自來水事業處申請直潭壩水權取得登記事宜會議，5.26。

銓敘部，2007，建立地方公務人員制度可行性之研究─並兼論人事爭議問題之解決方案。銓敘部人事制度改進專案小組研究報告，未出版。

經濟部水利署年報，2012，2011 年度年報。臺北：經濟部，2012.10。

經濟部水利署，2010，加速辦理台北地區漏水改善及穩定供水計畫補助款執行情形查核報告。2010.3.9。

衛生福利部中央健康保險署，2015，「104 年 8 月份全民健康保險業務執行報告」衛生福利部全民健康保險會第 2 屆 103 年第 8 次委員會議，衛生福利部中央健康保險署編印，2015.9。

行政院勞委會新聞稿，2011，就業服務體系之中央與地方分工，應以民眾利益為優先考量，1.28。2011，勞委會與直轄市協商勞動檢查分工，旨在有效運用國家整體資源，確保勞工安全與權益，並無勞動檢查權下放問題。6.24。

勞動部職業安全衛生署新聞稿，2014，勞動部推動成立勞動條件檢查大軍，向血汗企業宣戰。9.16。

財政部新聞稿，2014 行政院修正發布「直轄市或縣(市)政府舉債不符規定之減少或緩撥統籌分配稅款作業原則」。1.17。

台北市議會公報，2004，第 9 屆第 6 次定期大會第 3 次會議紀錄，71（20）。

臺北市議會公報，2007，第 10 屆第 2 次定期大會第 5 次會議紀錄，

76（11）。

台北市政府新聞處新聞稿，2002，「臺北市第五期里區域調整方案今日順利通過市政會議」05.14。

台北市政府新聞稿，2013，郝龍斌:中央與地方是分工合作、把餅做大的關係　籲中央多給地方政策工具　彼此都能獲利。01.03。

台北市政府新聞稿，2013，「中央統籌分配稅款與一般性及專案補助款之收入分配並無獨厚北市」。2013.10.21。

臺北市政府財政局新聞稿，2007，臺北市政府與中央勞、健保補助款爭議，和平協議，共創雙贏。5.02。

台北自來水事業處，2003，抗旱四月實錄。台北：台北自來水事業處。

台北翡翠水庫管理局，2002，翡翠水庫年刊。台北：台北翡翠水庫管理局。2004，翡翠水庫年刊。台北：台北翡翠水庫管理局。2007，翡翠水庫年刊。台北：台北翡翠水庫管理局。

辛炳隆，2005，強化我國職訓體系之研究。行政院經建會研究計畫，未出版。

辛炳隆等，2012，就業服務業務中央與地方政府之權責分工及組織設計。行政院研考會研究計畫〈編號：101-004〉，未出版。

魏鏞、紀俊臣，2003，台北市與中央關係之研究—市政專題研究報告第332輯。臺北：市政府研究發展考核委員會。

李長晏，2011 區域發展與跨域治理先期規劃。行政院研考會研究計畫，未出版。

姚祥瑞，2012，抗旱一頁-憶民國91年抗旱。載於姚祥瑞〈編〉翡翠水庫建庫25週年特刊。台北：台北翡翠水庫管理局。

蕭全政等，2011，縣市改制為直轄市後中央與地方業務功能調整之
　　研究。行政院研究計畫。未出版。

曾迺碩，1987，「台北市誌」卷三政制志行政篇，台北市文獻會，1987：
　　102。

（三）其他

王鴻國，2011，爭權說 新北市：勞委會怕裁併。中央通訊社，2011
　　年 2 月 24 日。

洪貴參，2002，台北市里長延任案之適法性平議。自由時報，5 月 3
　　日，第 5 版。

陳敦源，2008，公共行政研究中之正義制度的設計與執行：以全民
　　健保資源配置機制為例。全國公共行政系所聯合會年會
　　(TASSPA)，台中市。

陳淑芬，2015，中捷工安意外 林佳龍坦承做得不夠。中央通訊社，
　　4 月 12 日。

陳易志、曹婷婷、陳文信，2013，專訪「賴清德：錢權不到位 升格
　　更拮据」。中時電子報，2 月 6 日。

黃錦堂，2011，新四都權力業務下放。中國時報，2 月 24 日。

董保城，2002，愈是最基層的愈應尊重地方。聯合報，民意論壇。

蘇永欽，2001，台北市里長延選案何不聲請大法官解釋。聯合報，
　　民意論壇。

蘇盈貴，2013，台菲相互學習成長與墮落。聯合新聞網 8 月 29 日。

中國時報，2002，社論，2002 年 4 月 16 日。

中央通訊社，2012，勞檢權下放 五都二套標準。2012 年 12 月 20

日
自由時報，2011，陳菊：權錢未擴大 合併僅形式，南部版。2011
　　年6月6日。

英國金融時報、渣打銀行，2013，台灣經濟高峰會。2013.3.14日。

聯合報系民意調查中心，2002，撤銷延選北市民眾看法分歧。聯合
　　報，民 2002年5月3日。

二、英文書目、期刊

Allum,P,1995,*State and Society in Western Europe*.Cambridge：Basil
　　Blackwell Inc.

Börzel, Tanja. A.,1998,"Organizing Babylon: On the Different
　　Conceptions of Policy Networks,"*Public Administration*,
　　76(2):253–273.

Brotchie, J., M. Batty, E. Blakely, P. Hall and P. Newton (eds.),
　　1995,*Cities inCompetition: Productive and Sustainable Cities
　　for the 21st Century*. Sydney: Longman Australia.

Bennett,R. J.,1990 *Decentralization,Local Government,,and Markets：
　　Towards a Post-Welfare Agenda*.Oxford：Clarendon Press.

Cope & Goodship,1999,Regualting Collaborative Governen Towards
　　joined-UpGovernment？ *Public Policy andadministration*, 14
　　（2）：3-16.

Chapman,A,1990　　　*Local　　　Government　　　Administrator's
　　Manual*.Cambridge:ICSA Publishing Ltd.

Dereli, Cynthia,2003,"Strategy and Strategic Decision-Making in the Smaller Local Authority", *The International Journal of Public Sector Management*, 16（4）：250-260.

Eran Razin and Greg Lindsey,2004 "Municipal Boundary Change Procedure：Local Democracy versus Central Control.in Max Barlow and Doris" Wastl-Walter, *New Challenges in Local and Regional Administration*.ASHGATE.

Farh,J,L., & Cheng,B,S.2000 A *cultural analysis of paternalistic ledership in Chinese* Organizations. In J.T.Li.,A.S.Tsui, & E.Weldon（Eds）,*Management and Organizations in the Chinese Context* .London：Macmillan.

Elazar,D.J,1995 "Federalism." In Seymour Martin Lipset (ed.),*The Encyclopedia of Democracy*. London: Routledge,474-482.

Finer,S,1974,*Comparative Government*,Harmondsworth：Penguin.

Geddes,M.,2000,Tackling Social Exclusion in European Union？The Limits to the New Orthodoxy of Local Partnership,*International Journal of Urban and Regional Research*,.24（4）：782-800.

Hague, Rod.,1998,*Comparative Government and Politics: An Introduction*.Macmillan Press.

Hartley, J. and M. Allison,2000,"The Role of Leadership in Modernization and Improvement of Public Services", *Public Money and Management*, 20,（2）：pp.35-40.

Heywood, Andrew.2002,*Politics*. New York: Palgrave.

Jones,B.M,1995,*Local Government Financial*,London:ICSA Publishing.

Kickert, W. J. M.,1997a "Public Governance in the Netherlands: An Alternative to Anglo-American 'Managerialism'," *Public Administration*, 75 （4）：731-752.

Knapp.Andrew & Wright.Vincent,2006,*The Government and Politics of Francs*. New York：Routledge.

Kavanagh,D., 1997, *British Politics ：Continuities and Change*3rd,eds.,New York：Oxford Univ.Press.

Lewicki, R.J., & Bunker, B.B.,1996 Developing and Maintaining Trust in Work Relationships. In R.M. Kramer & T.R. Tyler (Eds.), *Trust in organizations: Frontiers of Theory and Research* . Thousand Oaks, CA: Sage Publications,114-139.

Linder, S and G. Peters,1995 The Two Traditions of Institutional Designing: Dialogue Versus Decision?in Weimer, D.(eds.) *Institutional Design*. Boston: Kluwer Academic Publishes,133-160.

Lijphart,Arend,2004,Constitutional design for divided Societies.*JournalofDemocracy*, 15：97.

Martin, Steve,2002,"The Modernization of UK Local Government: Markets, Managers, Monitors andMixed Fortunes", *Public Management Review*, 4,（3）：291-307.

Mark N.Hagopian,1985,*Ideals and Ideologies of Modern Politics* New York：Longman.

Miles, Malcom and Hall, Tim. eds.,2003,'Prestige Projects, City Centre Restructuring and Social Exclusion:Taking the Long-Term View' in *Urban Futures: Critical Commentaries on Shaping the City*. London, Routledge.

Ostrom,V.Bish,R. & Ostrom,E.,1988　*Local Government in the United States*,Calf., ：Institute for Contemporary Studies Press.

Olds,K.1995,Globalization and the Production of New Urban Space：Pacific Rim mega-projects in the 20th century. *Environment and Planning* ,27:1713-43.

OECD,2001　*Local Partnerships for Better Governance*, Paris: OECD.1999,*Managing Accountability in Intergovernmental Partnerships*, Paris: OECD.

Page, Edward & Goldsmith, Michael, 1987 *Central and Local Government Relations*. London:Sage.

Pritchett, C. Herman,1959　*The American Constitutional Law*, New York: Megrawwill Book Company, Inc.

Printz v.,1997　*United States* 521 U.S.

Pollitt,C.,Birchall,J. & Putman,k.,1998,*Decentralising Public Service Management*,London：Inc.

Pearce, Graham and John Mawson,2003,"Delivering Devolved Approaches to Local Governance", *Policy & Politics*, 31（1）：51-67.

Pierre,Jon and B.Guy Peters,2000　"Governmance,Politics and the State.New York：St.Martin＇s Press.Shipra Narang,*The Urban Governance* Index UN-HABITAT,, *Jan. 24,2006*.

Pierre,J,2007,"From Government to Governmance-And back？

Understanding the Changing Role of Government in Governmance.In *International Conference on Government Performance Management Research.*Taipei：Development,and Evaluation Commission,Executive Yuan.

Posner, Paul L.,1997,"Unfunded Mandates Reform Act: 1996 and Beyond", *Publius*, Vol.27, Issue 2, pp. 53-71.

Rhodes, R. A. W.,1996 "The New Governance: Governing Without Government," *Political Studies*, 44（4）：652-667. 1997,*Understanding Governance: Policy Networks, Governance, Reflexivity and Accountability*. Buckingham: Open University Press.1999a *Control and Power in Central-Local Government Relations*. 2nd ed. London: Ashgate Publishing Ltd.

Rosen, Harvey S.1995 *Public Finance*, 4th edition, Illinois: Richard D. Irwin, Inc.

Rosenbloom,D.H,1998 *Public Administration：Understanding Management, Politics,and Law in the Public Sector,*New York：McGraw-Hill Co.

Robert D.Lee,Jr. and Ronald W. Johnson.*1998,Public Budgeting Systems Sixth Edition, Aspen Publication.*

Rhodes, R. A. W. and Marsh, D.1992,"New directions in the study of policy networks," *European Journal of Political Research*, 21（1-2）：11.

Rosenman Samuel I ed,*1938 The Public Papers and Addresses of Franklin D.Roosevelt*. New York. *1:659.*

Sassen, S,1991 *The Global City*,NY, London, Tokyo. Princeton: Princeton University Press.2001 *The Global City*, New York, London, Tokyo (2nd ed). Princeton:Princeton University Press.

Shachar, A,1994 Randstad Holland：A'World city'? *Urban Studies,* 31(3):381-400.

Scott A.J, 2001"Globalization and the Rise of City-regions"*European Planning Studies*,9（7）：813-823.

Stoker, Gerry,1998, 'Governance as theory :Five Propositions' *International Social Science Journal*,50（155）：pp17-28.

2004 *Transforming Local Governance: From Thatcherism to New Labour.*New York: Palgrave Macmillan.

Salet, Willem, Thornly, Andy and Kreukels, Anton 2003 *Metropolitan governance and spatial planning: Comparative case studies of European city-regions.* London and New York: Spon Press.

Smith,G,1989 *Politics in Western Europe*.Aldershor:Gower.5th edn.

Smith, Martin J.2010,From Big Government to Big Society: Changing the State–Society.Balance.*Parliamentary Affairs.* 63(4): 818-833.

Tansey,S.D.2000, *Politics:The Basics* (2nd Ed.) London, UK.:Routledge.

Thrit N1994,Globalization, Regulation, Urbanization：the Case of the Netherlands. *Urban Studies,* 31(3):365-80.

Tushnet, M. V,2000 Globalization and Federalism in A Post-Printz World. *Tulsa Law Journal*, 36: 11-41.

Trench, Alan,2006 "Intergovernmental Relations: In Search of a Theory" in Scott L.Greer(ed.), *Territory, Democracy and Justice : Regionalism and Federalism in Western Democracies* , New York: Palgrave Macmillan,224-256.

Rousseau,D,1994,'The Constitutional Judge:Master or Slave of Constitution?'in *Constitutionalism*,ed.M.Rosenfeld(Durham,N.C.and London:Duke University Oress)261-283.

Weimer, David L. and Aidan R. Vining,1999. *Policy Analysis: Concepts andPractice*, 3rd ed. Englewood Cliffs, N.J. : Prentice Hall.Wright,Deil Spencer,1988,*Understanding Intergovernmental Relations.Pacific Grove* (3rd ed)CA ： Brooks/Cole Publishing Company.

Walker,D.,1991 " American Federalism in the 1990s" in *Politival Issues in America Today*,ed.P. Davies and F.Waldstein. （Manchester and N.Y. ： Manchester University Press） pp.119-32.

Wilson,D & Game,C,2006 *Local Government in the united kingdom.*4th.New York：Palgrave.

William G Zikmund.2003, *Business Research Methods*.Seventh edition.

Whittington, K. E.,2001 Taking what they give us: Explaining the court's federalism offensive. *Duke Law Journal*, 51:477-520.

Yin, R. K.2009,*Case study research: Design and methods* (4th ed.). Thousand Oaks, CA: Sage.

國家圖書館出版品預行編目資料

臺灣的六都與中央權力互動：府際治理觀點/ 姚祥瑞 著
-- 民國 105 年 3 月 初版.-
臺北市：蘭臺出版社 -
ISBN：978-986-5633-25-7(平裝)
1.地方自治 2.中央與地方關係
575.19   104028988

臺灣的六都與中央權力互動：
府際治理觀點

著　　者：姚祥瑞

執行編輯：高雅婷

執行美編：林育雯

封面設計：林育雯

出 版 者：蘭臺出版社

發　　行：蘭臺出版社

地　　址：台北市中正區重慶南路 1 段 121 號 8 樓之 14

電　　話：(02)2331-1675 或(02)2331-1691

傳　　真：(02)2382-6225

E—MAIL：books5w@yahoo.com.tw 或 books5w@gmail.com

網路書店：http://bookstv.com.tw　http://store.pchome.com.tw/yesbooks/
　　　　　博客來網路書店 http://www.books.com.tw
　　　　　http://www.5w.com.tw、華文網路書店、三民書局

經　　銷：成信文化事業有限公司

電　　話：(02) 2219-2080　　　　傳　真：(02) 2219-2180

劃撥戶名：蘭臺出版社　帳號：18995335

香港代理：香港聯合零售有限公司

地　　址：香港新界大蒲汀麗路 36 號中華商務印刷大樓

C&C Building, 36,Ting, Lai, Road, Tai,Po, New,Territories

電　　話：(852)2150-2100　　　　傳真：(852)2356-0735

總 經 銷：廈門外圖集團有限公司

地　　址：廈門市湖裡區悅華路8 號4 樓

電　　話：(592) 2230177　　　　傳 真：(592) 5365089

出版日期：中華民國 105 年 3 月 初版

定　　價：新臺幣 450 元整

ISBN　　978-986-5633-25-7